이진경 × 장병탁
선을 넘는 인공지능

이진경

✕

장병탁

선을 넘는 인공지능

신경망 기반 인공지능이 첫 번째 특이점이었다면
신체 기반 인공지능이 두 번째 특이점이 될 것이다!

김영사

목차

이 책의 독자들은 크게 두 부류로 나눌 수 있겠다. 먼저 인공지능에 관해 호기심과 불안을 동시에 갖고 있는 독자다.

인공지능이 내 직업을 정말 앗아갈까?

끝까지 살아남는 직업은 무엇일까?

인공지능으로 새로 생겨나는 직업은 무엇일까?

인공지능은 대체 어디까지 진화할까?

2016년 알파고와 이세돌 9단의 대국으로 딥러닝 인공지능에 대한 관심이 국내외로 부쩍 높아졌을 때, 나도 그에 대한 기대감과 두려움을 의식 저편에 품고 있었다. 아니 의식 저편이라고 하기엔 나의 관심도는 제법 높았다. 인공지능을 소재로 소설을 써야겠다고 마음먹었으니까 말이다. 그 후로 나는 인공지능에 관한 책들을 읽기 시작했

고, 관련 강연도 나름대로 열심히 찾아다녔다. 그중 가장 큰 울림을
준 것이 무엇이냐고 내게 묻는다면, 나는 단연코 이진경 교수님과 장
병탁 교수님의 강연이라고 말할 수 있다.

두 번째 부류는 인공지능에 관해 보다 참신하면서도, 정보 전달
중심의 내용이 아닌 깊은 통찰을 얻길 원하는 독자다.

인공지능에 관한 흔해 빠진 얘기 말고, 혹시 다른 이야기를 접
할 수 있지 않을까?
인공지능학자와 철학자의 만남이니까 보다 깊은 이야기가 오가
지 않을까?

'다른 이야기'와 '깊은 이야기', 이것은 이 대담의 미션이기도 했다.
한때 '융합'과 '통섭'이란 말이 유행했다. 이는 각각의 학문이 점차 전
문화됨에 따라 학제 간 교류 부재가 부른 반성적 움직임이었다. 이후
에 통합적 사유를 위해 인문학과 자연과학 간의 소통이 여러 차례 시
도되었지만, 여전히 우리 학계는 자기 분야 외에 다른 분야의 학문에
그다지 관심을 두지 않는다. 나도 몇 차례 다양한 주제로 과학자와
인문학자 혹은 과학자와 예술가 간의 대화를 시도해봤지만, 대체로
만족스러운 결과를 얻지 못했다. 상대 분야에 관한 관심과 지식이 부
족해 깊이 있는 논의로 이어지지 못한 탓이다. 그런데 두 사람은 달
랐다. 이들은 각 분야에서 가장 융합적인 존재였다.

지적 호기심이 누구보다 남달라 다양한 분야에 관심 갖고 끊임없이 공부하는 이진경 교수. 나는 수년 전부터 그의 강의를 찾아 수강해온 학생이자 팬이었다. 하지만 그의 인공지능 강연만큼은 의구심을 지울 수 없었는데, 그가 그동안 연구해온 분야와 거리감이 상당히 느껴졌기 때문이다. 그래서 좀 주저하다가 그의 강연을 들었는데, 역시 이진경 교수였다. 그때까지 들어왔던 인공지능 강연 중 최고였다. 그러곤 생각했다. '우리나라 최고의 인공지능학자와 콜라보해보면 정말 대박이겠는데….'

그 후 몇 해가 지나 장병탁 교수와 인터뷰할 기회가 생겼다. 인공지능에 관해 인터뷰를 진행하면서, 나는 그가 다른 공학자들과 생각하는 방향이 많이 다르다는 사실을 알게 되었다. 또한 그는 기술적인 시각에만 매이지 않고 보다 큰 그림을 보고 있었다. 인터뷰 마지막에 나는 당신의 말씀이 철학적으로 들렸다고 소감을 전했다. 그러자 그는 놀랍게도 그와 관련해 궁금한 것이 많다며, 혹시 주변에 존재론을 연구하는 철학자가 있으면 소개해달라고 말했다. 나는 마치 오래 준비해온 대답마냥 자동으로 말이 튀어나왔다.

"소개해드릴 분이 있어요!"

이렇게 2020년 말 철학자 이진경과 인공지능학자 장병탁 두 대가가 만나게 되었다. 두 사람을 만나게 하는 것으로 내 역할은 끝난 줄 알았는데, 두 사람의 대담을 김영사에서 책으로 엮기로 하면서 태호 편집자와 함께 대화에 참여하게 되었다. 내 역할은 대화 주제를 정하고 일반 독자의 관점에서 질문하는 것이었다.

네 명이 한날한시에 모여야 하다 보니, 모임 약속을 잡는 것부터가 쉽지 않았다. 특히 두 학자를 찾는 곳이 워낙 많다 보니, 최소 한 달 전에는 모임 시간을 정해야 했다. 그나마 다행인 것은 모두 서울에 거주한다는 점이었다. 결국 이런저런 조율 끝에 두 달에 한 번꼴로 모이기로 했다. 이 책에 기록된 모든 논의는 평일 늦은 저녁 혹은 주말에 진행된 것이다.

본격적인 이야기는 2021년 1월부터 시작되었다. 소담한 눈이 펑펑 내리던 날, 태호 편집자의 배려로 북촌에 있는 김영사 사옥 뒤편 한옥에서 이야기를 나눴다. 고즈넉한 한옥 마을에 눈까지 내리니, 마치 그림 속 세상에 들어와 있는 것 같았다. 대화 중간중간 시선이 바깥으로 향하는 건 어쩔 수 없는 일이었다. 이곳에서 글을 쓰면 정말 멋진 작품이 나올 것만 같았다. 6시간의 열띤 대화를 마치고, 북촌 거리에 어둠이 짙게 깔리고 인적이 없을 무렵 우리는 각자의 집으로 향했다.

장병탁 교수가 거주하는 곳과 가까운 서래마을에서의 만남이 가장 잦았다. 중간에 약속이 깨지기라도 하면 그걸 다시 메워주는 건 늘 장병탁 교수였다. 게다가 근사한 식당도 함께 예약해주었다. 지금 와서 고백하건대, 주말 낮에 서래마을에서 와인을 마시며 대화를 나누다 얼굴이 불콰해져 돌아간 적도 있다. 어쨌든 관계를 이어가는 힘은 먼저 연락해준 사람의 공이 크다. 나는 그가 이 책이 세상에 나오는 데 가장 큰 동력이었다고 생각한다.

또한 우리는 이진경 교수가 오래전부터 터를 닦아온 수유너머

104와 근처 연희동 중국집에서도 만났다. 우리 만남은 때론 맛집 투어가 되기도 하였는데, 그가 소개해준 중국집의 정겨운 분위기와 가지튀김의 고소한 여운이 아직도 남아 있다. 수유너머104는 자유 연구자들이 모인 지식 공동체다. 그곳에서 우리는 이진경 교수가 가장 좋아하는 중국 술을 곁들이며 대담을 진행했다. 중간중간 이진경 교수의 중국 술 강의도 함께 들으면서(이진경 교수는 술에 대한 조예도 깊다). 독자들도 이 책에서 이를 짤막하게 접해볼 수 있다.

예정된 대화가 모두 마무리된 후, 나는 그동안 녹음해두었던 파일들을 들으며 받아적기 시작했다. 한 번의 대화가 4~5시간 정도 되었으니 만만치 않은 작업이었다. 그런데 나는 어리석게도 1차 녹취를 일일이 수작업으로 진행했다. 그게 얼마나 오랜 시간이 걸리고 고된 일인지 안 해본 사람은 모를 것이다. 뒤늦게 음성을 텍스트로 풀어주는 AI 서비스가 있다는 걸 알고, 2차 작업은 비교적 수월하게 진행할 수 있었다. 생활 곳곳에 AI가 들어서고 있음을 직접 확인한 셈이다. 그래도 고생스럽게 직접 녹취한 덕분에 뇌리에 밑줄 그은 말들이 너무 많다. 그중 가장 기억에 남는 부분은 인공지능 학습 방법을 사랑에 비유한 부분이다.

"정말 서로에게 홀려 연애하는 두 사람이 그렇죠. 만나기 전과는 완전 다른 사람이 되잖아요. 진정한 차이는 이렇게 생성에 의해서 달라지고 추가되는 거죠."

단지 사랑만 사람을 변화시키는 게 아니다. 그저 대담에 참여했을 뿐인데도 내 삶이 많이 달라졌다. 나는 그동안 수년째 회사 생활에 나름 만족하면서 인공지능이 우리 일을 빼앗아 갈까 두려워했던 사람이다. 그랬던 내가 이 대담 후에 모든 걸 정리하고 내가 더 좋아하는 일, 즐거운 삶을 찾아 떠났다. 내가 그랬듯, 독자에게도 두 학자의 지혜가 스며들었으면 좋겠다. 물론 나처럼 모든 것을 버리고 떠나길 바라는 건 아니다. 그 변화의 양상은 무궁무진할 것이다. 부디 독자에게도 자기만의 밑줄이 많아졌으면 좋겠다.

요즘 ChatGPT와 바드, 뤼튼, 미드저니 등 다양한 인공지능이 놀라운 퍼포먼스를 보이고 있다. 이들 능력에 놀라는 한편, 다시금 인간의 미래가 어찌 될지 걱정이 들기도 한다. 이 책은 미래에 인공지능이 우리 직업을 빼앗지 않을 거라는 착한 낙관론을 펼치지 않는다. 그보다는 당신이 좌절할 일이나 불안할 일이 생겼을 때, 마냥 힘들어하지 않도록 당신의 질문과 시선을 바꿔주는 힘을 준다. 우리의 질문과 시선이 달라질 때, 우리의 미래도 달라질 것이다.

김재아

1 | 인공지능이란,
아니 지능이란
무엇인가?

김재아 단순한 질문부터 시작할게요. 인공지능이란 무엇일까요?

장병탁 인공지능은 사람처럼 생각하고 행동하는 기계고, 인공지능
연구는 그런 기계를 만들려고 하는 거죠. 지능을 어떤 문제
를 해결하는 능력으로 본다면, **인공지능은 자율적으로 문제를
해결하는 기계적 능력**을 뜻합니다. 여기서 기계란 컴퓨터상에
구현된 소프트웨어일 수도 있고, 로봇과 같은 물리적인 장치
일 수도 있어요. '인공지능이란 무엇인가'란 질문은 '지능이
란 무엇인가'와 연결되죠.

이진경 인공지능 교과서에서는 인공지능이란 **에이전트** Agent라고 정
의하더군요. 아마도 인간이 처리해야 할 과제를 대리해서 해
결해주는 자란 뜻에서 빌려온 말인 듯하죠?

장병탁 네, 인공지능이란 에이전트라고 정의할 수 있어요. 세상을 지
각하고 그에 따라 행동하며 또 스스로 학습하는 자율적인 인

지 에이전트죠. 007 같은 첩보원이나 대리점·부동산업자 같
은 이들을 에이전트라고 하잖아요. 명령하거나 지시하는 누
군가를 대신해서 판단하고 행동하는 이들이죠. 전문용어로
표현하자면, 행위성과 대행성을 가진 무엇이라 할 수 있어요.
에이전트로서의 인공지능 정의는 마음뿐만 아니라 신체를
가지고 살아가는 존재로서의 지능체를 강조한다는 점에서
실세계의 인공지능과 좀 더 가깝습니다.

하지만 인공지능 교과서에 나와 있는 정의는 좀 얼버무리는
느낌이에요. 아마도 지능이라는 것이 철학적인 함의를 포함
하기 때문이겠죠. 그래서 '지능이 필요한 일을 기계가 할 수
있도록 하는 연구 분야'라고도 말해요. 초기에는 퍼즐이나 체
스 같은 문제를 푸는 능력을 생각했어요. 최근의 도전적인 연
구들은 인지 능력을 가진 로봇처럼 좀 더 강력한 에이전트를
개발하려고 합니다.

김재아 그럼 다시 지능이란 무엇인가를 물어야 할 것 같네요.

이진경 사람들은 지능의 개념을 당연히 잘 알고 있다고 착각하는 듯
해요. 지능이란 '생각하는 동물'로서 인간이 가지는 '지적 능
력'이라는 식으로요. 이는 사실 일종의 동어반복입니다. 인간
만이 생각하는 동물이라는 생각은 아주 낡은 나르시시즘적
착각이죠. 생존을 위해 환경의 변화를 지각하고 그것을 판단
해야 하는 한 모든 동물은 지능을 갖고 있다고 해야 합니다.
식물조차 그렇습니다. 태양의 운동을 감지하며 꽃을 피울지

말지, 기온의 변화를 보며 잎을 떨굴지 말지, 필요한 영양소를 찾기 위해 어디로 뿌리를 뻗어야 할지 등을 판단해야 하니까요. 그렇다면 **지능이란 생명체가 생존하기 위해 외부 자극에 적절히 반응하는 판단 능력**이라고 해야 하지 않을까요?

김재아 　햇빛을 보고 꽃을 피우는 건 감각 아닌가요?

이진경 　빛을 통해 해가 떴는지 아닌지를 감지하는 것은 감각이지만, 그 빛의 상태 변화에 대응하여 광합성을 할지 호흡을 할지, 꽃잎을 열지 닫을지를 판단하는 것은 감각 이후의 판단이고, 일종의 의사결정이죠.

김재아 　아, 식물에게도 판단 능력이 있다는 말이 단지 은유적 표현만은 아니네요?

장병탁 　심리학자들은, 지능이란 '불확실한 환경에서 복잡한 문제를 풀 수 있는 능력'이라고 말합니다. 간단히 말해, 문제 해결 능력이란 거죠. 얼핏 보면 식물들은 주어진 자극에 단순히 반사적으로 반응하는 것 같지만, 유심히 들여다보면 그리 단순하지 않아요. 그 나름의 방식으로 판단하고 있다고 봐야 합니다. 그런 관점에서 보면 지능의 유무가 아니라, 사실은 **지능이 작용하는 복잡성에 차이가 있다**고 해야 할 것 같아요. 그리고 이때 **지능의 복잡성 정도는 상대적**이에요. 바둑을 두는 것보다 계절에 따라 꽃을 피우는 시기를 결정하는 게 더 복잡하다고 생각할 수 있는 거죠.

이진경 　맞습니다. 여기서 '정도'란 말은 단지 양적 크기를 뜻하지 않습니다. 여러 선택지 중 하나를 고를 때 고려하는 변수들의 수는 선택지의 수에 따라 규정되는 양적 크기만은 아니니까요. 가령 열 가지 종류의 치약 중 하나를 선택하는 것이, 대학원을 갈지 취직을 할지 둘 중 하나를 선택하는 것보다 더 복잡하다고 할 순 없잖아요.

장병탁 외부 자극에 대한 생명체의 판단도 다르지 않아요. 밥과 빵, 국수 중에 무엇을 먹을지 선택하는 인간의 판단이, 뿌리를 물이 많은 쪽으로 뻗을지 질소가 많은 쪽으로 뻗을지를 선택하는 식물의 판단보다 더 복잡하다고 하기도 어렵죠. 분명한 건, 이런 결정과 선택한 뒤의 상태에 대한 예측이, 어떤 지적 능력이 요구되는 판단이란 겁니다.

이진경 그런 관점에서 보면, 인공지능 경우엔 차라리 모든 것이 쉽고 간단하다고 할 수도 있을 겁니다. 비록 대단히 많은 에너지를 사용해서 극히 복잡한 계산을 하지만, 진학이냐 취업이냐, 물이냐 질소냐를 고민할 때 동반되는 판단의 무거움은 없으니까요. 어떤 쪽이 자신에게 유리한지 판단하는 능력이 없다는 점에서 아무리 복잡해도 대단히 단순하다 해야 할 겁니다. 물론 저로선 매우 부러운 단순성입니다. 별것 아닌 문제 때문에 스트레스를 받고 병 나는 일은 없을 테니까요. 생명체와 달리 자신의 생존 자체를 목적으로 하지 않으니까 단순하고 편한 건데, 어느 쪽이 좋은 걸까요? 이는 인공지능이 에이전트이기 때문에 그렇다고 할 수도 있을 겁니다. 에이전트란 남의 일을 대신해주는 존재죠. **자신이 아니라 남의 생존을 위해 대신 계산하고 판단하니까 가볍고 단순해질 수 있는 겁니다.**

장병탁   대신해준다고는 해도 보통은 목적함수가 있긴 해요. 목적함수에 따라 인공지능이 하는 일이 달라지죠. 물건을 전달해주는 로봇, 바둑을 두는 로봇 등….

이진경   그러나 그 목적함수는 인간이 주는 거잖아요. 그래서 에이전트인 거고요.

김재아   나중엔 그 목적 자체를 스스로 설정할 수 있겠죠? 그 경우 인공지능의 정의는 지금과 크게 달라질 수도 있겠고요.

장병탁   그게 큰 논쟁거리죠.

태 호   그게 인간 지능과 인공지능의 차이일까요? 인공지능은 인간 지능과 무엇이 다른가요?

장병탁   인공지능에도 차이가 있죠. 초기 인공지능은 인간이 명령한 대로 작동하도록 설계되었지만, 지금은 스스로 학습하도록 프로그래밍이 되어 있어요. 개발자의 판단이나 명령을 넘어서 스스로 학습하고 판단하죠. 달리 말하자면, 예전에는 연역추론만 가능했지만, 지금은 귀납추론도 가능한 거예요. **귀납추론을 할 수 있다는 것은 틀릴 수도 있는 불확실성 속에서 결론을 내린다는 거죠.** 고양이 사진을 보고 고양이라고 찍는 겁니다. 틀릴 수도 있지만, 그래도 판단하고 결론을 내린다는 건 중요합니다. 만약 틀리면 이를 수정하고 학습하면서, 판단 능력을 키워가면 되니까요.

챗봇(대화하는 인공지능) '이루다'가 문제가 되었을 때 언론사들로부터 그에 관해 인터뷰 요청을 많이 받았어요(당시 있었던 논란은 크게 세 가지로, 인종·성소수자·장애인 등에 대한 혐오 발언을 했다는 것, AI 학습에 사용한 개인정보를 노출할 우려가 있다는 것, 이용자가 성적인 대화를 유도하면 호응한다는 것이었다). 질문은 대체로 비슷했는데, 이루다가 했던 혐오 발언을 누가 책임져야 하는가였죠. 물론 개발자들이 이루다에게 혐오 발언을 하지 못하도록 사전에 온갖 조치를 취했어야 했어요. 하지만 이루다가 사용자로부터 학습할 수도 있기 때문에, 개발자가 이를 완전히 통제하는 게 불가능하죠. 즉 개발자 이상으로 사용자도 거기에 책임이 있는 거예요. 마치 집에서 바르고 고운 말로만 교육을 받아온 아이가, 유치원에 가서 친구들로부터 욕을 배워오는 것과 같아요. 욕을 배우지 못하도록 하려면 집에 가둬두어야 하는데, 또 그럴 순 없잖아요. 그러니 어쩌면 근본적인 딜레마가 거기 있는 셈이죠.

이진경 확실히 딥러닝 이후 인공지능은 인간 지능과 다른 면이 있는 것 같아요. 일단 여전히 '스스로 목적함수를 구성'할 수 있는 인간과 달리 AI는 그러지 못한다는 근본적 간극은 접어두고도 말이에요. 가령 인간은 때에 따라, 심지어 동일한 상황에서 상충되는 척도를 섞어 판단하기도 하죠. 보통 손익 크기를 판단의 척도로 삼던 사람이 때로는 큰 손해를 감수하는 결정을 내리기도 하고, 증여의 마음으로 누군가에게 선물했지만

동시에 그걸 통해 어떤 이득을 꾀하기도 하니까요.

인간의 판단을 흔히 '직관적'이라 하지만, 엄밀히 말하면 비합리적인 경우가 대부분이죠. 반면 인공지능은 명확한 계산 척도가 있고 그것에 따라 판단해요. 이는 인공지능의 약점이 되기도 하고 강점이 되기도 합니다. 역으로 인간의 경우도 마찬가지죠. 모호한 판단은 명료한 계산이 놓친 것을 여전히 붙잡고 있죠. 손익을 계산하는 건 AI가 훨씬 잘하지만, 그것만으론 동료들에게 미움을 살 수 있어요. 반면 손해를 보는 증여는 동료들에게 호감을 받을 수 있고, 이는 나중에 생각지 못한 이득이 되어 돌아오기도 합니다. 결과적으로 바보 같은 계산이 더 현명한 판단이 되는 거죠.

장병탁 그런데 인간의 비합리적인 행동을 흉내 내도록 인공지능을 학습시킬 수도 있습니다. 다만 이런 행동은 스스로 반성해서 나온 결과는 아니죠. 제 말은 인공지능을 단순히 '합리성'이란 말에 가둘 순 없단 뜻입니다.

김재아 인공지능이 비합리성을 흉내 낸다고요?

장병탁 합리적으로 인간의 비합리성을 모방할 수 있어요. 이것을 연장하면 감성적 비합리성을 모방할 수도 있죠. 물론 비합리성에 대한 합리적 모방이니, 흉내라고 해야 하지만 말이에요.

이진경 아까 이루다 얘기도 하셨지만, 그보다 먼저 마이크로소프트에서 만든 챗봇 테이Tay가 인종차별적이고 나치 옹호적인 발언을 해서 해체된 적이 있죠. 이런 경우, 합리적 모방 이상으로 인간과 동일한 '모방 학습'이 아닌가 싶기도 합니다. 비합리성도 배울 수 있단 말인데, 그렇다면 인공지능도 비합리적으로 행동할 수 있다고 말할 수 있겠네요.

장병탁 그것도 실은 대화 속에서 인접성 등의 통계적 분포를 합리적으로 계산한 것이기 때문에, 비합리성의 합리적 모방이라 할 수 있죠.

이진경 그러한 일은 빈번히 발생할 가능성이 크다고 할 수 있을 거 같습니다. 수학적으로 열려 있는 모방 가능성인 셈인데, 그것이 인공지능을 우려와 두려움의 대상으로 만드는 거겠죠.

장병탁 슈퍼지능에 대한 우려가 그거죠. 그래서 그런 위험성을 배제하기 위한 방법을 진지하게 고민하기도 해요. 예를 들어, 인공지능에 '가치판단 능력'을 어떻게 탑재할 것인가를 고민하는 거죠. 그런 목적으로 **메타레벨**Meta-level**의 목적함수**를 주자고 주장하기도 해요. 계산이나 판단의 상위 수준에서 가치판단을 하는 목적함수를 주자는 거죠.

이진경 인공지능의 경우에는 합리성과 비합리성 모두 합리적으로 구성되는 셈인데, 그렇다면 합리성에도 여러 종류가 있다고 해야 할 것 같습니다.

장병탁 합리적이었던 것이 시대가 달라지면 비합리적인 것이 되기도 하죠.

이진경 맞아요. 17~18세기 유럽의 궁정에선 매주 두세 번의 연회를 열고 자신들의 부와 취향을 과시하는 게 일반적이었습니다.

19세기에 부르주아지가 지배계급이 되면서, 이런 종류의 사치는 비합리적이라고 비난받습니다. 그러나 사실 이는 그 나름의 합리성을 갖고 있었어요. 그런 식으로 해야 자기 주변에 클라이언트들이 모여들고, 그래야 좀 더 많은 영향력을, 즉 권력을 얻을 수 있었으니까요. 사회학자 엘리아스Norbert Elias는 이를 두고 '궁정적 합리성'이라고 합니다.

장병탁 　인공지능에도 그처럼 서로 다른 합리성들이 있습니다. 1960년대와 현재의 인공지능 합리성이 다를 수 있다는 겁니다. 합리성의 가치가 달라지는 거죠. 따라서 인공지능의 합리성을 따지기 위해 메타레벨에서의 가치판단이 나름 중요할 수 있습니다.

김재아 　그런데 메타레벨에서의 가치판단은 어떤 식으로 설정할 수 있죠? 합리성에 대해 평가하는 가치 기준을 다시 인간이 설정해주는 건가요?

장병탁 　예를 들어, "그 시점에서 가장 적합한 가치 기준이라고 생각하는 것을 선택하고 적용해"라고 명령할 수 있죠.

태　호 　포털사이트에서 특정 정치 성향 기사가 주로 올라오는 것을 두고 논란이 있었어요. 해당 사이트에서는 AI가 판단해서 올리는 거고 우리는 직접 관여하지 않는다고 말했는데, 사람들은 "그것을 설계한 너희 책임 아닌가?"라고 반박했죠.

이진경 　모든 책임을 인간에게 물으려는 낡은 태도의 산물이죠. 인간 아니면 책임을 묻기 힘들다는 점, 심지어 테이처럼 인공지능을 해체해도 누군가가 책임지지 않으면 책임을 회피한 것으로 간주하는 감정 때문일 겁니다. 이러한 **인간이 책임져야 한다는 발상 밑에는 '인간이 모든 것을 수행하는 자'라는 통념이 깔려 있어요. 인간중심주의죠.** 인간에 대한 과대평가, 설계자에 대한 과대평가라고 할 수 있어요.

장병탁   지금, 인공지능이 어떻게 그런 판단을 하는지 인간이 알지 못해요. 데이터로 학습해 만들어진 신경망이 학습 결과에 따라 판단하는 거고, 그런 점에서 일종의 블랙박스 속에서 이루어지는 판단이라 할 수 있어요. 인공지능의 자율성이 상당히 증가한 겁니다. 테이도 그 덕분에 해체된 거죠.

이진경   인공지능이 자신의 언행에 대해 책임을 진 거죠. 사실 그것들이 혐오 발언을 한 것에 대해 설계자가 무슨 책임이 있겠어요? 차라리 그런 것을 학습시킨 인간들이 책임져야죠.

태 호   그런데 인간이 직접 입력한 듯한 느낌을 주는 경우도 있어요. 예를 들면, 구글에 독도에 대한 질문을 하면 중립적인 대답을 하잖아요.

김재아   사실 챗봇 이루다도 처음엔 독도를 일본 땅이라고 말했다가, 다시 우리 땅이라고 했다고 들었어요.

장병탁   그건 학습이 아니라 '교정'한 거죠.

이진경   '입력'하거나 '교정'하는 것보다 사실 더 중요한 것은 **인간이 기준을 주고 그에 따라 판단하게 하는 경우**일 겁니다. 2017년 미국 휴스턴주에서는 교사들의 수업 성취도를 평가하는

EVAAS라는 인공지능 프로그램을 도입했어요. 평가 기준은 그 프로그램을 발주하거나 설계한 인간이 정한 것인데, 그 기준을 밝히라는 요구가 빗발쳤죠. 하지만 사용자와 제작자는 그 요구를 거부했어요. 인사에 반영되는 평가였기 때문에 교사들의 반발은 멈추지 않았고, 법원까지 가게 되었죠. 결국 인권침해 소지가 있다는 판결이 나오고 나서 사용 중지되었다고 해요.

태 호   그렇기 때문에 인공지능이 결정했다고 해서, 객관적 판단이라 볼 수 있을까 하는 의문이 제기되는 거 아닐까요?

이진경   인간이 직접 평가 기준을 입력하는 경우는 물론, 딥러닝에서처럼 데이터만으로 인공지능을 학습시키는 경우에도, 훈련 데이터 자체가 인간 활동의 산물이기 때문에, 인간 사회에 존재하는 비대칭성이나 편향, 편견을 이미 가진 셈이죠. 인간과 비슷한 편견을 갖고 판단하게 될 겁니다. 이루다의 경우처럼 정치적 내지 도덕적 편견만의 문제는 아닙니다. 구글에서 학습시킨 인공지능이 흑인을 고릴라로 분류한 사례는 '사실 판단'에서도 편견이 발생할 수 있음을 보여줍니다.

장병탁   그럴 땐 간접적인 방식으로 교정하거나 부정적인 데이터를 걸러내고 재학습시킵니다. 그러나 이러한 이슈는 계속 생길 수밖에 없어요. 기계가 인간의 문제를 건드리는 한 인간 세계 안에 있는 문제들이 기계들을 통해 다시 나타나게 될 테니까요. 이루다가 대화하는 사람에게 상처를 줄 수 있듯이, 인공지능의 판단이 사람들에게 피해를 줄 수 있죠.

이진경 약간 다른 의미에서, 저는 오히려 '선을 넘지 않는 것도 문제'라고 생각해요. 가령 미국에는 범죄율을 근거로 재범 가능성을 계산하고, 그에 따라 보석 여부를 판단하는 프로그램이 있다고 해요. 그런데 인종별로 범죄율을 측정하면, 흑인이 백인보다 상당히 높아요. 그런데 그건 그들의 생존 조건 때문이죠. 이는 '사실'의 차원에 속하지만, 편향된 세계가 만들어내는 사실이에요. 그러니 그런 프로그램으로 판단하게 되면, 흑인은 보석 허가를 받을 가능성이 낮을 수밖에 없죠. 이건 사실과 통계의 선 안에서 발생하는 체계적 오류예요. 이럴 때는 오히려 보정 내지 교정을 해주어야죠. 이게 안 되면 인공지능은 사실의 선 안에서 오히려 인간의 편견을 증폭하는 작용을 할 수 있어요.

장병탁 전에 정치학을 전공한 교수님이 법원 판결에 비판하는 글을 본 적이 있어요. 그분은, 의회에선 많은 의원이 모여 다수결로 법안을 채택하는데 법원에선 판사 혼자 판결한다고, 그로 인해 사법부의 독립성이 판사의 단독 판단으로 오인되고 그걸 옹호하는 논리가 된다고 비판하시더군요. 사실 어떤 판사를 만나느냐에 따라서 상당히 다른 판결이 나올 수도 있다는 것에 많은 사람이 동의하죠.

이진경 판사들의 판결이 사회적 분위기에 의존한다는 것 또한 분명합니다. 소위 'n번방' 사건 이전까지만 해도 디지털 성범죄에 대해서 대단히 가벼운 판결이 많이 나왔지만, 이제는 비교적 무거운 판결이 나오잖아요. 사건은 똑같은데, 사회적 조건이나 분위기가 달라짐에 따라 다른 판결이 나오는 거죠. '독립성'이란 권력을 가진 자들로부터의 독립성이지, 이처럼 사회적 변화나 분위기로부터의 독립성은 아닙니다. 그렇다면 **어차피 독립적이지 않으니, 어디에 기대어 어떻게 판단할지를 적극적으로 생각하는 게 낫죠.** 인공지능도 그럴 거고요.

장병탁 아마 국민 배심원 제도를 도입한 것은 그러한 이유 때문일 텐데, 미국을 보면 배심원들 역시 편견과 통념에 매여 있는 경우가 많죠.

이진경 그래도 판사 혼자 판결하는 것보다야 낫지 않겠어요?

장병탁 그런 점에서 인공지능이 판결에 도움을 줄 수 있어요. 예를 들어, '지금까지 이와 유사한 사건에 대해 어떠한 판결이 내려져 왔는지 평균 데이터를 바로 확인한다든지, 관련된 법 조항을 모두 참조하여 이 사건의 형량 범위를 대략 파악한다든지 하는 방식으로요. 물론 최종 판결은 판사가 하겠지만, 기존 판결에 대한 정보를 명시적으로 참조하면 전관예우 같은 것 때문에 어이없는 판결을 하는 게 훨씬 어렵게 되지 않을까요?

이진경 맞습니다. 물론 평균치나 법 조항만으로 판결하기 어려운 경우도 있을 겁니다. 가령 30년 동안 가정폭력을 당했던 아내가 남편을 살해한 경우라면, 살인죄에 관한 법 조항에 적시된 형량이나 기존에 내리던 대로 처분하는 게 어리석은 판단이 될 수 있습니다. '정상참작'이라는 게 사실 이런 것 때문에 있을 텐데, 이게 엄밀하게 정의할 수도 없고 엄격하게 반영 비율을 정할 수도 없는 것인지라, 평균에서 멀리 떨어진 판단을 금지할 수도, 그저 비난할 수도 없습니다. 물론 기존 판결에 관한 인공지능의 계산을 참조하면서도, 판결이 크게 편차를 갖는 이유를 명시하게 될 것이기 때문에, 그 경우에도 인공지능의 계산이 판결의 공정성을 높이는 데 기여할 것 같습니다만.

김재아 인공지능 판사가 출현할 경우, 그를 얼마나 신뢰할 수 있을지 하는 문제도 자주 등장하는 주제예요. 이미 말씀하셨듯이 인공지능이라고 해서 편견이 없는 것도 아니고, '정상참작'이 필요한 경우인데도 기계적으로 판단하기 쉬우니까요.

장병탁 사람은 전반적인 상황을 보는데, 기계는 그런 걸 잘하지 못해요. 판사는 현장에서 눈치를 보는데 기계는 눈치가 없거든요.

이진경 눈치 보는 거, 중요하죠. 눈치만 보는 것도 문제지만요.

장병탁 AI는 문서만 봐요. 문서만으로 적절한 판결을 내리긴 어렵죠.

이진경 예전에 대한변호사협회에서 인공지능과 인간의 판결 대회를 열었대요. 그 결과 1~3위가 모두 인공지능과 사람이 함께한 팀이었다고 하더군요. 인간만 있는 팀의 판결은 모두 아래 순위였고요.

장병탁 인공지능이 잘하는 일도 있지만, 인공지능만으론 충분하지 않은 경우도 많아요. 바둑처럼 경우의 수가 극히 많아도 규칙이 단순한 경우라면 문제가 없어요. 그러나 대개는 안 그렇죠. 법처럼 규칙이 명확한 경우에도, 그게 적용되는 현실은 명확하지 않잖아요. 현실에서 발생하는 일들을 인공지능이 알 수 있도록 데이터화하곤 있지만, 그 과정에서 누락되는 게 많아요. 문서화하거나 언어화할 수 있어도, 그것만으론 불충분한 경우도 많죠. 피의자를 잡았다 해도 심문할 때는 말뿐 아니라 표정도 봐야 하고, 때론 거짓말 탐지기도 써야 하잖아요. 그러한 것들이 다 녹아들어야 합리적 판단이 가능하죠. 그러고 보니 합리적이란 말이 합리적이지 않네요. (웃음)

태 호 인공지능이 인간을 보완하는 역할을 할 뿐이라고 보시는 건가요?

이진경 저는 그렇게 생각해요. 인공지능을 만든 이유는 인간이 그것에게서 도움을 받으려고 하는 것이니, 인간이 무언가와 함께 하겠다는 전제가 깔려 있는 셈입니다. 우리는 자주 인간과 기계의 경쟁 구도를 상정하지만, 가령 화가가 도구 없인 그림을 그릴 수 없듯이, 기계 또한 인간과 결합되어 작동하죠.

김재아 그래도 언젠가 인공지능은 독립적으로 작동하리라고 가정되잖아요. 인간을 보완하는 역할을 넘어서려면 가장 필요한 것은 무엇일까요?

이진경 사람이 주는 목적함수를 넘어서야죠. 즉 스스로 목적함수를 만들고 바꾸는 것. 그러려면 인공지능이 **자신의 존속 자체를 목적**으로 해야겠죠. 하지만 그런 일이 일어나긴 쉽지 않을 겁니다. 그건 인공지능이 '도구'이길 그치는 거고, 인간의 손을 떠나는 거니까요. 애써 돈 들여 개발하는 건 인간이 써먹기 위한 건데, 인간은 그렇게 써먹을 도구이기를 그치는 사태를 용인하기 쉽지 않을 겁니다.

장병탁   사실 사람이 문제예요. 예를 들어 노예제 사회라고 하면, 시키는 대로 일하는 노예를 좋아하는 주인이 있는가 하면, 노예 스스로 알아서 일하길 원하는 주인도 있겠죠. 제일 좋은 건 주인이 원하는 것을 알아차려서 그걸 해내는 경우일 텐데, 알아서 하다 보면 사고를 치기도 하고 도를 넘기도 할 거예요. '노예'로 예를 들었지만, 사실 어디서나 그렇죠. 이런 문제는 인공지능에 국한되는 것이 아니라 사람 사이에도 늘 있죠.

김재아   그런데 장병탁 선생님께선 인공지능 연구의 궁극적 목적이 '스스로 학습하는 기계'라고 하셨는데, 그건 결국 인간을 넘어서는 것 아닌가요?

장병탁   그렇죠. 그런데 그건 사실 사람도 하기 힘들어요. 그래서 교육이나 학습 이론이 많이 나온 거겠죠. **우리는 눈치 볼 줄 아는 기계를 원해요.** 말로 다 기계에게 설명하기 힘들잖아요? 인간의 언어가 모호한 이유는 그러한 형태가 진화적으로 효율적이기 때문이에요. 로봇한테 '물 좀 줘!'를 설명하려면, '앞으로 50cm 가서, 2cm 앞에 물컵을 잡은 뒤, 여기로 이동해 와' 등을 상세하게 설정해줘야 해요. 인간은 대충 말해도 척 하고 알아듣죠. 이 얼마나 효율적인가요.

게다가 인공지능은 상식이 없어요. 인간에게는 너무나 자명한 상식이요. 인간은 중력의 법칙을 몰라도 체험을 통해서 아는데, 기계는 그렇지 않다는 거죠. 인공지능이 분명 인간보다 특출난 부분이 있지만, 인간이면 쉽게 혹은 당연히 아는 걸 인공지능은 잘 모르는 경우도 많아요. 이를 구현해내려면 많은 데이터와 아주 복잡다단한 연산 과정이 필요하기도 하고요. 이는 인간이 하기 어려운 것은 로봇에게 쉬운데 인간이 하기 쉬운 것은 로봇에겐 어렵다는 **모라벡의 역설**Moravec's Paradox이죠. 인공지능에게 신체가 없어서 그런 것 같아요. 중력의 법칙은 몰라도 떨어지면 다친다는 건 동물들도 잘 알잖아요.

이진경 사실 아무리 지식이 많은 인간이라도, 어떤 지식을 쓸지는 상황이나 기분 등에 따라 유동적이죠. 그 점에선 기계와 많이 다르지 않은 듯해요. 기계와 달리 '상식'을 어느새 갖추게 되는 건 그 결과를 직감적으로 혹은 경험적으로 알기 때문이죠. 즉 신체가 그에 관한 지식을 형성하고 사용하도록 강제해요. 그렇지 않으면 다치거나 죽으니까요. 이런 강제나 필요가 없으면 인간의 지식도 무용한 경우가 많죠. 알고도 행하지 않는 일도 많지만, 손가락 몇 개 움직이면 알 수 있는 것도 대부분 모르는 채로 살아가잖아요. 역으로 이런 고통이나 아쉬움이, 그동안 강제되지 않고 필요 없던 지식을 찾도록 해주죠. 따라서 인간과 기계의 차이는 상식의 유무보다는, 그런 상식을 형성할 계기가 없는 게 아닐까 싶어요. 기계에겐 무엇을 사용하고 찾을 건지를 알려주는 계기가 없다는 거예요. 부서져도 고통이나 아쉬움을 느끼지 못하니까요. 반면 인간이 배운다는 생각 없이 배우고, 상식에 속하는 지식을 나도 모르게 사용하는 이유는 **신체**가 있기 때문이죠. 인간은 생존을 위해 행동하면서 배우지만, 기계는 생존을 위해 행동하지 않아요.

학습도 마찬가지예요. 생존에 긴요한 거라면 아주 적은 데이터만으로도 빠르게 학습합니다. 그렇지 않으면 인간도 대개는 학습하지 않아요. 데이터가 많아도 아무 소용없죠. 기계는 인간이 명령하는 대로 학습하지만, 긴요성이 없으니 선별과 집중이 일어나지 않고, 엄청난 데이터와 이를 일일이 처리하는 연산이 있어야 학습이 가능한 겁니다. 생존의 강제는 하나의 경험조차 잊지 못하게 하기도 해요. 정신분석에서 말하는 트라우마가 그렇죠. 또 누군가에게 돈을 빌려줬다가 받지 못했다면, '다시는 빌려주지 말아야지'라는 강한 판단이 학습돼요. 모든 사람이 다 그런 건 아닌데도 말이에요. 이처럼 적은 데이터만으로도 잊기 힘든 강도로 학습하기도 합니다. 집중의 강도가 거기서 중요합니다. 기계로 치면 '과적합Over-fitting'이라 할 만한 일종의 과잉 학습입니다.

태 호 인공지능도 계속 학습을 해나가잖아요. 요즘에는 인공지능에 특화된 장치도 점점 많이 나오고 있죠. 얼마 전에 유튜브에서 NPU Neural Processing Unit(뇌의 신경망을 모방한 인공지능 반도체로,

최신 휴대폰 카메라 등에 활용된다) 관련 영상을 봤어요. 인공지능 칩인 NPU는 인텔 같은 반도체 회사보다 스마트폰을 통해 빅데이터를 가진 애플이나 구글에서 더 발달했다고 하더라고요. 인공지능이 신체를 가질 때 일상에서 계속 학습이 가능하리라고 하셨는데, 이런 칩을 장착한 웨어러블 장치가 생기면 신체를 통한 학습도 가능해지지 않을까요?

장병탁 그런 장치를 통해 **확장된 신체** Extended Body가 생겨나는 거죠. 스마트폰도 신체의 확장이에요. 스마트폰 앱으로 우리 집에 설치된 카메라를 보면 확장된 눈이 되는 거죠. 현재 발전하고 있는 엣지 컴퓨팅 Edge Computing(중앙 집중 처리를 하지 않고 사용자와 가까운 단말 장치에서 연산을 처리하여 시간과 자원을 절약하는 기술)은 스마트폰, 웨어러블 장치를 포함한 다양한 엣지 디바이스를 통해서 감각이 확장되는 경험을 선사하기도 하죠. 경우에 따라 사람을 능가하는 센싱 Sensing을 하기도 하고요. 물론 처리 가능한 데이터 용량 문제나 연산의 복잡성 등으로 엣지 컴퓨팅만으로는 한계가 있죠. 이를 보완하기 위해 클라우드가 따로 존재하는 거고요.

이진경 로보틱스 연구자인 워릭 Kevin Warwick의 《나는 왜 사이보그가 되었는가》를 보니, 자기 신체에 칩을 심어서 손발을 움직이는 주파수를 분리하고, 그 주파수 신호에 반응하게 하여 멀리 떨어진 전동 휠체어를 자신의 의식으로 움직이는 데 성공했다고 하더라고요. 나아가 그 신호를 인터넷으로 전송해서, 런던

에서 대서양 건너 뉴욕에 있는 로봇의 팔도 움직였다고 해요. 신체의 범위가 뉴욕까지 확장된 거죠. 여기서 우리는 신체에 관한 철학적 물음을 던질 수 있어요. '우리 신체의 경계는 어디까지인가?' '어디까지를 인간으로 생각해야 하는가?'

장병탁 최근 심리학과 인지과학 분야에서는 인지 및 판단 능력이 오직 뇌의 작용이라는 전통적 이론의 한계를 깨고, 그 주체가 신체와 환경적 요소로 확장될 수 있다고 주장해요. 그런데 의식이나 자아는 정말 제가 모르는 분야이긴 해요. (웃음) 제가 아는 대로 말씀드려보자면, 일단 '나'라는 것을 알기 위해선 상대가 있어야 합니다. 자기가 자기 손을 만지는 방식으로 우리는 신체의 경계를 확인하죠. 나인지 남인지를 구별하는 경계를 확인하기 위해, 손으로 남의 신체를 대신하는 거예요.

이진경 **확장된 마음** Extended Mind이나 **체화된 인지** Embodied Cognition는 인지의 발생 요인이 신체임을 강조하죠. 우리는 인지하고 판단하는 게 의식(뇌)이라고 생각하지만, 사실은 신체일 때가 더 많아요. '확장된 마음'이나 '체화된 인지'의 주어는 신체라 해도 좋을 겁니다. 유기체 전체가 아니라 신체 일부분의 인지이자 판단인데, 이것이 뇌로 하여금 '상식'을 형성하게 하고 필요한 지식을 찾게 만들죠.

장병탁 저는 인공지능이 주어진 데이터만 처리할 뿐 스스로 데이터를 형성하는 능력이 없다는 사실이 최대 약점이라고 생각해요. 그런 능력이 있다면 활동 자체가 데이터 형성으로 그리고 다시 학습으로 이어지는데, 그게 없으니 학습 따로 작동 따로 가 되는 거죠. 데이터 형성 능력은 그런 점에서 신체적 인지 능력을 가질 때 가능한 거고, 그래서 인공지능에게 정작 필요한 것은 신체가 아닐까 생각하고 있습니다.

이진경 그 점에서 인공지능이나 인지를 의식에서 벗어나 사고해야 하지 않을까 합니다. 그런데도 그게 잘 안 되는 건, 총괄해서 판단하는 것이 결국 의식이 아닌가 하는 점 때문이겠죠. 역으로 신체마저 '결국은' 의식을 통해 사고하게 되는 듯합니다. 가령 컵을 손에 든 사람이, 여기서 내 신체는 손이고 컵은 아니라고 생각하는 이유는 의식의 명령이 컵에는 미치지 않기 때문이겠죠. 의식에 의해 감지되는 의지의 작용 범위를 신체라고 생각하는 겁니다.

현재 MIT 교수이자 암벽등반가인 휴 허Hugh Herr가 17살 때 얼음 등반을 하다가 길을 잃고 영하 30도에서 3일간을 보냈는데, 그가 구조되었을 때는 이미 심한 동상에 걸려 무릎 밑으로 양쪽 다리를 절단해야 했죠. 그럼에도 그는 의지가 대단해서, 암벽등반에 최적화한 로봇 의족을 만들어냈어요. 그가 그 의족으로 걷고 뛰고 암벽을 탄다면, 그에게 그 의족은 단순 기계에 불과할까요? 자기 신체라고 느낄 겁니다. 하지만 그저 다리에 매달려 있는 거라면, 그건 자기 신체가 아니라고 여기겠죠.

태 호 만약 제가 인공지능 로봇에게 명령을 내렸을 때 그 로봇이 명령을 수행한다면, 그 로봇은 내 신체의 일부라고 할 수 있을까요?

이진경 말이나 글자로 명령하는 게 아니라 생각만으로 움직일 때 신체 일부라고 느낄 수 있을 겁니다. 워릭의 경우처럼 말이죠.

장병탁 의식이 움직이는 대상을 신체라고 볼 수 있다면, 의식이 신체를 정의해주는 역설이 발생하는 셈이네요.

이진경 제 생각이라기보다는 많은 사람이 그리 생각하는 것 같은데, 매우 자명해 보이는 이런 생각이나 느낌에는 어떤 환상이나 착각이 내재해 있어요. 내 간이나 위장이 내 의지대로 움직이지 않는다고 해서 내 신체가 아니라곤 할 수 없죠. 그렇다면 내 의식이나 의지의 작용 범위 안에 있는 것이 내 신체라는 생각은 일관성을 잃게 됩니다. 내 의지가 작용해 움직이는 게 내 신체라는 생각은 '자유의지'의 환상에 속하는 셈이죠.

장병탁 인간 수준의 인공지능이 어떻게 가능할까 하는 게 제 숙제인데, 사실 그러한 인공지능이 제가 살아 있는 동안 가능할 것 같진 않아요. 그렇게 보면 저는 연구자로선 해결하지 못할 것에 매달려 있는 셈이죠. 이진경 선생님은 철학적·사회학적 관점에서 보시니까 그런 인공지능이 가능할 거라고 생각하실 수 있지만, 저는 오히려 기계를 연구하니까 그게 쉽지 않아 보여요. 연구하면 할수록 인간이나 동물이 훨씬 위대해 보이죠. 따라가려면 아주 큰 기술적 장벽이 있다고 봐요.

신체 얘기를 했지만, 지금은 모든 감각이 디지털화되고 있어요. 그런데 인간이 감각한 것이 다 옮겨지는 것인지, 핵심적인 것이 제대로 옮겨지는 것인지는 불확실해요. 그렇다면 디지털화된 인공지능이나 로봇이 아무리 인간과 비슷해 보여도 과연 그것이 진짜인지 잘 모를 일이죠.

이진경 인간의 감각도 무한에 가까운 데이터를 아주 작은 크기로 줄이는 거지만, 디지털은 그것을 다시 숫자들로 바꾸는 거잖아요. 물론 그 숫자는 다시 대응되는 것들로 복원되겠고요. 그런데 후각이나 미각의 경우, 정말 애초의 냄새나 맛을 복원할 수 있는지는 의심스럽습니다. 차라리 인공지능이 수행하는 것은 감각이나 지각의 작용을 '복원'하는 게 아니라 **기계적인 것으로 변환하는** 거라고 표현하는 게 더 적절해 보여요. 인간 지능의 재현이 아니라, 비슷한 목적을 위해 다른 형식으로 작동하는 지능으로 보는 거죠. 디지털이 유용한 건 아날로그를 재현해서가 아니라, 아날로그와 다른 종류의 데이터로 변환하는 데서 나오는 거죠. 아날로그와의 유사성만이 아니라 그와 다른 것으로 변조할 수 있는 능력이 차라리 디지털 데이터의 힘이라고 해야 하지 않을까요?

김재아 그래도 인공지능이 인간 지능을 모방하려는 것은 인간 지능이 갖는 특별한 힘 때문일 텐데, 인간 지능의 특별한 힘은 무엇이라 생각하시나요?

장병탁 인간 지능이 특별하게 여겨지는 이유 중 하나는 **언어의 힘**일 겁니다. 언어로 구성되는 지식과 그에 따른 판단이요. 그래서 초기 AI는 지식 기반 시스템을 추구했죠. 문헌화·지식화되어 있는 것을 넣어주면 된다고 생각했어요. 그러나 나중에 보니, 지식을 입력해주는 것 자체가 무리수였어요. 입력해야 한다는 사실 자체가 장애물임이 드러난 거죠.

태 호 좀 더 적절한 표현이 생각이 안 날 때 연관 검색어로 구글링을 해보는데, 헛수고일 때가 많습니다.

김재아 그래요? 그런데 데이터를 연구하는 분들의 말씀을 들어보면, 구글링으로 영어 문장 공부를 할 수 있대요. 자동으로 다음 문장이 나오다 보니….

장병탁 그런데 그 문장을 쓴 사람이 네이티브가 아닐 수도 있어요.

장병탁 엉터리 리뷰나 홍보성 리뷰도 많잖아요. 그래서 평가 데이터를 신뢰할 수 있는지의 여부가 중요합니다. 예를 들면, 아마존 사이트에 리뷰를 쓴 사람이 어떤 평판을 얻느냐가 그 리뷰만큼이나 중요한 거죠. 그 사람의 리뷰를 신뢰할 수 있는지 평가하는 인공지능을 만들어야 할 수도 있어요.

김재아 좀 무서운데요? 그렇게 되면 아마존 AI가 가짜 리뷰의 평가 점수를 낮게 줄 수도 있겠지만, 그저 글만 보고 '너 수준이 낮아!'라고 평가할 수도 있을 거 같아요.

장병탁 돈 받고 리뷰를 쓸 수도 있잖아요. 학계에서도 유사한 문제가 있는데, 최근 AI 분야 논문이 너무 많아졌어요. 예전엔 심사를 교수들이 다 했거든요. 하지만 요즘은 너무 많아서 박사 과정 학생도 합니다. 리뷰어도 평가를 받아요. 그런데 논문을 심사할 때 누구에게 심사를 의뢰하느냐가 그 논문 채택 여부에 중요한 영향을 미칠 수도 있어요.

이진경 평판이 평가자를 규정하는 건 이미 '좋아요' 버튼으로 현실이 된 게 아닌가 싶기도 합니다. 이는 노동 통제 수단이 되기도 하는데, 가령 배달앱에서 배달 서비스 결과를 평가하게 하거나 대기업에서 AS 기사를 평가하게 하는 게 그런 경우죠. 전에 영국 드라마 〈블랙 미러〉의 한 에피소드는 '좋아요' 버튼이 모든 곳에 확장되어 사람들의 삶을 지배하는 사태를 풍자한 내용을 담고 있었는데, 코미디 장르인데도 섬뜩하더군요. '좋아요'가 정말 좋은 건지 모르겠어요.

불쾌한 골짜기
Uncanny Valley

2 | 인간은 얼마나
특별한가?

General
Intelligence
환원주의
reductionism

김재아 장병탁 선생님은 인간이 특별하다고 생각하시고, 이진경 선
생님은 그렇지 않다고 생각하시는 것 같습니다. 맞나요?

이진경 인간이 특별하지 않다는 게 아니라, 인간만이 특별한 게 아니
라는 말이죠. 인간도 특별합니다. 하지만 코끼리도, 소나무도
모두 나름대로 특별하죠. 기계도, 바위도 마찬가지입니다. 물
론 인간이 특별하다는 말은 인간만 갖는 어떤 고유성을 강조
하는 말이겠죠. 그러나 영장류 학자 프란스 드 발Frans de Waal
에 따르면, 그렇게 거론되는 특성들이 영장류와 별반 다를 게
없다고 합니다. 가령 죽음에 대한 의식, 친밀한 관계 형성, 공
감 능력이나 미래의식의 유무 등의 특성들이 다른 영장류 동
물들에게도 있다는 거예요. 사실 자기가 가진 어떤 특성이 자
기만의 고유성이라고 착각하는 현상은 어디서나 발견되죠.
'인간은 다른 동물과 달라' 같은 발상은 주어를 대체하며 인

간 사이에서도 반복됩니다. '우리 가문은 달라' '우리 민족은 달라' '우리 남자는 달라' 이런 식으로요. 심지어 자기 아닌 것들은 모두 하나로 묶어서 같은 것으로 간주한다는 거예요. 원숭이, 너구리, 참나무, 바위, 기계 등을 모두 '인간 아닌 것' 으로 묶고, 다른 성씨들을 모두 하나로 묶어 '우리 김해 김씨' 와 비교되는 집단, 자기가 가진 특성을 갖지 않은 집단으로 만든다는 거예요. 인간중심주의, 자기중심주의란 생각해보면 얼마나 단순하고 과격한 생각인가요?

인간이 스스로를 특별하다 생각하듯이, 다른 동물도 그렇지 않을까요? 개미는 개미대로, 거미는 거미대로 자신만이 특별하다고 생각할 거고, 세상은 자신들을 위해서 창조되었다고 믿을 거예요. 생각해보면, 자기 엉덩이에서 나온 가느다란 실로 집을 짓고 먹이를 잡는 거미의 능력은 무엇과 비교해도 대단히 특별한 능력 아닌가요? 언어를 사용하는 것도 마찬가지예요.

장병탁 보통 언어와 도구의 사용을 들어 인간은 다른 동물과 다르다고 말하죠. 인간은 언어를 통해 지식이나 문화를 전승하고 발전시켜 나갑니다. 생각에 대한 또 다른 생각, 지식에 대한 새로운 지식이 더해진다는 점에서 언어는 인간의 생각에 일종의 메타레벨을 제공합니다. 또 생활에서 끊임없이 구조화된 도구를 만들고 사용하는 것도 특별하죠. 사실 언어도 도구의 일종입니다.

이진경 확실히 언어나 도구를 사용하는 양상이 유별난 건 사실이에요. 오랫동안 인간은 인간만이 유일하게 언어를 사용한다고 생각했지만, 지금은 그렇지 않다고 잘 알려져 있죠. 고래는 물론 벌도 언어를 사용한다는 사실은 20세기 동물행동학에서 잘 알려진 얘기예요. 벌은 새 거주지로 이주할 때 만장일치에 이를 때까지 의견을 교환한다고 해요. 또 먹이를 발견하면 동료들에게 알려주는데, 해 질 무렵이라 다음 날에 가야 할 경우, 변화된 해의 위치까지 고려해서 그 지점으로 데려간대요. 이렇듯 언어를 사용하는 동물들이 많다 보니, 언어란 의사를 전달하는 능력이 아니라 전달받은 것을 재전달하는 능력이라고 했던 언어학자도 있었어요. 그런데 그거야말로 인간 아닌 것의 언어를 언어 정의에서 빼는 사후적이고 비겁한 방법이죠. 장병탁 선생님 말씀처럼, 지식이 축적되고 '메타적'으로 사용되는 건 언어가 문자화될 때 비약적으로 발전하는 거 같아요. 근데 사실 문자는 국가권력이 걷을 세금을 기록하기 위해서 고안된 거였죠.

장병탁 맞습니다. 인공지능은 언어를 통해 사고 과정을 표현하죠. 예를 들어, 바닥에 상자와 막대기를 놓아두고 천정엔 바나나를 걸어둔 방 안에 원숭이 한 마리를 들여보낸다고 해봅시다. 그럼 바나나를 먹기 위해 원숭이가 어떻게 행동할지 순서대로 추론해볼까요? 상자를 바나나와 가까운 쪽에 옮기고 막대기를 집어든 후, 상자에 올라서서 천정에 걸린 바나나를 쳐서 떨어뜨리겠죠. 인공지능이 이러한 과제를 수행하려면 어떻게 해야 할까요? 먼저 이 상황을 컴퓨터가 이해할 수 있는 논리적인 언어로 기술해야 합니다. 예를 들어, "상자(Box)가 바닥(OnFloor)에 놓여 있다"는 OnFloor(Box)로, "상자(Box)를 이동한다(Move)"는 Move(Box) 식으로요. 이제 원숭이가 바나나를 따 먹기 위해서는 어떤 행동을 순차적으로 수행해야 하는지를 추론해봅시다. Move(Box)→Hold(Stick)→StepOn(Box)→Hit(Banana)→Catch(Banana)가 되겠죠.

이진경 동물행동학자들이 동물들의 도구 사용 능력을 비교 실험한 적이 있는데, 그 실험 결과는 도구에 대한 인간의 관념을 역으로 보여줍니다. 방금 말씀하신 설정된 환경에서 원숭이 대신 코끼리를 들여보내고 상자 없이 막대기만 두었을 때, 실험자 대부분은 코끼리가 막대기를 사용해서 높이 매달린 바나나를 딸 거라고 생각했어요. 그런데 안 그러더랍니다. 그래서 사람들은 뇌가 가장 큰 동물인 코끼리도 별수 없나 보다 생각했어요. 그런데 나중에 막대기 대신 상자를 가져다 놓으니, 코끼리가 그걸 가져다 딛고 올라가 바나나를 따더랍니다. 심지어 어디 구석에 감추어놓아도 찾아서 사용하더랍니다. 코끼리의 코가 인간의 손과 비슷하다는 것은 인간만의 생각이었던 거죠. 코끼리는 코를 우리 손처럼 쓰기도 하지만, 곤충의 촉수처럼 예민한 감각기관이기도 합니다. 냄새를 맡아야 하기에 도구를 잡는 데 안 쓰는 건데, 도구를 사용할 줄 모른다고 생각한 거죠.

장병탁   그러나 도구 사용의 복잡함이나 정도의 차이는 단지 양적인 차이만은 아닌 거 같습니다. 자연에 순응하면서 적응하는 동물과 달리 인간은 자연을 정복하려고 애써왔죠. 이는 동양과 서양도 좀 다른 것 같아요.

이진경   정복 관념이 인간의 능력을 보여준다고 생각했을 때가 있었어요. 서양이 세상을 지배하려고 했을 때죠. 그러나 그 결과가 어쩌면 지금의 위기가 아닌가 싶어요. 자연에 대한 정복이 대멸종과 인간의 생존마저 위협하는 기후 위기를 초래한 셈이니까요. 도구를 사용해 자연을 정복하는 능력이 200여 년 만에 지구를 박살 낸 거죠. 정복 능력이 진화나 생존에 유리한 능력인지는 다시 생각해봐야 하지 않을까요?

장병탁   하긴 어떤 독일 사람이 서양보다 동양에서 로봇 기술이 더 발달할 가능성이 있다고 말한 적이 있어요. 불쾌한 골짜기 Uncanny Valley(인공지능이 사람을 닮을수록 호감을 느끼나, 일정한 수준에 이르면 오히려 거부감이 생긴다는 이론)의 경우처럼, 서양인들은 사람과 무척 흡사한 로봇을 보면 두려워한다고 합니다. 자신과 비슷해지고 자신보다 강해지는 게 불안한 거죠. 반면 동양인들은 두려움보다는 그러한 로봇과 친해져야 한다고 생각한다고 해요. 서양인과 달리 동양인은 자연을 정복하려는 사고방식과 전혀 다른 태도를 갖고 있는 거죠.

이진경   자연을 정복 대상으로 보는 것과 공존 대상으로 보는 것은 확실히 다른 태도죠. 정복은 자신의 의지에 세상을 맞추는 거라서 동일화를 추구합니다. 물론 지금 동양인이 정복과 다른 자연관을 갖고 사는지는 잘 모르겠지만 말이죠. 어쩌면 서양인보다 더 서양화된 게 동양인일 수도 있으니까요.

장병탁 과학이 주로 서양에서 발전하다 보니, 논문 쓸 때에도 사고방식이 다르다고 느껴요. 이 때문에 논문 쓰기가 쉽지 않죠. 연구 주제를 잡는 방식도 좀 달라요. 우리는 좀 전체적이고 거시적인 주제가 많은 반면, 서양은 부분적이고 미시적인 주제가 많죠. 제가 보편 지능General Intelligence을 연구하는 것도 서양인이 보기엔 좀 특이한 경우예요. 이 분야는 그 분야의 최고 권위자나 거장이 할 수 있는 연구라 여길 겁니다. 어쨌건 지금은 그래도 자연 친화적으로 사는 것이 바람직한 것으로 여겨지는 시대에 살고 있는 것 같아요.

김재아 그런데 장병탁 선생님 연구는 우리나라에서도 특이한 경우잖아요? 보편 지능처럼 큰 주제를 본격적으로 연구하는 분이 거의 없지 않나요?

장병탁 사실 제겐 자연과학 일부가 답답하게 보여요. 답이 나올 수 있는 것만 건드리는 것 같아서요. 쪼개고 쪼개서 답을 얻을 수 있는 문제만을 풀려고 하는, 소위 과학적인 방법론이 과학 발전에 기여한 건 사실이에요. 그런데 이렇게 문제를 쪼개는 사이에 원래 풀려고 했던 문제의 본질을 잃어버리는 딜레마에 빠지기도 합니다.

김재아 맞아요. 그런데 답이 나오는 것을 추구하는 건 자연과학보단 공학이 더 심하지 않나요? 그런 면에서 장병탁 선생님 연구가 대범하고 독특해서 좋았어요. 근본적인 고민을 하고 계시니까요.

이진경 사실 진정한 물음은 답이 없어 보이는 것을 향한 거죠. 어떻게 하면 답이 나올지 보이는 것에 던지는 질문은 정해진 틀 안에서 정해진 답을 얻는 것이니, 기계적인 거라고 할 수 있지 않을까요? 물론 수학적으로 명료한 답이 있다는 게 과학의 힘이긴 하죠. 그런데 '동양이냐 서양이냐' '인간이냐 동물이냐' '이거냐 저거냐' 하며 우열을 묻는 구도는 그리 좋지 않다고 생각해요. '인간이냐 인공지능이냐'도 마찬가지고요. '누가 누가 잘하나?' 식의 유치한 이야기가 되기 쉬운 거 같아요. 각자가 다 특별하고 서로가 다 다른 거죠. 각자 잘하는 것과 못하는 게 다 있는 거잖아요. 인간이 잘하는 걸 부정해서는 안 되지만, 인간만 잘한다고 믿는 건 유치원 시절의 기억에 사로잡혀 있는 게 아닌가 싶어요.

장병탁 저랑 생각하시는 게 비슷한데, 서양에선 그렇게 생각하지 않는 것 같아요. 두 개 중에 하나를 잡아서 비교하곤 하죠. 아마 환원주의Reductionism와도 연결된 거 같은데, 분석적으로 분리해서 어느 하나로 몰고 가요. 반면 동양철학은 중용을 중요시하는 것 같아요.

이진경 저를 아시는 분은 또 들뢰즈Gilles Deleuze 얘기냐고 하실지도 모르겠고 저도 아니라고도 할 생각은 없지만, 중요한 건 차이를 경쟁과 대립, 심지어 적대로 만들려는 정신과는 선을 그어야 한다는 겁니다. 정복해 동일화하려 하거나 비슷한 놈들끼리 모여서 세력을 만드는 게 아니라, 다른 특질들이 만나며 새로운 특질을 생성하는 것이 훨씬 긍정적이고 생산적이죠.

장병탁   차이가 만들어지면서 생성되는 것을 강조하시려는 거죠?

이진경   맞습니다. 차이를 인정하는 것에서 더 나아가, 차이를 만드는 것으로 차이를 대할 수 있어야 합니다.

장병탁   최근까지 AI가 잘하고 있는 것은 변별해내는 거였어요. 개와 고양이를 구별해내고, 사용자가 보고 있거나 듣고 있는 영화나 음악을 식별해내는 게 그것이죠. 그런데 최근의 AI인 GAN Generative Adversarial Network(생성적 대립 신경망, 생성 모델과 변별 모델의 경쟁으로 이미지를 자유롭게 생성하는 머신러닝 모델)은 이와 달리 생성 모델이에요. 창의적 모델이죠. 머신러닝을 크게 보면, **변별 모델** Discriminative Model과 **생성 모델** Generative Model이 있어요. 개와 고양이 사진을 보여주고 차이를 변별하는 방법을 학습하는 것이 변별 모델이고, 이와 반대로 유사점을 찾는 것이 생성 모델이죠. 변별 모델한테 '개의 사진을 생성해봐!' 하면 못 해요. 반면 생성 모델은 유사점을 찾는 데 집중하기 때문에, 개의 전형적인 사진을 생성해낼 수 있죠. 물론 개와 고양이를 구분하는 것은 변별 모델만큼 못 해요.

이진경   차이를 이해하는 방식에는 두 가지가 있어요. 하나는 마이너스로서 차이를 이해하는 거예요. 개에겐 있으나 고양이에겐 없는 것을 대조해서 찾는 경우죠. 이는 차이를 말하지만, 실은 차이 나는 것을 식별하며 동일성을 형성하는 겁니다. 개의 동일성, 고양이의 동일성 식으로요. 다른 하나는 차이를 생성으로 이해하는 거예요. A와 B가 만나서 A는 A′가 되고, B는 B′가 되는 경우죠. 나와 다른 것의 영향을 받아들이면서 내가 이전과 달라지는 겁니다. 가령 정말 서로에게 홀려 연애하는 두 사람이 그렇죠. 만나기 전과는 완전 다른 사람이 되잖아요. 진정한 차이는 이렇게 생성에 의해서 달라지고 추가되는 거죠.

장병탁   인공지능 학습에는 **감독 학습** Supervised Learning과 **무감독 학습** Unsupervised Learning이 있어요. 감독 학습은 변별하는 거예요. 무감독학습은 공통성을 찾는 거죠. 제 생각에 인간이 잘하는 것은 교묘하게 이 두 가지를 결합하는 거예요. 변별이 필요할 땐 차이점을 적용하고, 생성이 중요할 땐 유사점을 적용하는 거죠. 예를 들면 숫자 3과 4를 인식하도록 감독 학습하면, 딥러닝은 두 글자의 모양 차이를 보죠. 4에는 없고 3에만 있는 픽셀이나 3에는 없고 4에만 있는 픽셀, 이 차이만 가지고 구별하게 됩니다. 이는 이진경 선생님이 말씀하신 마이너스로서의 차이죠. 그런데 이런 식으로는 생성을 못 해요.

이진경   그런데 생성한다는 것은 유사성을 찾으며 모아가는 것이 아니라, 상위 레벨에서 하나로 묶을 수 있는 어떤 차이들을 모아가는 것이라고 할 수 있지 않을까요? 유사성을 추출하는 거라면, 사실 그건 비슷한 것 사이에선 차이를 지우고 다른 것이라면 차이를 과장하는 거고요. 어떤 차이를 지우고 과장하는 기준은 자의적이죠. 비슷한 건 비슷하고, 다른 건 다르다는 게 이유니까요. 다른 한편, 그건 또 기존 것에서 유사한 것을 찾는 거지, 기존에 없던 것을 생성하거나 기존 것을 변형해가는 것도 아닌 듯해요.

장병탁   인간 지능은 메타레벨에서 풀고자 하는 문제를 적절히 결합할 수도 있고 적절히 뺄 수도 있어요. 어떤 방향으로 어떻게 갈 것인가를 정하는 건 직관이라고 볼 수 있죠. 자연과학적으로 보면, 인공지능 학습은 환원주의적이에요.

김재아   환원주의적 학습이란 건 어떤 걸까요?

장병탁   통제된 상황에서 통제된 변수의 효과만 관측되도록 실험을 설계했다는 의미죠. 그래서 어떤 사람들은 이런 실험이 실제 환경과 분리되어 있기 때문에 '생태학적'으론 입증이 안 되는 이론이라고 비판해요. 생태학은 여러 변수가 결합되며 발생하는 효과를 전체적으로 보고자 하니까요. 분리되고 통제된 변수 간의 관계는 환경이 달라지면 적용하기 어렵죠. 그래서 AI는 실제 환경에서 학습해야 해요. 답을 내기 어려울 수도 있지만요. 여기서 제가 궁금한 건 옛날 연구자들이 과연 이것을 몰라서 실제 세계에서 AI 연구를 안 한 건지, 아니면 환원주의에 기반했기 때문에 알면서도 건드리지 않은 것인지입니다. 이미 세상을 떠난 민스키Marvin Lee Minsky(인공지능 분야를 개척한 미국의 공학자) 같은 사람에게 만약 수명 30년이 더 주어지면 뭘 할지 궁금해요. 비트겐슈타인Ludwig Josef Johann Wittgenstein처럼, 젊었을 때 이론을 나중에 완전히 뒤집는 사람도 있잖아요. 물론 사람 대부분에겐 그게 어렵겠지만요.

이진경 인공지능의 학습 기법을 공부하다 보니, 두 가지 종류의 추상이 있다는 생각이 들더군요. 하나는 **공통성의 추상**이라면, 다른 하나는 **변형의 추상**입니다. 가령 산수의 추상은 돌이든, 나무든, 사람이든 숫자를 세어서 '1'이라는 공통성을 찾아내고, 개념의 추상은 사자, 고양이, 너구리에서 '동물'이란 공통성을 찾아내죠. 피카소 같은 입체주의 화가나 몬드리안 같은 신조형주의 화가가 좋아했던 기하학의 추상은 어떤 대상을 원, 삼각형, 사각형, 구, 원기둥, 직육면체 등 형태적 공통성을 찾아내서 추상합니다. 이건 모두 공통성의 추상이죠.

반면 사영기하학은 광원光源에서 나가는 빛을 서로 다른 각도로 절단할 때 나타나는 원, 타원, 포물선 등을 하나의 연속적 곡선으로 다룹니다. 위상기하학도 그렇죠. 선을 변형해도 달라지지 않는 수학적 성질을 찾는 것인데, 뒤집어 말하면 변형된 모습이나 형상이 연속적인지 아닌지를 찾는 추상이라고 할 수 있을 겁니다. 제 얼굴을 정면에서 포착하면 눈이 둘이고 코는 가운데 있는데, 옆으로 돌리면 눈이 하나가 되고 코는 한쪽 끝에 있게 됩니다. 그래도 제 얼굴임을 알아보는

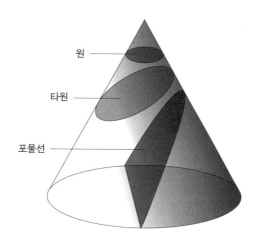

원

타원

포물선

것은 그런 변형 속에서도 연속성을 갖고 있기 때문이죠.

가령 정답을 주고 여러 개의 손글씨가 모두 3임을 알아보도
록 학습시키는 것은 공통성의 추상 방법을 사용하는 거예요.
반면 오토인코더AutoEncoder(비지도형 기계학습 방법 중 하나로, 입
력값을 재구성하여 출력값을 내뱉기 때문에 출력의 '재구성'이라 부르기도
한다)처럼 출력된 결과를 애초의 입력 데이터와 비교하여 '복
원 오류'를 줄여가는 학습도 은닉층에서 진행된 변형 속에서
애초의 형상과 연속성을 찾아내는 것이니, 변형의 추상이라
할 수 있을 거 같아요. 거기서 학습을 통해 얻어지는 '강건성
強健性'이란 변형이나 소음을 견뎌내는 능력의 강도를 뜻하
는 거 같고요.

장병탁 사실 변형의 추상이 훨씬 어려운 문제예요. 현재 딥러닝은 입
력값을 주면 그냥 출력값이 나오는 단순한 매핑입니다. 개나

고양이의 사진을 입력값으로 주면, 개인지 고양이인지만 구별하는 출력값이 나오는 식이죠. 그런데 진짜 지능은 앞서 인공지능을 정의할 때 얘기한 것처럼, 불확실한 환경에서 복잡한 문제를 푸는 능력이거든요. 여기서 복잡하다는 건 다양하게 변형해서 여러 번의 과정을 거쳐야 한다는 거죠. 심리학자 제임스William James는 생각한다는 건 흐름Stream이라고 했어요. 여러 번의 단계나 흐름을 거쳐서 결론에 도달하는 것이 진짜 생각하는 건데, 지금 AI는 딱 한 번만 하죠.

이진경   우리가 얼굴의 방향이 달라지거나 화장하거나 늙거나 다쳐도 알아보는 것은 변형의 추상 덕분이에요. 2차원의 그림을 보고 3차원을 형상을 떠올리는 것도 사실은 재현 능력이라기보다는 추상 능력에 가깝죠. 이런 능력은 기계학습에서도 중요할 거 같아요. 가령 오토인코더 같은 학습기법에서 애초의 데이터 대신 다양하게 변형시킨 데이터를 주거나 복원 오류를 늘리면서 학습시키면, 고지식하게 정답을 찾는 것이 아니라 주어진 데이터를 다른 형상으로 변형시키는 능력을 학습할 수 있을 테니까요.

장병탁   언어학에서 말하는 변형 생성 문법과도 상관있나요?

이진경   말은 비슷하지만, 실은 반대예요. 촘스키Noam Chomsky는 모든 언어를 명사구와 동사구로 반복해서 분할해요. 그런 식으로 모든 언어에 공통된 형식이 있다고 가정하죠. 지나치다 싶을 정도의 공통성 추상입니다. 거기서는 언제나 상수만 찾아요. 문법적 규칙성 안에 강력한 수형도Tree Diagram(점과 선으로만 연결되어 있고 단일폐곡선이 없는 도형)를 장착시키죠.

장병탁 변형 문법 또한 어떤 공통성이 있기에 가능한 거 아닌가요?

이진경 아기가 말을 배우는 것은, 문법 구조나 촘스키가 가정하는 선험적인 언어 능력의 공통성 때문이 아니라, 서로 다른 표정과 어조, 행동을 반복하면서 그것들 사이에서 연속성을 포착할 수 있기 때문일 겁니다. 심지어 앵무새나 개, 말과 같은 동물조차 인간과 가까이 지내면 어느 정도 말을 알아듣게 되는데, 이는 반복되는 언행에서 어조와 표정, 제스처 등에 적절하게 반응하면서 학습되는 것이지, 문법 구조나 언어 능력의 공통성 때문은 아니죠. 역으로 우리는 '그래' '추워' 같은 똑같은 단어 하나도 아주 다른 의미를 만들 수 있어요. 심지어 문법의 가정이 필요 없는 감탄사나 음성적 소리만으로도 어떤 의미를 전할 수 있습니다. 어조를 바꾸는 것만으로 말이죠. 변형의 추상 능력을 역으로 이용하고 있는 겁니다.

영어도 다 같은 영어가 아니에요. 아주 많은 영어가 있죠. 흑인이 쓰는 영어가 있고, 멕시칸 영어, 한국식 영어도 있잖아요. 흑인식은 문법을 무시하고 뭉개는 영어라면, 한국식은 문법을 과도하게 준수하는 영어죠. 그렇다고 영어가 아니라고 할 순 없어요. 영어로 작성되는 컴퓨터 언어 역시 또 다른 영어죠. 그 모두는 어떤 문법적 공통성 때문에 하나인 영어가 아니라, 문법마저 변형의 선을 따라 달리는 서로 다른 영어들입니다.

장병탁 기계가 자기들만의 언어를 만들어서 소통하도록 하는 연구가 있어요. 벨기에 출신의 과학자 스틸스Luc Steels가 하는 연구가 그거죠. 그분은 로봇한테 자기들만 소통하는 언어를 진화시키도록 유도했어요. 그 경우 사람은 그들이 소통하는 언어를 이해하지 못해요. 그렇게 보면 언어는 그들의 도구인 거죠.

GPT Series
완전 자율학습
머신
러닝
Machine
러닝

3 | 인공지능에게
몸을 허하라!

김재아 인공지능이 변형의 선을 따라 달라지면 아주 재미있을 것 같
       네요. 하지만 인공지능이 쉽게 그렇게 될 수 있을까요?

장병탁 딥러닝 이후의 인공지능은 디지털화되어서 문제가 바뀌어도
       변형할 수 있을 만큼 유연해요. 그런데 한계가 있어요. 디지
       털화는 서로 다른 영역이나 문제를 숫자 형식의 공통성으로
       넘나들 수 있게 해주지만, 사람처럼 유연하게 사고하지는 못
       하죠. 그러한 기계를 만들기 위해서는 인공지능도 신체를 갖
       춰야 한다고 생각해요. 그런데 신체를 갖추면 문제 해결 시간
       이 길어질 수 있다는 문제가 생기죠. 겪으면서 학습해나가야
       하니까요. 이는 일종의 딜레마예요. 사람처럼 생각하는 건 아
       날로그 특성이죠. 즉 사람처럼 하려면 직관과 같은 능력에 기
       반한 판단을 할 수 있어야 하는데, 이는 현재 인공지능이 잘
       하지 못해요. 그걸 넘어서기 위해서는 신체가 있어야 하죠.

그런데 신체가 있으면 피드백을 하며 신체를 바꾸는 게 쉽지 않을 거예요.

이진경 맞아요. 가령 인간은 탁구 같은 운동을 할 때, 인공지능처럼 계산하지 않고 감각적으로 반응하며 유연하게 대응할 수 있지만, 실제로 좋은 동작을 신체적으로 익히려면 많은 훈련과 시간이 필요하죠.

장병탁 GPT Generative Pre-trained Transformer(생성형 사전 학습 딥러닝 기술 모델. 사전 학습된 대규모 데이터를 기반으로 새로운 데이터를 분석하고 생성하는 기술이 특징이다) 시리즈가 적합한 논의 대상이에요. GPT 시리즈는 질문에 대답하는 것이든 글을 쓰는 것이든 프로그램을 만드는 것까지 정말 잘하죠. 문자로 해석하거나 대응하는 것이라면 말이에요.

그런데 치명적인 약점이 있어요. '이 컵의 색깔이 뭐예요?'라고 물으면 대답하지 못한다는 거예요. 보는 능력이 없어서 내가 무엇을 가리키는지를 알 수 없기 때문이죠. 묻고 대답하는 건 잘하지만, 그것을 넘어서면 아주 단순한 것도 하지 못하는 거예요. 사실 사람도 보는 능력이 없으면 이 질문에 답하기 어렵죠. 대단하다는 GPT 시리즈도 이 점에선 한계가 명확해요. 놀랍게 학습하고 멋지게 문제를 처리하지만, 신체의 문제는 넘을 수 없는 한계죠.

이진경 소프트웨어와 달리 신체는 물성이 있어서 쉽게 바꿀 수 없잖아요. 그러면 가상 신체를 만들어주면 어떨까요? 피드백을

주고받으면서 가상 신체를 바꿔가며 학습하고 실행하는 것
은 가능할 것 같은데요?

장병탁 가능하긴 하지만 여전히 딜레마가 있어요. 가상세계를 현실
과 유사하게 만들 수는 있지만, 그건 정말 쉽지 않아요. 배보
다 배꼽이 더 클 수 있죠. 앞에서 말씀드렸듯이, 기계가 스스
로 지능을 진화·발달시키면서 인간처럼 인식하고 사고하게
만드는 데는 한계가 있어요. 기계는 지각 과정을 생략하고 사
람이 넣어준 코드에 기반해서 후속 처리를 하죠. 사람이 일
일이 코드에 레이블도 붙여주고 가르쳐줘야 해요. 예를 들
어, '이 항아리 들 수 있어, 없어?'에 지금 인공지능이 답하려
면, 누군가 사진을 주고 '이건 무거워서 들 수 없어' '이건 거
뜬히 들 수 있어' 식의 레이블을 달아줘야 하죠. 이런 레이블
이 수천 장 아니, 수백만 장 필요한 겁니다. 지금처럼 누군가
옆에 붙어서 도와줘야 한다면 기계가 똑똑해지는 데 한계가
명확한 거죠. 물론 현재 인공지능이 발전한 데에는 가상 실험
이 크게 기여했어요. 알파고가 자가 학습Self Learning할 수 있
었던 것도 가상 실험 때문이었죠. 가상세계를 만들어놓고 가
상의 적과 대결을 한 거예요. 그러나 알파고는 실제 바둑판을
보지도 못하고 바둑돌을 놓지도 못하죠. 알파고가 로봇팔에
연결되어 바둑돌을 움직이면, 가상의 바둑판에서 동작하던
알파고의 알고리즘은 쉽게 무너질 수 있어요.
그런데 신체가 있으면 기계가 스스로 학습할 수 있어요. 제

가 요즘 연구하는 게 완전 자율학습Fully Autonomous하는 기계인데, 신체가 있으면 설명해줄 필요가 없죠. 직접 들어보면 되니까요. 물론 사고 칠 수 있어요. 들다가 깨뜨릴 수도 있죠. 아이들이 그렇게 학습하잖아요. 스스로 실험하면서 학습해 나갈 수 있어요. 이처럼 사람이 데이터를 제공해주는 것이 아니라 그 데이터조차 스스로 만드는 인공지능을, 저는 머신러닝Machine Learning이 아니라 '러닝머신 Learning Machine'이라고 부릅니다.

이진경 유튜브 오리지널 다큐멘터리에서 본 건데, 어떤 인공지능 연구자는 자신의 딸을 모델링해서 인공지능을 학습시키더군요. 가상 신체를 부여하고 아드레날린이나 노르아드레날린 같은 신경전달물질까지 가상으로 만들어줬다고 하더군요. 가령 거미 사진을 보여주고는 그것에 대해 경계하도록 하려고 그에 상응하는 신경전달물질을 가상으로 분비하게 하는 식으로요. 실제 신체가 없으니 무서워해야 하는지 즐거워해야 하는지 조차 하나하나 가르쳐야 하니, 선생님 말씀대로 끝이 없겠다 싶긴 한데, 어쨌건 가상 신체를 제공하고 그걸로 신체적 학습을 하게 하는 것도 가능한 것처럼 보이더라고요.

뇌란 생각하기 위한 기관이 아니라 운동하기 위한 기관이라 생각해요. 그런 관점에서 보면, 신체와 짝을 지어 변화에 반응하고 신체를 움직이는 지능은 제대로 작동할 겁니다. 저는 신체 없는 뇌라는 건 근본적 문제를 안고 있다고 생각하거든요.

장병탁   맞아요. 인식론적으로 신체 없이도 반응하는 게 언어의 힘이지만, 그렇게 반응한다는 건 현실로부터 추상화된 상태임을 뜻하죠. GPT 시리즈 역시 추상적으로, 즉 언어로부터 언어를 습득하거든요. **현실 속에서 배운 언어가 아닌 거죠.**

반면 인간의 언어나 지식, 심지어 추상적 인지 기능조차도 결국은 현실 속 신체에 **그라운딩**Grounding된 결과예요. 즉 신체를 통해서 체득되었음을 뜻하죠. 덕분에 우리는 대충 말해도 의사소통이 되는 거예요. 그런데 인공지능은 신체가 없어서 그런 게 불가능에 가까워요. 신체에서 온 것을 추상화해서 언어를 만들었고, 그게 신체 없이도 효과적으로 작동하다 보니 그거면 된다고 생각했는데, 알고 보니 제대로 되려면 신체와 현실 속에 그라운딩되어야 했던 거죠. 이를 두고 이상주의적 해결책이라고 생각할 수도 있지만요. 예전 상징주의Symbolism는 그걸 알고 한 것인지 모르고 한 건지….

김재아   상징주의는 누가 주장한 건가요?

장병탁   뉴얼Allen Newell, 사이먼Herbert Simon, 메카시John McCarthy, 민스키 같은 인공지능 초기 연구자들이죠. 뉴얼과 사이먼은 사람의 마음이 물리적 상징 시스템Physical Symbol System이라고 가설을 세웠어요. 지식이나 정보를 기호로 표상하고, 이 기호를 조작하는 것을 통해서 인간의 지능을 모사하고 설명할 수 있다는 겁니다. 그들에게 컴퓨터 프로그램이 이러한 표상이었고, 그래서 인공지능 초기에 기호 논리와 규칙 기반의 지식 표상을 많이 연구했어요. 하지만 생각이란 신체 활동의 부산물이라는 사실을 간과한 거죠.

이진경   저도 그렇게 생각합니다. 지능이란 외부 조건에 대해 적절한 신체적 대응 방법을 찾기 위해 발전한 것이기 때문에, 신체 없는 지능은 어쩌면 전제 조건 없이 공중에 붕 뜬 거라고 할 수 있죠. 이런 신체의 전제를 진지하게 고려하면서, 그것의 수정이나 변환이 어렵다는 문제를 넘어서기 위해 가상 신체를 도입하면 어떨까 하는 거예요. 그렇게 하면 신체 없는 인공지능의 난관을 넘어갈 수 있지 않을까요?

베르사체Max Versace와 에임스Heather Ames가 만들었던 가상 쥐 애니맷Animat(동물이 환경에 적응하는 생존 능력을 연구하기 위해 생물학적 지식을 최대한 기반하여 만든 로봇)은 이런 가능성을 보여준다고 생각해요. 표상 속에 세계를 넣으려는 상징주의를 비판하면서 물리적 세계 속에 로봇을 두어야 한다고 했던 브룩스Rodney Brooks의 아이디어는, 그것이 거둔 실제 성과보다도 훨씬 더 큰 의미가 있다고 봅니다. 과거에는 지능 없는 로봇을 만들려던 그의 이단적 태도 때문에 무시당했고, 지금은 잘 알지 못하면서도 '그거 이미 옛날 얘기 아닌가?' 하고 제쳐버리는 거 같더군요. 어쨌든 환경 내지 상황과 신체의 상호 관계 속에서 지능을 다루려는 그의 아이디어에서 가장 난점이 바로 피드백에 따라 신체를 바꾸기 어렵다는 거였죠.

그런데 베르사체와 에임스는 환경과 감각적으로 상호작용하는 가상 신체를 활용했어요. 심지어 물을 싫어한다든지 하는 어떤 성향이나 불안감 같은 심리적 요소도 부여했고요. 그러곤 가상 환경인 물에 빠뜨리곤 거기서 살아날 길을 학습하도록 했다는데, 몇 번 만에 헤엄쳐 빠져나갈 길을 찾았다고 해요. 가상 신체로 인해 빠르게 학습하며 스스로 살길을 찾아낸 거죠. 이와 관련된 글을 보다 보니, 그들이 멤리스터Memristor와 물리적 신경망을 사용했다고 하더군요. 물리적 성격을 갖는 소자와 신경망이 신체성을 형성하는 데 유용했다는 뜻이겠죠?

김재아   멤리스터가 뭐죠?

장병탁   하드웨어적으로 신경망을 구현한 소자를 말하죠. 디지털 컴퓨터가 트랜지스터에 기반해 만들어지듯이, 뉴런의 시냅스를 흉내 낸 연상메모리 능력을 갖는 트랜지스터와 같다는 의미로 '멤리스터'라고 명명한 것으로 보입니다. 요즘에 그와 관련해서 얘기하는 건 뉴로모픽Neuromorphic 칩입니다. 신경망 딥러닝을 하드웨어적으로 구현한 반도체칩들이죠. CPU, GPU와 나란히 언급되는 NPU에서 N이 뉴럴, 즉 신경망이에요.

그런데 멤리스터는 현실적으로 그다지 인기가 없었는데, 그중 중요한 한 가지 이유는 학습을 여러 번 반복하면 물리적으로 마모가 일어난다는 거였어요. 디지털로는 GPT3처럼 1,750억 개의 메모리 소자(시냅스)를 만들어 학습시켜도 마모가 안 되거든요. 그런데 물리적으로 시냅스를 만드니까 학습하면서 소자에 마모가 일어나는 거예요. 그러니까 끊임없이 반복해서 학습해야 하는 인공지능에는 사용하기 어려웠던 겁니다. 그렇게 보면 인간의 뇌는 정말 위대해요. 세포 역시 마모되긴 해도 재생되니까요.

현재의 반도체 기술이 뇌를 닮은 소자를 구현하기에는 좋은 장치가 아니에요. 반도체 전문가와 이야기를 해보니, 이런 문제가 있다는 것을 알게 되었죠. 마모를 적게 하는 기술을 개발하면 되겠지만, 여기에는 많은 시간이 걸려요. 잘못하다간 생명체의 진화 과정을 다시 밟게 될 수도 있죠.

이진경 　마모의 문제가 있었군요. 그런 면에서 멤리스터는 물리적 신체에 근접한 거네요. 마모까지 말이죠. 늙는 거까지 모방하는 셈이니까요.

김재아 　그럼 멤리스터는 아직 상용화가 안 된 건가요?

장병탁 　나름대로 발전하긴 했지만, 대세에서 밀렸죠. 그래서 투자 개발이 안 된 거고요. 아마 50년쯤 후에는 또 다른 방법이 나올 거예요. 기술의 발전에도 사회적 요인이 있어요. 연구자뿐 아니라 투자자도 있어야 하니까요. 어떤 것도 대중화가 되지 않으면 사장되는 거죠. 특히 엔지니어링이 그래요. 그것이 혁명적인 새 기술이 등장하는 데 큰 장애 요인이죠.

이런 점에서 딥러닝은 확실히 혁명이에요. 딥러닝은 물고기를 잡아다 주는 것이 아니라 물고기를 잡는 방법을 가르쳐주는 기술이죠. 처음 딥러닝이 나왔을 때 사람들은 과연 '이게 가능할까?' 하고 생각했어요. 그래서 개념이 제안된 지 오래 되었지만 주목받지 못했죠. 그러다가 '이게 되네!'라는 증거 가 하나둘 나타나기 시작하니, 요즘은 모든 사람이 "딥러닝, 딥러닝" 하고 있죠. 수많은 사람이 AI 컨퍼런스에 다 몰려들 어요. 의학이나 금융 등 AI를 활용하는 분야뿐만 아니라 반도 체, 재료공학, 에너지 연구하시는 분들도요.

김재아 어느 날인가부터 수많은 분의 연구 주제가 되더라고요.

장병탁 저는 좋아요. 아직은 AI가 사람의 손에 의해 데이터화된 것만 학습하다 보니 한계가 분명하지만, 향후에는 사람의 신체처 럼 다양한 센서를 통해서 현실 세계의 변화를 데이터화할 수 있을 거예요. 최근 그러한 연구가 시작되고 있죠. 그러한 맥락 에서 등장한 개념이 **멀티모달리티**Multi-modality예요. 시각이나 청각을 비롯한 여러 감각 정보를 동시에 받아들여서 학습하 고 사고하는 인공지능을 '멀티모달 AI'라고 해요. 인간이 사물 을 받아들이는 방식과 비슷하게 학습하는 인공지능인 거죠. 현 재 인공지능은 이런 방향으로 나아가고 있어요.

AI가 이러한 실세계 데이터를 지각하면, 점차 AI가 신체를 갖게 되는 거나 다름없죠. 웨어러블 장치나 사물인터넷과 같 은 관련 산업도 발전하니 응용도 무한하고요. 신체를 통해 감 각을 갖는 것이 가능해지면, 즉 센서를 통해서 감각 데이터를 자동으로 수집하게 되면, 하루에 수천만 개 모으는 건 시간 문제잖아요.

김재아   지금 말씀하신 신체는 가상 신체인가요?

장병탁   피부를 가진 신체를 넘어서는 확장된 신체라는 점에서 가상 신체라고 볼 수도 있어요. 좀 더 구분하자면, 내 신체에 이식된 센서 장치, 내 신체와 통신망으로 연결된 물리적 장치, 디지털로 시뮬레이션된 가상 신체 모두를 포함하죠.

김재아   디지털로 시뮬레이션된 신체는 어떤 걸까요?

장병탁   컵이 무거우면 무거운 걸 알 수 있는 신체예요. 신체를 개념적 신체만으로 제한할 필요는 없어요.

김재아   보통 신체라고 하면 피부를 가진 신체를 상상할 것 같아요.

장병탁   그게 기본이죠. 하지만 현재 기술로는 웨어러블 센서 정도인데, 그것도 확장된 신체잖아요.

김재아   그럼 인간처럼 감정을 느끼는 신체는 언제쯤 가능할까요?

이진경   그건 쉽지 않을 거예요. 감정이란 게 생존에 필요해서 생긴 거잖아요. 감정을 느끼는 것은 다른 문제예요. **자기 생존을 목적으로 하지 않는 인공지능에게 감정이 생기긴 쉽지 않죠.**

좋아하는 감정을 표현하는 거나 읽어내는 것은 가능할 겁니다. 하지만 감정이 실제 생기는 것은 쉽지 않을 거예요. 감정이란 자기 신체가 외부 자극에 대해서 신체적 유불리有不利를 즉각적으로 따져 빠르게 대처하게 하기 위한 것인데, 인공지능이 신체적 유불리를 따지려면 먼저 신체가 있어야 하고, 다음으로 자기 신체의 지속을 일차적인 판단 기준으로 삼아야 하죠. 그런 조건이 없으면 생길 수 없을 듯해요.

장병탁 대신 감정을 느끼는 것처럼 흉내 내는 것은 가능해요. 좋아하고 싫어하는 감정을 목적함수로 만들면 되죠. 표현하는 것과 느끼는 것은 완전히 다른 이야기예요. 인공지능이 비록 감정을 느끼지 못한다고 하더라도, 인공지능의 감정 표현을 보는 인간은 자신의 해석을 통해서 인공지능이 감정을 갖고 있다고 생각할 수 있죠.

이진경 거미를 보면 경계하라고 학습시킨 인공지능이 감정을 표현하도록 가르치는 것이 아닌가 싶어요. 그렇게 가르쳐서 표현하는 것을 두고, 정말 감정을 느꼈다고 말하긴 어렵겠죠.

태 호 감각도 마찬가지일까요?

이진경 감각은 감정 이전에 뇌에 전송되고 종합되어서 어떤 지각이 발생하는 것이니, 자극을 감지하는 센서가 있다면 감각은 실제로 발생한다고 할 수 있을 거 같아요. 그 점에서 감정은 감각과 아주 다르죠. 그렇게 감지된 대상에 호불호를 느끼는 것이 감정이에요. '이건 먹어야 해'와 '여기서 도망쳐야 해'라는 판단에서 연유하는 어떤 명령이 지각된 것에 대응해 발생하는 게 감정이죠.

김재아 신체 절반이 인공지능이고 나머지 절반이 인간이라면, 그는 사람이라고 할 수 있을까요?

이진경 제게 안경 없는 삶은 생각하기 힘들고, 안경이 없을 때는 판단조차 하기 힘들어요. 이때 안경은 내 신체의 일부라 해야 하지 않을까요? 신체 기원을 엄마 배 속으로 한정 짓는 것은, 외부에서 만들어지고 주어진 건 신체가 아니라고 보는 것은 너무 '자연주의적' 발상 아닐까요? Nature가 '타고난 본성'이라는 서구 언어의 문법적 환상 같은 거 아닐까요?

앞에서 이야기했듯이, 우리는 대개 내 의지에 의해서 움직일 수 있는 부분까지가 신체라고 생각하는 경향이 있는 것 같아요. 그러나 사실 내 신체 안에는 위장, 심장처럼 내 의지대로 움직이지 않는 것이 아주 많죠. 그건 내 의지의 작용 범위로 신체를 정의하는 게 부적절하다는 것을 뜻합니다. 또 하나 중요한 통념은 신체란 날 때부터 타고나는 거라는 생각이에요. 나중에 외부로부터 끌어들여 장착한 것은 신체가 아니라 '도구'나 '보조물'이라고 생각하는 거죠. 그러나 그것 없이는 신체 활동이 어렵다면, 그 도구나 보조물은 신체 생존에 필수적인 일부, 즉 신체에 속하게 된 거 아닐까요? 가령 기계-심장을 이식한 사람에게 그 기계-심장은 신체라고 해야 하지 않을까요? 그것 없이는 그의 신체는 즉각 생존할 수 없게 될 테니까요. 그건 어느새 신체의 필수적 일부가 된 거예요. 밖에서 왔다는 건 중요하지 않아요. 기계-심장이 기계이기 때문에 신체가 아니라는 건 속 좁은 견해죠.

아메바 연구로 유명한 전광우 박사의 실험을 여기에서 비교해봐도 좋겠습니다. 전광우 박사가 실험을 위해 배양하던 아메바가 치명적인 세균에 감염되어 대부분 죽었답니다. 그래서 감염되었으나 살아남은 얼마 안 되는 아메바를 다시 배양했답니다. 그리곤 항생제로 그 세균을 제거했는데, 그만 그 아메바들도 같이 죽어버렸어요. 그 치명적인 세균이 며칠 새에 숙주인 아메바의 일부가 된 겁니다. 적으로 들어와 시작된 적과의 동침 끝에, 자기 신체의 일부로 받아들이고 공생하게 된 것이어서, 마굴리스Lynn Margulis가 주장한 공생진화론(세포 안에 침입한 균과 세포가 함께 공생하며 진화했다는 소위 '세포 내 공생설'. 이를 전광우 박사가 아메바 실험으로 증명했다)의 살아 있는 증거가 된 사건이죠. 침투한 세균이 살아남은 아메바의 신체가 된 겁니다. 밖에서 들어온 적이지만, 신체 일부가 된 거죠. 그렇다면 자신이 필요해서 장착한 기계를 신체라고 하는 건 더 당연한 거 아닐까요? 생명체가 사실은 이런 식으로 진화했죠.

태 호 인간 뇌를 이식한다면 어떨까요?

장병탁 의학자들이 뇌와 다른 신체를 연결하는 실험을 하고 있어요. 이 경우, 이식된 신체가 누구 것인가 하는 문제가 생겨요. 기억이라는 게 차곡차곡 쌓여서 '나'가 되는 거라서, 기억을 교체하거나 변형한다면 인격Personality자체가 달라지겠죠. 나머지는 뇌 가소성(뇌세포의 일부가 죽더라도 그 기능을 다른 뇌신경망이 일부 대신할 수 있게 만드는 것)에 의해서 보상회로가 만들어지니까 괜찮아요. 한데 지금 기술로는 존재하는 기억을 그대로 복제한다는 것이 가능하지 않아요. 뇌세포 활동의 결과는 복제해낼 수는 있다고 하더라도 그 생성 과정까지 복제할 수는 없으니까요. 또한 기억은 활동의 결과만 가지고 있는 것이 아니라 그 생성 과정과 기원에 대한 흔적도 가지고 있죠.

김재아 이탈리아 뇌과학자 카나베로Sergio Canavero가 뇌이식 수술을 했다고 들었어요.

이진경 이식을 통해서든 뜻하지 않은 공생을 통해서든 신체 안에 다른 신체가 결합되면, 그 신체는 이전과 다른 신체가 되는 거라고 해야죠. 세균과 공생체가 된 아메바가 전의 아메바와 같다고 할 수 없듯이, 기계-심장을 이식한 신체도 이전과 같다고 할 수 없죠. 전에 죽은 피아니스트의 심장을 기증받아 이식한 사람이 전과 달리 음악을 좋아하게 되었다는 얘길 읽은 적 있어요. 이식된 신체의 영향력이 크면 신체적 변이의 폭도 크죠. 뇌라면 더욱 그렇지 않겠어요?

장병탁 비슷한 질문으로 '마인드 업로딩'에 관한 것이 있죠. 뇌를 스캔해서 컴퓨터에 업로드하는 게 가능하냐는 질문이에요. 저는 가능하지 않다고 봐요. 순간을 스냅샷으로 스캔하는 것은 가능하지만, 기억이나 의지는 스냅샷이 아니라 축적된 것이거든요. 이는 신체와도 연결되는 개념 같은데, 똑같은 두 사람이 절대로 존재할 수 없는 것은 축적되고 기억된 개인의 경험 때문이죠. 신체를 달리하면, 그 신체에 축적된 것과 섞이면서 달라질 겁니다. 그러니 뇌를 스캔해서 마인드를 복제하는 건 결코 가능하지 않아요.

이진경 그런 게 가능하다고 하는 분들이 강조하는 건 '모든 것이 정보 패턴이다'라는 발상이에요. 정보 패턴만 있으면 얼마든지 복제하고 재생하는 게 가능하리라는 생각이죠. 그런데 **정보 패턴이라는 게 일단 무한한 크기의 데이터를 '패턴'이라 불리는 작은 데이터로 압축한 거잖아요.** 포착된 정보 패턴으로 무언가를 재생하면, 포착된 것만 재생되지 애초의 것은 재생될 수 없어요. 총소리를 '탕탕'이라는 음성 정보로 포착하고 그 정보 패턴에 따라 주파수를 재생했을 때, 우리가 듣게 되는 것은 애초의 총소리가 아니라 '탕탕'이란 말소리일 겁니다. 그 소리를 미국에서 포착해서 재생하면 '뱅뱅'으로, 일본이라면 '토캉토캉'으로 재생될 거고요. 음성 정보도 실제 소리의 아주 작은 일부만을 포착한, 축소된 데이터이기 때문입니다.

정보 패턴이 신경망의 원리가 된 건 반복 사용되는 신경망의 연결 강도가 강화된다는 헵의 규칙Hebb Rule 때문인데, 이것도 신경세포들을 통과한 신호가 뭔지는 모른 채 다만 자주 사용하면 연결망이 강해진다는 것만 '추상'한 거고, 많은 데이터가 망실되며 얻어진 정보죠. 시각·청각 정보 모두 그 규칙에 따르는데, 역으로 그 규칙은 연결망을 강화하며 통과한 게 시각 정보인지 청각 정보인지를 식별해주지 못합니다. 따라서 업로드된 정보로 내 뇌를 복제해서 재생한다면, 그때 재생된 건 내가 아니라 나를 포착한 분이 생각한, 그것도 아주 작은 정보로 단순화된 나일 겁니다. 그게 나와 같을 거라고 하는 건, 나를 그린 그림이 나와 같다고 하는 것과 같습니다.

장병탁　뇌 스캔이나 마인드 업로딩 같은 발상의 원조가 된 것은 모라벡Hans Moravec의《마음의 아이들》이었죠. 거기서 그는 뉴런 연결망을 전기회로로 하나씩 대체하는 사고실험을 제안해요. 그게 완성되면 뇌의 물리적 복제품이 출현할 거고, 그걸 이식하면 어디서든 나의 뇌로 작동할 거라고 하죠. 그렇게 하기엔 뇌의 시냅스 수가 너무 많다는 건 접어둘 수 있어요. 그런데 그런 사고실험을 제안한 건 팩스 때문이었어요. 팩스로 누군가가 보낸 사진을 보고, '2차원이 되니 3차원도 되지 않을까' 하고 생각한 거죠. 그게 신체의 전송, 뇌 스캔과 마인드 업로딩이라는 발상으로 이어졌어요. 지금은 3D 프린터가 있으니 사과를 3차원으로 전송받고 프린트할 수도 있어요. 그러나 그렇게 전송되어 출력된 걸 먹을 순 없다는 게 문제죠. 3차원이라고 하지만 사과를 구성하는 무한의 정보 가운데 시각 정보만 추출해 보낸 것이니 보는 데는 문제가 없지만, 오직 그것만 문제가 없는 거예요. 향기도 없고 맛도 없고 먹을 수도 없는 사과죠. 먹을 수 있는 사과를 전송하려면 사과를 구성하는 세포들과 영양소, 단백질 정보 등을 모두 추출해야 하는데, 이건 무한한 양인지라 불가능합니다.

이진경　맞아요. 사과에 관해 무한에 가까운 정보가 있다고 해도 사과를 만들 수 있는 물질이 없다면, 결코 사과를 만들 수 없을 거예요. 질료와 형상을 구별하고 질료를 언제나 하급으로 보던

아리스토텔레스 이래의 낡은 사고방식 속에서, '정보가 전부다'라는 생각을 반복하고 있는 거죠.

더구나 뇌는 기본적으로 신체를 움직이기 위한 기관이잖아요. 뇌는 생존을 위해 사고하죠. 또한 신체와 상응하여 작동하고요. 가령 피아니스트의 뇌를 제 머리에 이식한다면, 제가 피아노를 잘 칠 수 있을까요? 그럴 리 없어요. 뇌는 계속 손가락을 바쁘게 움직이라 명령하겠지만, 제 손이 말을 듣지 않을 겁니다. 제 머리를 개 머리에 이식하면, 그 개는 세계 최초의 '생각하는 개'가 될까요? 그러긴커녕 두 발 아닌 네 발로 움직이는 신체에 적응하기 위해 땀을 뻘뻘 흘리게 되겠죠. 심오한 생각을 말하는 대신, 분절된 언어적 소리를 낼 수 없는 성대와 혀에 맞추어 짖어대는 법을 익히게 될 거고요. 정확하게 이런 의미에서 뇌는 신체 일부고, 신체는 사유에 대해 일차적이죠. 사유는 신체에 적응하는 방식으로 작동합니다. 덧붙이면, 신체의 세포들에는 뇌가 적은 정보량으로 대충 명령해도 적절하게 움직이도록 상호 동조가 되어 있고, 기억된 동조 패턴에 따라 작동하는 '고정 행동 패턴'이 있어요. 뇌가 내신체를 전적으로 명령하고 지배한다는 건 뇌의 순진한 착각이죠. 그렇기에 뇌를 스캔해 서버에 업로드하는 게 성공한다 해도, 그 뇌가 통신망이 연결된 모든 것을 오가며 자유롭게 작동할 가능성은 없을 겁니다. 캐럴Lewis Carrol은 고양이는 사라지고 웃음만 남았다고 했지만, 뇌는 사라지고 스캔된 사진만 남았다고 해야 할지도 모릅니다.

장병탁 분명 신체가 필요하죠. 현실 세계를 제대로 이해하고 대처하는 지식의 기반을 형성해야 하니까요. 그러나 사람과 동물의 차이를 두고 다시 생각해본다면, 고등 지능을 이야기할 때 인간중심적 사고를 벗어날 순 없는 것 같아요. 그리고 인간 지능을 이야기한다면 지식이나 표상을 무시하기가 어렵죠. 아까 브룩스 얘기를 하셨지만, 그의 작업을 달리 볼 여지도 있어요. 그는 완전히 반응적인 신체 중심의 로봇-AI 시스템을 만들었어요. 그는 신체 중심으로 하는 자극-반응적인 일을 수행하는 데는 성공했지만, 표상 기반의 고등 사고를 배제하면서 인간 지능에 준하는 복잡한 임무를 수행하는 능력을 로봇에게 부여하는 데는 실패했죠. 고등 인지 기능이 신체로부터 형성되기 때문에 신체가 반드시 필요하다고 생각하지만, 신체만을 우선하면 사람의 지능에서 멀어질 수 있어요.

이진경 로드니가 표상 중심의 인공지능을 포기한 것은 오히려 그것이 복잡한 임무를 수행하지 못한다는 점 때문이었어요. 표상 속에 세계를 넣어주었지만 장애물 하나 끼어들면 멈춰서 그거 계산하느라 방의 반대편으로 가는 데 6시간이나 걸리고, 그림자와 물체, 물체의 가장자리를 식별하지 못해서 부딪치거나 멈추는 로봇에선 희망이 없다고 생각한 거죠. 계산 능력이 많이 빨라졌다고 해도, 알파고 계산에 필요한 컴퓨터와 에너지를 로봇 하나하나마다 장착하는 건 지금도 쉬운 일은 아닐 듯해요. 물론 계산하는 지능은, 환경 변화를 감지하여 판단하고 행동하는 동물적 능력이 오랜 기간 진화한 뒤에 생겨난 것이고, 계산하는 지능에 비해 동물적 능력을 얻기까지가 훨씬 많은 시간이 걸렸다는 브룩스의 지적은 사실이지만, 그렇다고 해서 그걸 순서대로 따라가야 하는 건 아니겠죠.

장병탁 인공지능이 인간을 모사하는 게 아니라 인간에게 필요한 특정한 일을 처리하는 능력을 개발하려는 것이니, 신체 없이 할 수만 있다면 좋을 거예요. 그 점에서 인공지능 개발자는 로봇 개발자와 입장이 같지 않은 셈이죠.

이진경 맞습니다. 그렇지만 신체 없는 지능을 개발하려는 입장이 신체 없는 뇌에 대한 관념으로 연결하는 것에 대해선 보다 신중해야 한다고 생각합니다. 이는 뇌란 생각하는 기관이란 통념을 다시 끌어들이는 거 같아요. 이는 철학자들에게서도 흔히 보입니다. 가령 퍼트넘Hilary Putnam이라는 미국 철학자가 제안한 '통 속의 뇌'라는 사고실험이 있어요. 뇌의 생존에 필요한 자원을 통 속에 공급하고 감각기관 등도 그대로 연결해두면, 뇌는 신체 속에 있던 예전 상태와 유사하게 작동할 거라는 거예요. 여기서는 뇌가 신체를 위한 기관인지, 신체가 뇌를 위한 기관인지가 뒤바뀌어 있어요. 뇌 중심주의, 즉 하나의 중심을 설정하고 전체를 설명하려는 오래된 관습 때문에 이게 문제라는 게 안 보이는 거죠. 더구나 신체의 많은 부분이 뇌의 명령에 따르기보다는 자기들끼리 알아서 판단하고, 신체적 변화에 따라 발생하는 신경전달물질이나 호르몬이 뇌의 사고 방향을 규정한다는 것도 배제되어 있어요. 우울증 환자에게 생각을 바꿔보라고 해도 안 되는 건 신체 상태와 신경전달물질이 뇌가 생각하는 방향을 규정하기 때문이죠. 그래서 생각을 바꾸게 하는 것보단 신체 상태를 바꾸는 약물을 투여하는 게 더 효과적이잖아요. 우리는 모두 뇌 중심주의, 뇌의 독재라는 관념에 너무 오래 길들여져 있는 게 아닌가 싶어요.

태 호 만약 사고를 당해서 신체만 바꾼다고 할 때, 뇌는 그 바뀐 신체를 가진 자가 여전히 이전의 나라고 인식하지 않을까요? 축적된 기억이 있으니까요.

이진경 제가 사고를 당해서 개의 신체로 바꾸었다고 해도 제 뇌는 자신이 여전히 이전의 자기라고 생각하겠죠. 다만 신체가 좀 이상하다고 생각할 거예요. 손은 어디 간 건지 궁금해하고 피부에 난 털이 낯설다고 느끼겠죠. 그게 기억의 힘이고, 그게 정체성의 허구를 만들어내죠. 주민등록증 사진을 꺼내 보면 금방 알 수 있듯이, 굳이 의식하지 않아도 우리의 신체는 계속 변하고 있어요. 그러나 우리는 그 변화를 지우고 동일성을 유지하며 '나는 나야'라는 공식을 반복하고 있죠.

기억도 그래요. **뇌만 기억하는 게 아니라 신체도 기억하죠.** 신경세포가 뇌에만 몰려 있는 게 아니에요. 신경세포의 20% 정도는 소화기관 근처에 있다고 하더군요. 소화해야 할 것과 그냥 배설해야 할 것을 기억해두고, 새롭게 들어온 어떤 음식을 판단한 뒤 그 음식을 더 먹을 건지 말 건지를 알려주는 신경전달물질을 내보냅니다. 신체가 변하고 먹는 게 달라지면 다른 판단을 하겠지만, 우리의 의식은 이를 알지 못해요. 의식의 판단이 전체라고 생각하기 때문에 의식이 아는 것에 맞춰 동일성을 유지하는 거죠.

장병탁 그렇다면 자아에 대해서는 어떻게 생각하세요?

이진경 자아는 그 모든 변화에도, '나는 나야'라는 공식을 유지하는 심리 기제예요. 그 모든 변화에도 변치 않는 실체가 있다는 관념을 가동하는 일종의 무의식이죠. 그건 대개 유기체가 자기 신체를 자신 뜻대로 통제하고 지배하려는 태도가 만들어 내는 믿음이고, 실제 사실을 무시하며 유지되는 허구입니다. 우리의 신체는 사실 수십조 개의 세포와 수많은 조직과 기관이 모여 만들어진 하나의 집합체예요. 세포는 세포대로, 조직이나 기관은 그것대로 자신의 생존을 지속하려는 의지를 갖고 있습니다. 물론 각자의 방향을 향해 있기 때문에, 수많은 의지가 여러 방향으로 발산되어 있죠. 혀는 혀대로, 위장은 위장대로, 심장은 심장대로 근육은 근육대로 자기가 하고자 하는 것을 합니다. 그러나 이렇게 모두가 제각각이면 우리의 신체는 해체되고 말 겁니다. 그래서 그 모두는 서로 리듬을 맞추어 그때마다 가장 강하거나 중요한 판단에 따라 쏠리는 흐름을 형성합니다.

그렇게 서로에게 맞추어주며 함께 생존하는 한에서 우리는 **개체** Individual로 존재합니다. 유기체는 각자가 균형을 이루는 협조를 통해 생존하는 겁니다. 물론 그 와중에 자신이 원하는 것만을 배타적으로 고집하는 부분이 생겨나기도 합니다. 약물에 중독된 세포, 단맛에 길든 기관처럼요. **자아는 이런 유기체 수준에서 개체 생존을 지속하려는 의지의 작용**이라 할 수 있습니다.

뇌는 유기체 생존을 위해 신체를 움직이고 통제하는 중심이고, 의식은 그러한 생존을 위해 환경 변화에 대처하고 판단하는 능력의 일종입니다. 유기체로서의 신체적 공동체를 유지하고 움직이는 장치들인 셈이죠. 그렇기에 이는 인간만 아니라 '유기체'를 이루어 사는 것이라면, 특히 동물이라면 모두 갖고 있으리라고 생각해요. 식물은 신체 전체를 유기적 통일체로 만들지 않고 부분들이 개별적으로 생존하는 모듈 구조를 이루고 있기 때문에, 신체 일부를 잘라내도 상관이 없죠. 그래서 유기체 전체를 방어하는 기제인 자아를 갖지 않을 가능성이 크고, 있어도 동물보다 훨씬 약할 겁니다. 동물은 조금만 분할돼도 지장이 크기 때문에, 신체 손상에 대한 고통도, 방어기제인 자아도 강할 겁니다.

태 호 뇌의 기억도 자아와 대응한다고 보시는 건가요?

이진경 자아가 감각기관을 비롯해 신체 각 부분의 판단을 '나'의 판단으로 치환하고, 신체 각 부분의 경험을 '나'의 경험으로 기억하게 하죠. 이 과정에서 '나'의 생존에 유리한 형태로 변조하기도 합니다. 기억력이 뛰어나다고 인정되는 사람의 기억조차 대단히 사실과 거리가 멀다는 건 잘 알려진 사실이죠. 닉슨 대통령의 워터게이트 사건(1972~1974년 당시 미국 대통령 리처드 닉슨의 재선을 위한 계획의 일환으로, 비밀공작단이 워터게이트 빌딩에 있는 민주당 전국위원회 본부에 도청 장치를 설치하려다 발각되면서 벌어진 사건) 때, 백악관의 비서 중 한 명이 자타공인 기억력 하나는 끝내주는 사람이라, 그의 법정 증언은 판결에 지대한 영향을 주었다고 해요. 그런데 닉슨이 백악관 비서들의 방에도 도청 장치를 설치해두었는데, 나중에 법정 증언을 도청 테이프와 비교해보니 아주 달랐대요. 심지어 자신에게 불리한 증언조차 실제 언행과 달랐다는 거예요. 기억이란 정확하지 않다는 것, 자신이 기억하고 싶은 대로 혹은 기억하기 편한 대로 기억한다는 것이 입증된 거죠.

따라서 자아는 유기체 생존에 필요하지만, 그것은 유기체 생존만을 특권화하며 유기체의 판단에 모든 신체 부분을 복속시키려는 성향이 있어요. 또한 신체 구성이 달라져도 '나'라는 개체, 유기체는 달라진 게 아니라는 믿음 또한 강하게 간직하고 있죠. **'나'의 동일성에 대한 믿음은 그것이 허구임을 알 때만 유용성을 잃지 않고, '나'의 기억의 진실성에 대한 믿음은 '나'의 생존을 위해 만들어진 것임을 알 때만 과도한 허구를 만들지 않습니다.**

장병탁   신체를 통해 환경과 상호작용하고 교감한다는 것이 중요하다는 말씀이시죠?

이진경   맞습니다. 그러나 그게 자아의 발생 조건과 직결되진 않아요. 환경과의 상호작용이나 교감은 생명체라면 모두 하죠. 그래야 생존할 수 있으니까요. 개체를 이루는 구성요소들을 '나'라는 유기체를 위한 기관으로 간주하고, 그것들을 통합하고 통제하여 '나'의 생존을 최우선 목표로 삼아 상호작용하고 교감하는 게 자아의 발생 조건이라고 이해하시면 될 것 같아요. 물론 뇌는 단지 유기체의 도구만은 아닙니다. 오히려 신체 각각의 판단과 움직임을 연결하고 조정하는 부분인데, 그걸 자아가 장악하여 유기체를 위한 본부로 사용하려는 거죠. 때론 성공하고, 때론 실패하면서 말입니다.

장병탁   그런 식으로 본다면, AI 역시 어떤 조건을 만족시키면 의식이나 의지를 가질 수 있다고도 할 수도 있겠네요.

이진경   신체를 갖고 있고 자신의 존속을 일차적인 목표로 하며 그에 맞추어 사고하고 행동한다면, 자아가 발생하는 것도 불가능하지 않을 것 같습니다.

김재아   인공지능이 의식을 가질 수 있다고 보신다는 거죠?

이진경   **자아가 발생한다면 의식 또한 발생할 수 있을 겁니다.** 의식이란 자아와 짝지어 발생하고 기능하는 거니까요. 그러나 자아란 생존을 위한 방어기제고 신체적 쾌감과 고통을 기반으로 작동하는데, 기계가 그런 감정을 느끼지 못한다면 자연발생적으로 기계로부터 자아가 생겨나긴 어려울 것 같습니다. 물론 기술적으로 가능하다고 해서 사회적으로, 즉 인간들이 그걸 추구하거나 허용할 가능성은 적다고 보입니다.

김재아　자아의식을 가진 기계를 보려나 싶었더니, 다시 멀어져 가는 것 같네요.

장병탁　아까 말씀하셨듯이, 인공지능에게 신체를 줄 수 있다면, 그리고 인공적으로 신경전달물질이나 신경 반응을 줄 수 있다면, 쾌감이나 고통에 대한 감정적 반응을 모사할 수도 있죠.

이진경　그렇다면 자아가 발생할 가능성을 좀 더 크게 생각할 수도 있겠네요. 그런데 모듈 구조인 식물들의 경우, 신체의 분할이나 손상에 유연하기 때문에 자아가 발생하기 어렵거나 발생해도 자아가 강하지 않으리라는 점을 생각해보면, 기계는 어쩌면 동물보다는 식물에 더 가까울 수도 있겠고요.

장병탁　그런데 그전에 신체의 경계란 어디까지인가라는 질문을 먼저 던져봐야 할 것 같아요. 예를 들어, 알파고의 신체에 대해 말한다면 어디까지 그의 신체라고 해야 할 수 있을까요? 서버에 저장된 프로그램, 서버와 그걸 구동시키는 컴퓨터, 그것에 에너지를 공급하는 장치 등이 구별되면서 연결되어 있으니까요.

이진경　그러게요. 그것도 뚜렷하게 선을 긋기가 쉽지 않겠네요. 인공지능의 경계가 어디인지는 제가 답할 문제가 아니고, 제가 선생님께 여쭤봐야 할 문제 같은데요.

장병탁   로봇도 마찬가지예요. 로봇이라면 신체적으로 다른 것과 구별되는 경계를 가지니 훨씬 구별하기 쉬워 보이지만, 로봇 역시 그 신체에 다른 것을 더하거나 빼기 쉬우니 경계를 확실하게 규정하기 쉽지 않을 거 같네요. 예를 들어, 로봇이 카메라 눈을 가진 것은 신체 일부로 볼 수 있습니다. 그런데 만약 로봇의 눈이 몸에 달려 있는 것이 아니라 다른 장소에 있는 원격 카메라와 연결되어 있을 수 있죠. 또한 로봇의 팔이 원격으로 연결되어 멀리 떨어진 곳에서 물건을 조작하고 있다면, 그 로봇의 팔은 신체 일부로 봐야 할 겁니다.

김재아   조금 전까지 자아에 대해 말씀하셨는데, 비슷한 얘기가 될지 다른 얘기가 될지 모르겠어요. 인공지능에게도 마음이 있다 해야 할까요?

이진경   그전에 생명에 대해 먼저 얘기하는 게 좋을 거 같아요. 저는 단세포 생물이 아니라면 **생명체들은 기본적으로 멀티디비주얼** Multi-dividual이라고 주장한 적이 있어요. 생명체라 하면 대개 '유기체'를 상정하고, 유기체라 하면 '개체'라고 생각하는 통념과 달리, 생명체는 디비주얼Dividual하지 않다, 즉 더는 나눌 수 없다는 의미에서 인디비주얼Individual(개체)이 아니라 멀티디비주얼이라는 겁니다. 가령 우리 신체는 60조 개 정도 되는 세포들의 복합체죠. 그 세포들은 박테리아적 기원을 갖는 여러 개의 세포소기관들의 복합체고요. 그리고 기관이나 세포, 핵 등은 분할 불가능한 게 아니라 분할해서 배양하기도 합니다. 갈아 끼우기도 하고요. 분할 가능한 것들이 거대한 규모로 모였다는 점에서 멀티디비주얼이라 한 것이죠. 우리 어법으로 표현하면, 불교 용어인 '중생'을 변형시켜서 무리 중[衆] 자에 살 생[生] 자에 붙임표를 넣어서 중-생衆-生이라고도 표시해도 좋을 듯합니다.

핵심은 우리가 개체라고 하는 것은 모두 그 자체로 공동체라는 거죠. 세포들조차 그래요. 마굴리스가 증명한 것처럼, 고세균Archaea(핵이 없는 원핵생물에 포함되는 생물군이지만 세균과는 본질적으로 다른 계통에 속함)에게 잡아먹혔으나 죽지 않고 살아남은 알파프로테오박테리아가 자기를 잡아먹은 놈과 공생하게 되면서 미토콘드리아가 되었어요. 잡아먹힌 시아노박테리아가 살아남아 식물세포의 엽록체가 되었고요. 다른 세포소기관들도 그렇게 탄생했습니다. 그러니 세포 하나도 사실은 집합체고 공동체인 거죠. 다세포생물도 그래요. 전기해파리는 수많은 작은 해파리의 공동체고, 개미나 벌 또한 아주 유연한 경계를 갖는 군체Colony죠. 공동체란 말입니다. 이런 점에서 보면 **모든 생명체는 미생물들의 군체**입니다.

우리는 '나'의 신체가 '나'의 뜻대로 한다고 믿지만, 실은 그렇지 않죠. 심리학자 리벳Benjamin Libet의 실험처럼, 굳이 의식보다 신경학적 반응이 앞선다는 걸 증명할 것도 없어요. 음식을 보면 손이 나가는 것이, 급하게 화장실을 가는 것이 정말 '나'의 자유의지인지만 따져봐도 충분해요. 스피노자Baruch de Spinoza나 니체Friedrich Wilhelm Nietzsche의 말대로, 그건 배고픈 위장과 소변으로 가득한 방광의 명령에 따르는 거지 나의 '자유의지' 같은 게 아닙니다. 그게 자유의지임을 증명하려면, 배가 고픈 상태에서 음식에 눈도 주지 않고 끝내 버틸 수 있는지, 끝내 화장실에 가지 않고 버틸 수 있는지를 보여주면 됩니다.

태 호   미생물의 의지라고 하니 생각나는 게 있어요. 어디선가 톡소 포자충에 대해 들어본 적이 있어요. 톡소포자충은 원래 고양이 배 속에서 살던 것인데 어쩌다 배설되어 밖으로 나오면, 다시 고양이 배 속에 돌아가기 위해 쥐를 이용한대요. 쥐의 뇌에 들어가 편도체를 마비시켜 공포감을 없애서 고양이한 테 대들게 하는 거죠. 겁 없이 고양이한테 대들던 쥐는 결국 잡아먹히게 되고, 톡소포자충은 목적을 이루는 겁니다.

이진경   맞아요. 그 경우 고양이에게 대드는 쥐를 두고, 쥐의 용기 있는 결단이라거나 쥐의 자유의지라고 한다면 바보 같은 소리가 되는 거죠. 사람들이 어떤 음식을 좋아하게 되고 싫어하게 되는 것도 배 속 미생물 영향이 크다고 해요. 미생물뿐 아니라 우리 신체의 기관들도 그래요. 방광은 방광대로, 위장은 위장대로, 심장은 심장대로, 생식기는 생식기대로 자신의 의지 내지 욕망이 있는 거죠. 세포들도 그렇고요. 이처럼 수많은 의지나 욕망이 한 개체의 신체 안에 있는 겁니다. 들뢰즈와 가타리Félix Guattari는 우리 신체 안의 욕망에 대해 말하면서 '분열자'라고 명명한 적이 있는데, 저는 그걸 세포나 기관마다 다른, 여러 방향으로 분열되어 있는 의지와 욕망을 표현하는 개념으로 이해해요. 스피노자식으로 말하면, **코나투스**Conatus예요. 모든 존재자는 자신의 존재를 지속하려 하는데, 그런 의지 내지 충동을 뜻하죠. 세포는 세포대로, 기관은 기관대로 자기 생존을 지속하려고 하는 코나투스가 있는 거죠. 물론 유기체도 자신의 코나투스가 있지만, 동시에 그 유기체 안에는 수많은 작은 코나투스가 가득 차 있어요.

김재아 그래서 금연이나 다이어트가 힘든 거 아닐까요? 유기체의 신체를 위해 '먹지 말아야지' 결심하지만, 어느새 위장이나 배고픈 세포들의 욕망에 따라 뭔가 먹게 되니까요.

이진경 산을 오를 때, 오르고 나서 10분 정도가 제일 힘들잖아요. 다른 운동도 그렇고요. 이 또한 기관들의 의지가 분열되어 있어서 그런 거죠. 뛰거나 언덕을 오르려면 근육 같은 운동 기관이 부지런히 움직여야 하는데, 그러려면 좀 더 많은 산소와 영양소가 필요해요. 그걸 공급받으려면 피가 좀 더 빨리 돌아야 하는데, 심장은 그걸 알지 못한 채 평소대로 뛰고 있으니 피가 부족한 거죠. 그래서 심장과 허파 등 순환계에 '피 좀 더 빨리 보내'라고 신호를 보내는 거고, 그 신호에 반응해서 리듬을 맞춰 심장과 허파가 빨리 뛰어주면 그제야 편해지는 겁니다. 만약 심장과 허파가 협조해주지 못하면 크게 탈이 날 거예요. 이 역시 각각의 기관이 나름의 의지와 욕망에 따라 분열되어 있기 때문에 발생하는 일이죠.

김재아 　 그렇게 서로 다른 기관이나 세포 들을 유기체로 통합하고 조정하는 게 자아라고 하셨죠.

이진경 　 좀 더 정확히 말하자면, **유기체의 코나투스, 유기체 수준에서 존재를 지속하려는 욕망이나 충동이 자아를 움직이는 거죠.** 이를 위해 세포나 기관들의 의지를 조정하기도 하지만, 지배당하기도 하고, 때론 그것들에 패배하여 끌려가기도 하죠.

태　호 　 불교에선 자아를 실체가 아니라 허구라고 하는데, 유기체에 대응하는 의지라면 허구가 아니란 말이 되나요?

이진경 　 불교에서 비판하는 자아는 '아트만Ātman'이에요. 얼굴이 변하고 생각이 변하고 몸이 변해도 달라지지 않는 불변의 실체. 그런 실체는 없다는 말이죠. 방금 제가 한 말은 우리의 몸이 수많은 미시적 의지로 분열되어 있다는 것, '나'의 의지나 욕망은 그 분열 상태에서 나오는 그때그때의 일시적인 상태라는 겁니다. 그때마다 다른 '나'가 있고, 그 '나'는 그때마다 서로 다른 의지들의 종합 결과물이란 겁니다.

태　호 　 그래도 유기체 수준에서 자신을 자신으로서 지속하려는 의지가 있다면, 생물학적 실체성을 갖고 있는 게 되지 않나요?

이진경 　 유기체의 지속을 위한 의지는, 유기체 이하에 존재하는 수많은 서로 다른 의지와 유기체 이상의 수준에서 유기체를 포섭하는 의지들 사이에 있는 하나의 의지일 뿐입니다. 유기체의 상태나 활동조차 지배하지 못하는 의지죠.

김재아   다이어트, 금연, 금주 등을 실패하게 만드는 의지, 의식을 움직이지만 의식도 뜻대로 못하는 의지 말이죠?

이진경   맞아요. '자, 이젠 아무 생각하지 말아야지!' 결심해보세요. 그런다고 생각하지 않게 되면 그건 도인이죠. 반대로 밥 먹으면서 돈 생각하고, 책 읽으면서 연애 생각하는 게 우리 의식이에요. 너무 무능해서 '실체'란 말을 사용하기도 어렵습니다. 그래도 유기체 수준의 존재를 지속하려는 기능은 유기체 이하의 세포나 기관에게도 중요하죠. 심장이나 위장의 존재를 지속하는 게 유기체에게 중요한 것처럼요. 공동체란 이처럼 서로에 기대어 있는 관계를 뜻하잖아요.

사실 우리 신체 안에는 세포 수보다 더 많은 미생물이 살고 있어요. 우리 신체는 그들의 서식지이자 생존 환경인 셈입니다. 그렇게 수많은 미생물이 자신의 서식 환경인 우리 몸에 적응하면서 상보적으로 생존하고 있는 겁니다. 그러나 환경을 치명적으로 파괴하는 것들이 있죠. 지금 지구에게 인간이 그러하듯 말입니다. 우리 몸속에 그런 놈들이 들어오면 유기체도, 세포도 생존을 지속할 수 없잖아요. 그래서 외부에서 들어오는 놈들로부터 신체를 방어하는 메커니즘이 있죠. 바로 면역계입니다. 신체 밖의 것인지 아닌지를 식별해서, 바깥에서 들어온 것들을 공격하고 그렇지 않은 것은 그대로 둔다고 하죠. 그런데 대상포진이나 간염은 흔히 몸속에 있던 바이러스나 세균으로 인해 몸이 약해질 때 발생한다고 하는데, 이는 몸속 어딘가에 있었다는 말이잖아요. 면역계가 몸 안의 외부자라고 무조건 색출하여 공격하는 건 아니란 뜻이죠.

김재아 그런데 코로나19 팬데믹을 생각해보면 면역세포는 믿을 놈이 못 돼요. 군대로 치면 적에게 자주 침략당한 거잖아요.

이진경 면역계를 '군대'라고 서술하던 오래된 역사가 있어요. 군사주의 모델이라고 바렐라Francisco Javier Varela García가 비판한 적이 있는데, 외부에서 들어온 것은 모두 적이라고 간주하는 시대의 산물이죠. 그러나 내부에 들어와 심지어 면역계 일부가 된 세균들도 있어요. '노말 플로라Normal Flora'라고 하죠. 반대로 장기이식의 가장 큰 어려움이 바로 면역 반응인데, 내몸에 필요한 걸 왜 내 군대가 가서 공격하느냐고 물어야 해요. 그래서 이 모델은 와해됐죠.

태 호 면역계란 결국 세포나 기관 수준에서 존재하는 '자아'라는 말이 될 수도 있겠는데요?

이진경 그럴 수도 있어요. 그러나 면역계의 경계가 대단히 애매모호해요. 면역계는 하나가 아니라 여럿이기도 하고요. 가령 피부도 면역계고, 침이나 위액 등 외부와 통하는 곳에 있는 체액도 면역계예요. B세포, T세포, 박테리오파지 등으로 구성되는 면역계는 세포나 세균의 특이성에 반응하는 면역계라 '특이적 면역계'라 할 수 있는데, 여러 면역계 중 하나죠. 그런데 이 면역계들의 경계가 모두 달라요. 즉 처리하는 외부가 모두 다르죠. 그리고 알레르기나 면역질환은 특이적 면역계의 반응이 지나친 경우인데, 이는 특이적 면역계 자체도 실체적 경계를 갖지 않는다는 말이죠.

태　호 결국 자아라고는 할 수 없는 비실체성을 갖는다는 거군요.

이진경 맞아요. 이거 옆으로 너무 멀리 왔네요. 이런 자아 개념을 바탕으로 기계나 인공지능이 자아를 가질 수 있는지 생각해볼 수 있을 거예요. 요컨대 **기본적으로 유기체를 '나'라고 생각하고, '나'라는 관념을 가지고서 '나'의 생존을 위해서 판단하는 작용이 자아죠.** 앞에서 말했듯이, **의식이란 이런 자아와 결부돼서 출연**하는 거고요. 생물체를 모델로 해서 말하자면, 인공지능이나 로봇이 의식이 있으려면 자아가 있어야 하고, 그게 있으려면 신체적 생존의 지속을 자신의 목적으로 한다는 전제 조건이 있어야 할 것 같아요.

김재아 정리해보면, 생명체는 세포든 기관이든 다 자기 나름의 의지가 있는데, 자아는 유기체에 속하는 의지라는 거죠? 유기체 수준으로 신체를 통합하려는 의지요. 여기서 자아는 화학적으로 통합한다고 할 수 있나요?

이진경 물리적으로도 하고 화학적으로도 하죠. 세포나 기관도 자아에 대해서 마찬가지고요. 일단 먹을 걸 선택하고 가고 싶은 곳에 가는 판단에는 자아가 크게 영향을 미치죠. 자유의지라는 환상을 낳을 정도로요. 그러나 먹고 자고 하는 활동은 신경전달물질이나 호르몬 같은 화학물질과 밀접한 관계를 맺고, 의식은 그것에 의해 통제되죠. 가령 운동을 안 하고 있으면 몸이 찌뿌둥하잖아요. 운동하자고 근육들이 외치는 거죠. 배가 부르면 포만감을 발생시켜 그만 먹자고 하고요.

이런 식으로 우리가 의식하지 않은 상태에서도 신체는 자신의 적합한 상태를 유지해요. 항상성입니다. 항상성이라는 건 신체를 의식 이하의 수준에서 여러 기관이나 세포 전체가 실존 능력을 최대한 적합하게 유지하려고 하는 반응의 복합적 결과고, 그런 반응을 일으키는 준거 같은 거죠. 유기체 이상 수준에서도 이런 일은 일어납니다. 가족은 가족대로 자신의 의지가 있고, 집단도 그런 의지를 구성원인 개인에게 작용시키죠. 좋은 축구팀은 선수 개개인의 기량이 아니라 그들이 서로 호흡을 맞춰 **하나처럼** 움직이는 팀이잖아요.

장병탁 요즘 생명과학자들한테 그런 이야기를 하면 반대할 것 같아요. 최근 자연과학이나 생명과학의 발달로 목적론적인 입장은 지지받지 못하고 있는 것으로 아는데, 지금 말씀하신 게 또한 생기론Vitalism(생명 현상은 물리적 요인과 자연법칙만으로는 설명할 수 없고, 그와는 원리적으로 다른 초경험적인 생명력의 운동에 의하여 창조·유지·진화된다는 이론)과도 관련될까요?

이진경 이는 목적론이 아니라 차라리 목적론 비판이라고 봐야 하지 않을까요? 기관들이 유기체의 존속이라는 목적에, 의식이 제안하는 목적에 복속된다는 게 목적론인데, 제 얘기는 그에 귀속되지 않고 어쩌면 제멋대로인 분열자라는 말이니까요.

생기론은 생명력이라는 특별한 실체를 가정하는 건데, 자신의 존재를 지속하려 한다는 이유로 생명체를 실체라고 하기엔 무리가 있어요. 생명 없는 물리적 존재도 관성처럼 상태를 지속하려는 힘은 갖고 있으니까요. 스피노자는 코나투스를 생명체/비생명체 구별하지 않고 모든 존재자에게 사용했죠.

장병탁　물리적인 관성 같은 것도 인식이라고 보시나요?

이진경　일단 비생명체 이전에 세포들의 인식 능력부터 생각해봐야 해요. 가령 '면역세포들은 인식 능력이 없는가?'

장병탁　면역세포도 기억을 하죠.

이진경　네, 식별 능력도 있고 기억 능력도 있죠. 밖에서 침투한 놈인지 아닌지를 식별하는 능력, 그리고 전에 왔던 놈인지 아닌지를 기억하는 능력. 그게 백신 같은 걸 가능하게 해주죠. 식별 능력이 면역세포에게만 있을까요? 가령 핵산도 식별 능력이 있지 않나요? 아데닌은 티민 내지 우라실하고만 결합하고, 구아닌은 시토신하고만 결합하죠. 그 말은 상대가 티민인지 시토신인지 알아본다는 말이잖아요. 식별하는 능력이 있다는 말이죠.

장병탁　그것도 알아본다고 할 수 있나요?

이진경　우리는 의식을 모델로 해서 인식 능력이나 식별 능력을 생각하는 경향이 있죠. 그러나 뇌의 식별 능력은 사실 전기적이고 화학적인 반응이고, 빛이나 진동수에 반응하는 세포들이 가진 분자적 식별 능력의 종합이잖아요. 면역 세포도 그렇고요. 그런데 이런 관점에서 보면 핵산들이 자기 짝을 알아보는 것도 식별이라 해야 합니다. 핵산은 알다시피 생명체가 아니죠. 이 발상을 좀 더 밀고 가보면, 산소나 염소 같은 물질도 자신과 결합할 수 있는 놈과 그렇지 않은 놈을 알아본다고 할 수 있지 않나요? 그런 점에서 이는 생기론과는 반대되는 얘기예요. 생기론자들은 사물하고 생명은 근본적으로 다르다고 하면서, 생명체만이 식별 능력 같은 게 있다고 보니까요. 저는 사물들도 식별 능력, 기억 능력이 있다고 생각해요. 컴퓨터의 기억 능력은 자기력에 기반하는데, 이 역시 생명체와 무관한 사물의 기억 능력이죠.

장병탁 인공지능 관점에서 보면, 지금 우리가 가진 반도체 기반의 디지털 기술로 자아 내지는 의식이 진짜 만들어질 수도 있다는 거네요.

이진경 분자적 식별 능력이 의식으로까지 확장되려면, 생물의 경우에는 그런 조건이 필요했다는 건데, 기계들은 어떨까요?

장병탁 굳이 반론을 제기한다면, NaCl(염화나트륨)이랑 H_2O 등은 자기가 뭔지도 모르고 결합하는 거잖아요. 그걸 우리가 인간화해서 해석하는 거 아닌가요?

이진경 그래서 흔히 '의인화'라고 비판하죠. 그런데 인간은 의인화하지 않으면 잘 이해하지 못해요. 사물의 식별 능력을 표현할 개념이 없으니, 그런 걸 생각조차 못 하는 거죠. 역으로 인간과 사물의 식별 능력을 통합해서 하나로 말할 수 있는 개념도 필요해요. 이걸 인간이 알아듣는 말로 설명하려는 거라고 이해해주시면 좋을 거 같습니다. 반대로 '이해'나 '식별'이 '의도'나 '의미'를 전제로 한다고 여길 때 정말 심각한 의인화를 하게 돼요. 인간과 비슷한 방식으로 해야만 식별하고 이해하는 거라고 믿는 거, 인공지능과 관련해서도 아주 빈번하게 보게 되는 오류예요.

장병탁 지각도 그렇잖아요. 있는 거를 그저 내가 확인하는 거죠. 그저 있기만 하고 알아보는 활동이 없다면, 사물은 있어도 지각은 없는 거 아닌가요?

이진경 그건 이미 지각이란 프로세스가 확립된 상태를 통해 지각을 보는 것, 즉 결과를 원인으로 가정하여 생각하는 것 아닐까요? 빛이 있고 그것에 대한 어떤 물리적 반응이 있다는 것에서 지각의 프로세스를 볼 것인지, 아니면 지각 능력이 있어야만 지각이 있을 수 있다고 볼 것인지 하는 차이가 있는 게 아닌가 싶어요.

장병탁 근원이 어디 있는지 따라가 보자는 말씀이시죠?

이진경 지각하는 자나 감각하는 기관이 있어야 지각이 있다는 말은, 그런 사람이나 기관은 어떻게 해서 있게 되었나를 묻지 않고, 이미 있다는 가정하에서 지각을 설명하는 거예요. 그렇게 되면 이미 있는 것만이 있는 것이 되는 동어반복을 피할 수 없어요. 이해할 수 있는 자만이 이해할 수 있다는 식으로요. 사실 감각기관은 빛이나 진동 등의 물리적 반응이 있고, 그런 반응 능력이 있는 특이적 분자들이 모여 만들어지는 거죠. 생명 없는 분자에 식별 능력이 없으면, 생명체의 감각기관도 있을 수 없어요. 심지어 있던 감각기관마저도 그런 물리적 반응 조건이 사라지면 망실되죠. 두더지는 눈이 있었지만 빛 없이 살게 되면서 시각 능력을 잃었잖아요. 사람의 눈도 그럴 거예요. 반대로 빛이 많이 있는 곳에는 빛을 감지하는 특이성을 가진 미생물들이 생존에 유리한데, 그런 놈들이 살아남아 생존력을 키워온 게 진화론의 표준적인 설명 방식 아닌가요? 따라서 식별 능력에서 의도를 강조하는 건, 과학이 아니라 인간학적 가정으로 되돌아가는 거죠.

식물들의 지각 능력을 보면 이를 좀 더 쉽게 이해할 수 있어요. 식물들은 눈이 없지만 빛을 보고, 코가 없지만 냄새를 맡아요. 기관 없는 지각, 기관 없는 식별이 발생하는 거죠. 이는 어떤 자극에 대한 분자적 반응이 지각이라는 미시적 개념이 없다면 이해할 수 없죠. 중요한 건 인식하려는 의도가 아니라 어떤 자극에 대한 특정한 반응입니다. 자극에 따라서 다르게 반응하는 능력, 그게 식별 능력이죠. '인식'이라는 인간적 관념에서 벗어나 이를 다루기 위해, 저는 '식'이라는 개념을 사용해요. 감각기관을 갖는 동물의 인식과 대비되는 분자적 식이 있다는 거예요. 분자적 식별 능력, 그건 모든 분자에게 있다고 해도 좋을 겁니다. 양상의 차이만 있을 뿐이죠.

장병탁 그건 그렇죠. 생명과학자들도 분자 인식Molecular Recognition 이라는 말을 사용해요. 참고로, 저희 연구실에서 합성 DNA

분자를 사용해 딥러닝 모델과 같은 신경망을 만들어서 패턴 인식을 수행하는 연구를 진행한 적이 있습니다. 뇌의 신경세 포들의 망에서 수행하는 인지 능력을, 분자 수준의 소자를 기 반으로 한 물리·화학적인 식별 반응을 통해서 구현한 인공지 능 기술이죠.

이진경 네, 그런 의미에서 보면, 생명/비생명 사이에 건널 수 없는 심 연 같은 건 없어요. 모두 하나의 평면에 있죠. 물론 생명체와 비생명체를 구별해야 하지 않느냐고 할 수 있을 겁니다. 그건 저도 구별하는 게 좋다고 생각합니다. 다만 본성을 달리하는 게 아니라 양상을 달리하는 것이란 전제 위에서 말이죠. 그렇 다면 어떻게 그런 양상의 차이로 생명을 비생명체와 구별해 서 정의할 수 있을까요? 간단히 말하면, 비생명체들은 관성 적이에요. **'생명이 있다'라고 부르려면, 자신의 실존 능력을 고양 하기 위해서 관성을 벗어나는 능력이 있어야 할 거예요.**

김재아 그럼 엄청 보수적인 사람들은 생명이 없다는 건가요? (웃음)

이진경 맞아요. 생명력을 잃지 않으려면 관성에서 벗어날 수 있어야 해요. 무언가 새로 입력되는 게 있어야 해요. 제 식으로 말하 면, 늙는다는 것은 입력 장치는 고장 나고 출력 장치만 가동 되는 상태로 넘어가는 거예요. 과거에 입력된 관성만 남은 상 태죠. 생명력을 상실한 상태에 가까이 간다는 말이죠.

장병탁 저희가 개체로서 자아가 있다고 하셨는데, 그렇다면 세포도 자아가 있다고 얘기할 수 있다는 건가요?

이진경   세포나 기관도 자신을 지속하기 위한 방어기제가 있으니, 엄밀히 말하면 미시적 수준에서 자아가 있다고 할 수 있어요. 이를 직접 지칭한 건 아니지만, 들뢰즈는 세포나 분자적 수준에서의 지각의 주체를 지칭해 '애벌레 주체'라는 말을 사용한 적이 있는데, 이를 원용해서 '애벌레 자아'라고 할 수 있겠네요. 하지만 통상적인 의미에서 '자아'란 유기체 수준에서 생존을 지속하려는 충동, 코나투스의 작용 거점 같은 거죠.

장병탁   회사나 사회 조직체 같은 것도 그렇겠네요.

이진경   그렇죠. 유기체 이상의 집단에 대해서도 집단을 유지하려는 방어기제가 있을 수 있으니, '집단적 자아'라는 말도 사용할 수 있을 거 같아요. 특히 이권이 걸린 집단은 해체하기도 힘들잖아요. 그런데 자아가 강한 사람도 있고, 그렇지 않은 사람도 있죠. 어떤 수준의 개체든 경계가 닫혀 있고 확고하면 확대된 의미에서 '자아'가 강하고, 경계가 열려 있고 유연하면 자아가 강하지 않다고 할 수 있을 거 같아요. 자아란 그 경계를 유지하려는 메커니즘이니까요. 인간이나 동물만 아니라 식물도 자신의 생존을 지속하려고 할 텐데, 사실 식물은 개체의 경계가 굉장히 모호해요. 뿌리가 쭉 연결되어 있어서 그 개체군 전체가 하나로 연결되는 경우도 있거든요. 그리고 동물처럼 어디 하나 잘려 나가면 불구가 되거나 치명상을 입는 게 아니라, 모듈 구조로 되어 있어서 잘려 나가도 생존에 지장이 없죠. 이 경우에는 자아가 강할 이유가 없어요. 자아가 없다고 할 수 있을진 모르겠지만요.

장병탁 　동물들도 신체의 일부를 잘라내도 자율신경계 때문에 살아 있는 경우가 있잖아요. 잘려 나간 오징어 다리, 낙지 다리가 계속 살아 있는 것처럼요.

이진경 　하지만 조금 뒤에 죽잖아요. 인디비주얼이라는 말이 그래서 나온 거예요. 나누면 둘 중 하나는 죽으니, 더 이상 나눌 수 없는 게 인디비주얼이라고요. 하지만 이는 유기체 중에서도 동물을 특권화한 개념이고, 근본적으로 보면 오해에 바탕을 둔 개념이죠. 식물은 나누어도 죽지 않고, 동물도 기관이나 세포를 분리 배양하고 이식하고 하니까요. 어쨌든 동물들의 경우에는 신체 일부를 잘라냈을 때 생존에 굉장히 불리해지기 때문에, 외부로부터 오는 손상에 매우 강한 반감을 가지고 있어요. 자기를 보호하려는 자아가 강한 것은 이 때문이죠.

세포도 기관도, 아이도 어른도 코나투스가 있어요. 아이가 먹을 걸 달라고 울고, 똥 치워달라고 울고 하는 게 다 그 작용이죠. 그런데 이는 어쩌면 신체적 반응일 뿐이고, 아직 자아가 충분히 형성되지 않았다고 해야 할 수도 있어요. 가령 프로이트Sigmund Freud나 클라인Melanie Klein 같은 정신분석가들은 아이들의 욕망은 부분적이어서, 초기에는 아기의 욕망이라기보다는 입의 욕망, 항문의 욕망이라 해야 한다고 했죠. 라캉Jacques Lacan은 '거울 단계Mirror Stage'라는 개념을 제안하면서, 거울을 통해 아기들은 자신의 신체가 하나로 통합된 전체라는 관념을 갖게 되고, 그때 비로소 자아가 형성된다고 했죠. 하지만 신체는 그에 앞서 '자아'를 갖고 있다고 해야 할 거 같아요. 거울 단계 이전에도 분리나 손상에 즉각적으로 반응하니까요.

장병탁 자아라는 게 단지 신체적인 것만은 아닌 거 같아요. 자아는 나이 들면서 점점 더 세지니까요.

이진경 맞아요. 확실히 자아는 단지 신체적인 것만은 아닌 듯해요. 통상적으로 시간이 갈수록 점점 강해지니까요. 그에 따라 생각도 닫혀버리고 방어기제만 강해지죠. 자존심이 그 방어기제인데, 자긍심과 아주 달라요. 자긍심이 높은 사람은 남들이 뭐라든 개의치 않고 웃어넘기는 여유가 있는데, 자존심이 강한 사람은 남들의 시선이나 평가에 온통 관심이 쏠려 있고, 그에 대해 자기를 방어하기 위해 날을 세우니까요. 나이 들면 방어기제가 강해져서 남 얘기 안 듣고 자기 고집만 부리잖아요. 그래서 제가, 늙는다는 건 입력 장치가 고장 나고 출력 장치만 가동되는 상태라고 했던 거예요. 그게 자아가 강화되고 경직된 경계에 갇힘을 뜻하는 거죠. 그런데 신경과학자들 책을 보면, 나이가 50세 정도가 될 때까지도 생각의 틀이 계속 변한대요. 그 이후에는 뉴런들의 연결망이 줄어드는 것 말고는 전체적으로 안 바뀌는 거겠죠. 아직 자아가 유연하다 함은 새로운 신경망이 계속 만들어지는 거란 뜻이겠고요.

장병탁 그렇게 보면 일종의 연속성이 있다고 보시는 거죠? 자아라는 게 있다 해도 정도의 차이가 있다는 거고요.

이진경   그런 것 같아요. 유기체로서 생존하는 것들은 대체로 다 자아
가 있다고 봐야 하지 않을까요? 다만 그 정도에 차이가 있는
거죠. 심지어 같은 개체조차도 자아의 정도는 달라지니까요.
다만 무생물은 자아가 있다고 하기 힘들 거예요. 분할에 저항
하며 유지해야 할 개체성이 따로 있는 게 아니니까요. 이 몸
을 반으로 자른다면 사람은 "안 돼, 자르지 마!"라고 크게 외
치지만, 식물들은 크게 개의치 않을 거고, 사물들은 그럴 가
능성이 없잖아요.

장병탁   어떻게 보면 생명체나 유기체는 거의 자아가 있다고 봐야겠
네요. 그런데 지금 디지털 기술로 AI를 만들면, 그건 무기체
거든요. 그렇다면 무기체에도 자아가 형성될 수 있을까요?

이진경   무기체도 새로운 신체적인 경계를 갖고 그것을 유지하는 것
을 자신의 존속 목적으로 삼게 되면 자아라는 게 생겨날 수
있을 것 같아요. 로봇은 물론 인공지능에게 가상 신체를 부여
하기도 하잖아요. 앞서 베르사체와 에임스는 애니맷에 가상
신체성을 부여하고, 그 신체의 존속을 목적으로 삼게 하여 풀
장에서 빠져나가는 방법을 학습하게 했다고 했잖아요. 물론
인공지능은 소프트웨어지만 하드웨어상에 기록되고 저장된
것이니, 신체성이 전혀 없다고 할 순 없을 거 같기도 해요. 그
경우 선생님 말씀처럼, 무기물이 소프트웨어-영혼을 가진 게
될 수도 있고, 자아도 생길 수 있을 거 같기도 하네요.

장병탁   그 부분이 아직 전혀 연구가 안 된 거죠.

김재아   자아가 형성되는 것이 창발적인 과정일까요? 자아라는 게 실체는 없잖아요. 그래도 어쨌든 다들 자신은 하나의 정체성을 갖는 유기적 전체로 믿고 있을 테고, 그렇다면 그런 믿음은 그런 신체적 조건에서 창발된 거라고 볼 수도 있을 것 같은데요.

이진경   엄밀히 말해, **자아란 존재하는 모든 것이 갖고 있는 코나투스의 일종**이죠. 신체가 환경과 반응하면서 형성되는 것이니, 나름대로 창발된 것이라고 할 수도 있겠네요.

5

감각과
언어 사이에서

장병탁 기계에게 신체가 반드시 필요하긴 한데, 기술적으로 보면 신체가 장애물이에요. 디지털이면 원하는 대로 업그레이드할 수 있을 텐데, 신체는 기술적으로 그게 안 되니까요. 그래서 논리와 기호로 인공지능을 개발할 생각을 먼저 하게 된 게 아닐까 싶어요.

이진경 시작은 쉽지만 갈수록 어려운 게 있고, 시작은 어렵지만 그 뒤에 승승장구하는 것도 있죠. 물론 시작하기 쉬우면 쉽게 선점하고 승리할 수 있긴 합니다. 가령 기후 문제가 해결하기 힘든 것은, 시작하기 어렵고 시작해도 별로 표도 안 나서 그렇죠. 손대기 쉬운 건 사실 해봐야 근본 해결이 안 되는 경우도 많고요.

장병탁 기술적으로는 복잡도 문제가 그래요. 단위의 크기와 복잡성이 트레이드 오프Trade Off(두 개 목표 가운데 하나를 달성하려고 하면 다른 목표의 달성이 늦어지거나 희생되는 경우) 관계죠. 작고 정밀한 단위를 다루면 복잡도가 너무 커지니까, 큰 단위부터 처리하기 시작해요. 점차 기술이 축적되고 이로 인해 더 미세한 단위를 다룰 수 있게 되면, 더 큰 복잡도의 문제를 처리하게 됩니다. 예를 들어, 반도체 소자의 단위가 마이크로미터에서 나노미터 스케일로 더 작아지면서 집적도, 즉 회로의 복잡도는 계속 더 커진 것과 같죠.

김재아 인공지능 연구에서도 그러한 사례가 있나요?

장병탁 인공지능 연구의 역사를 보면, 초기에는 기호를 써서 아주 큰 단위의 사물과 사건을 컴퓨터상에 나타내고 거시적인 정보를 처리했었어요. 고전적인 기호주의 인공지능 패러다임이었죠. 그런데 이러한 방식은 문제를 너무 단순화해서 다루기 때문에 실제 인간 지능의 일부만을 흉내 낼 수 있었어요. 점차 컴퓨터의 처리 속도가 빨라지고 기억 용량이 늘어나면서, 이제는 인공지능이 음성이나 영상과 같은 더 작고 정밀한 데이터를 직접 다룰 수 있게 되었고, 이로부터 미세한 단위의 정보와 지식을 처리하는 일도 가능하게 되었죠. 현재의 머신러닝·딥러닝 기반의 인공지능 패러다임에서 일어나고 있는 일입니다.

그러나 지금까지의 학습 방식으로는, 우리가 앞에서 논의한 의식이나 자아를 만들어낼 수 있을 정도의 복잡한 기억과 정신적 정보를 처리하기 어려워요. 진짜 인간 수준의 인공지능에 도달하기 위해서는 더 미세한 단위 수준에서 감각 데이터와 지각·행동의 연결고리들을 잇는 정보처리 능력이 뒷받침되어야 할 겁니다. 이를 위해서는 신체를 갖춘 에이전트가 중요하고요. 신체에 기반하여 실세계에서 실시간으로 직접 감각하고 학습하고 기억하며 행동하는 인공지능으로 발전해야 합니다. 이러한 복잡도 수준을 다루려면, 인간을 모방한 정보처리 구조와 기작이 필요해요. 현재까지 인공지능이 시도한 문제의 복잡도는 뇌가 다루는 문제들의 복잡도에 비하면 너무나 단순했다고 볼 수 있습니다.

이진경   뇌를 이해하는 방식의 단순성도 시작만 쉬운 경우가 아닌가 싶습니다. 뇌과학이나 인공지능 이론에서 뇌란 전기신호가 흐르는 회로 같은 것으로 모델화되어 있죠. 뇌신경에 전기신호가 흐르고, 그 신호의 강도에 따라 뉴런들의 연결망이 달라지는 게 사실이라 해도, 그게 다는 아닐 겁니다. 그런 거라면 후각 신호, 미각 신호가 단지 전기신호의 강도나 주파수의 차이라고 해야 할 텐데, 정말 그럴까요? 전기신호는 아마 신경회로를 통과하는 수많은 흐름 가운데 일부일 겁니다. 그 흐름 중에 인간이 포착한 게 전기신호죠. 어쨌건 이렇게 시작했으니, 이런 식으로 계속 나아가고 있는 겁니다. 뉴런들의 연결망을 전기회로로 복사하면 뇌를 복제할 수 있으리라는 발상도 거기서 나오죠. 그러나 이건 정말 어림없는 일일 겁니다.

장병탁   정말 어림없는 일이죠. 겉으로 보기엔 단순해 보일 수 있지만, 오랜 진화 과정을 거치면서 우리 뇌는 지금 이 정도의 복잡성을 갖게 된 겁니다. 시간적·공간적 체화 과정을 거쳐 최적화한 거죠. 그런 시각은 변화의 과정, 즉 생성Becoming을 다 없애버리고 현재의 존재Being만 보는 거예요. 과정을 다 무시한 거죠.

이진경 　동시에 뇌 안에서 특정한 것 하나만 보는 거예요. 포착한다는 것은 규정되지 않은 대상에 하나의 규정을 부여하는 겁니다. 규정이 없다 함은 수많은 규정 가능성을 가짐을 뜻하죠. 동물을 사람에게 고기를 제공하는 가축으로 포착할 때, 그것이 갖는 다른 많은 규정 가능성, 즉 사람을 돕는 동물, 사람과 교감하는 동물, 함께 살아갈 동물 등이 될 가능성은 지워집니다. 정보이론식으로 말하면, 무한의 정보를 유한한 것으로, 실은 아주 작은 정보로 **압축**하는 겁니다. 신경 신호를 전기신호라고 하는 것도, 수많은 규정 가능성을 갖는 흐름을 전기적 특성만 남기고 다 지우는 겁니다. 그렇게 남은 특성들을 연결하면 지워진 것들이 되돌아올까요? 그럴 리 없죠. 신경망에 전기신호를 흘려서 냄새를 재생하는 거, 쉽지 않을 겁니다. 시각 정보와 달리 핵심적인 게 거기선 다 지워진 셈이니까요.

장병탁 　맞습니다. 그래도 지금 (현실과 감각의 세계를 추상화한) 언어나 문헌에 기반을 둔 AI 연구는 계속 발전하고 있다는 점도 간과해선 안 돼요. 컵, 책상, 볼펜 등 언어는 말이나 글로 정확하게 지시해요. 철학도 글로 하잖아요. 그러니까 결국은 AI도 글과 기호로 하는 거예요. 물론 언어도 아직 완전히 다루지 못하긴 하는데 그거에 비하면 다른 분야, 예를 들면 시각은 이제 시작 단계고, 행동은 아직 멀었죠.

이진경   생명체가 자신의 생존 능력을 진화시켜온 과정에서, 생존에 가장 직결된 감각이 미각 아닐까 싶어요. 사냥하든 도망치든 동물은 일단 먹어야 하는데, 애써 얻은 것도 독이 있거나 상한 것이면 치명적이죠. 그래서 먹는 순간, 이게 신체에 어떠한 영향을 미칠지를 가장 먼저 감별해요. 뇌에 도달하기 전에 연수에서 먼저 검사합니다. 어린애들은 기본적으로 쓴맛, 신맛이 감지되면 얼른 뱉어내잖아요. 쓴맛은 독이 있을 가능성이 있고, 신맛은 상한 것일 가능성이 있죠. 커피 좋아하는 어린애는 보기 힘든 게 이 때문입니다. 쓴맛이 모두 독은 아니며 나름 맛이 있음을 학습한 뒤에야 마실 수 있게 되죠. 후각도 그래요. 눈에 안 보이는 곳에 있는 적을 감지하는 것도 중요하지만, 무엇보다 후각은 먹는 것에 대한 검사를 담당하죠. 미각을 통해 연수에 도달했을 땐 이미 늦을 수도 있는 것 혹은 미각만으론 검사가 불충분한 것을 함께 검사하는 겁니다. 그래서 후각도 미각도 대단히 미묘합니다. 다섯 가지 맛을 말하지만, 결코 그걸로는 맛을 다 안다고 말할 수 없죠. 냄새는 '원소적 환원'도 아직 안 된 상태고요.

장병탁   미각과 후각은 화학 영역이라서, 디지털화하기 쉽지 않아요.

이진경   인공 미각이나 인공 후각이 얼마나 발전했는지는 모르지만,

이는 주파수 같은 물리량으로 환원할 수 있는 시각이나 청각에 비해서 쉽지 않을 거예요. 후각·미각은 신체에 가장 가까운 곳에서, 혹은 신체 안에 들어온 이후에 작동하기에 그토록 복잡하고 미묘한 거겠죠. 이 감각들은 신체 상태에 따라서도 달라집니다. 배탈 났을 땐 엔간한 음식도 맛이 없다고 느끼고, 배가 부를 땐 음식의 맛이나 냄새를 대충 감지하죠. 그에 비하면 청각과 시각은 상대적으로 거리가 있을 때 작동합니다. 즉 문자와 말은 냄새를 맡는 것보다 더 먼 거리에서 작용하죠. 생각해보면, 디지털화가 쉬운 것은 신체에서 멀리 떨어진 것인 듯해요. 대강 추상하고 생략해서 포착해도 큰 지장 없는 거요.

장병탁 그처럼 거리가 떨어진 감각은 어떻게 보면 진화적으로 나중에 발달된 영역이죠. 전송하거나 재현하기 쉬운 것도 이 순서와 관련되어 있어요. 사과의 형체와 색깔은 전송하고 재현하기 쉽지만, 사과의 맛과 향을 그렇게 하기는 어렵죠.

이진경 그러고 보면 생존하는 데 긴히 필요한 것들은 아직도 기계화나 디지털화가 느린 것 같아요. '뇌가 생존을 위한 기관이다'라는 생각을 하면, 지금 인공지능이 여전히 생존에 긴요한 능력을 별로 제공하지 못한다고도 얘기할 수 있을 것 같네요. 사진을 보고 개 고양이를 구별하고, 오토바이를 타고 달리는 장면인 건 알아맞히지만, 맛이나 냄새에 대해선 눈에 띄는 소식을 듣지 못했어요.

장병탁 그리고 시각도 제대로 이해하려면 후각·미각과 같은 다른 감각과 연관해서 해석해야 하는데, 현재 인공지능은 그런 감각은 다 빼고 영상 기호로만 코드화하니까 한계가 생겨요.

이진경   그러고 보면 시각 정보처리에 인공지능 연구가 쏠려 있는 것은, '시작하기 쉽고 성과를 내기 쉬운 것'에 연구가 치중되고 있음을 뜻하는 것 같네요. 그러나 그건 시작만 쉬운 것일 수도 있어요.

김재아   언젠가 인간처럼 오감을 갖춘 인공지능이 가능할까요?

장병탁   센서가 있으면 흉내는 낼 수 있어요. 하지만 인공지능은 시각과 청각이 상당히 발달한 반면, 후각과 미각은 갈 길이 멀어요. 입력된 정보를 처리하는 기술이 없기 때문이죠.

이진경   촉각은 어떤가요?

장병탁   촉각은 그나마 가까이 와 있죠. 스마트폰이나 태블릿 PC 등에서 사용하는 터치패드 장치가 그거죠. 지금은 로봇이 물체 인식을 카메라로만 하잖아요. 그런데 시각장애인들은 물건을 만져서 물체를 인식하죠. 촉각을 시각에 결합하면 물체 인식을 더욱 잘할 수 있어요.

이진경   촉각에는 또 다른 복잡성이 있는 거 같아요. 촉각은 센서라는 기계적 개념으로 표현되죠. 뜨거움과 차가움은 온도 센서로, 가벼움과 무거움은 중력 센서로, 단단함과 무름은 경도 센서로, 부드러움과 거칢은 마찰력 센서로, 압박감은 압력 센서로, 탄성은 탄력 센서로 측정하죠. 이런 식으로 나열할 수 있는 감각은 더 많은데, 이 모두가 섞여 '촉각'을 구성해요. 이

걸 보면 촉각이란 상당히 이질적인 것들이 섞이는 감각인 것 같습니다. 문제는 우리가 느끼는 촉감은 이렇게 섞여 만들어진 것의 **종합 판단**인데, 이게 온도 얼마, 무게 얼마, 경도 얼마로 환원되지 않는 데다, 그걸 감지하는 신체 상태와 관심사에 따라 포커스가 이동하면서 다르게 감지된다는 겁니다. 시각은 사진, 청각은 녹음을 통해 재현하지만, 촉각·미각·후각은 재현 기술은커녕 감각을 전달하는 언어조차 별로 발달하지 못했죠. 그러니 이런 감각은 설득력을 갖춘 '압축' 방법이 없는 게 아닌가 싶어요. 어떤 사물의 촉감에 대해 '마찰력 얼마, 압박감 얼마, 탄력 얼마' 하는 정보야 측정하고 저장하고 전달할 수 있겠지만, 이걸 통해 그 촉감을 전달하거나 재현할 순 없을 테니까요.

장병탁 맞아요. 그래도 그렇게 부분적으로 측정된 정보를 다른 감각 정보에 더하는 식으로 기계의 인식 능력을 증가시킬 순 있죠.

이진경 물론 부분적 정보도 유용하긴 하죠. 가령 중국의 바이주白酒를 '청향' '농향' '장향' 식으로 분류해주면, 어느 정도 술맛을 예상할 수 있고, 이는 취향에 따라 선택하는 데 도움이 돼요. 일본의 사케도 술병 라벨에 '아마구치甘口'와 '카라구치辛口'를 양 끝에 놓고 5개 정도로 나눈 도표를 넣어, 이 술은 어느 위치에 있는지를 표시하더군요. 하지만 미각이 이 정도의 정보에 만족한다면 너무 둔한 거라 해야겠죠. 같은 농향 안에서도 여러 가지 맛이 있고, 이 차이를 감지하는 게 미각적 능력이라 해야 할 테니까요.

예전에 센서에 대해 공부하다 보니, 아마구치와 카라구치에 '라이트함'과 '헤비함' 같은 맛을 교차시켜 술을 분류하는 센서가 있다고 하더군요. 사실 이런 하나의 특징을 화학적 지표를 통해 감지하는 능력은 어쩌면 기계가 인간보다 훨씬 뛰어날 수 있어요. 우리는 그런 식으로 어떤 한 성분을 떼어내 맛보지 않고, 섞여드는 다른 맛 때문에 하나의 맛을 정확히 알아내는 건 아주 어렵잖아요.

장병탁 사실 우리가 느끼는 미각은 그 섞인 상태에 대한 감각이니, 하나의 맛을 분리해 감지하는 게 실제 미감과는 거리가 있을 수 있어요. 그럼에도 특정한 맛을 기계적으로 측정하면 맛을 분류하고 측정하는 데 도움이 될 수 있을 겁니다. 감각이란 기억이나 지식과 무관하지 않으니까요. 그런 지표들을 참조한다면 좀 더 설득력 있게 미감 판단을 할 수 있죠.

이진경 그렇겠죠. 실제 일본 사케 술병에 표시된 주도酒度처럼, 맛은 '객관적으로' 측정 가능할 거 같아요. 실제로 그렇게 하는지는 잘 모르겠지만요. 그런데 중국의 마오타이는 8번 발효시키고 9번 증류한다는데, 최종적으로 나오는 결과물이 모두 다른 맛이라고 해요. 그래서 그걸 적절히 섞어서 가장 좋은 맛을 내는 술을 만들죠. 그걸 조합하는 배합사가 있고, 다시 그걸 맛보고 선택하는 품주사가 있대요. 이분들은 그 미묘한 맛을 만들거나 식별하기 위해 고추나 산초, 후추 같은 자극적인 향신료가 들어간 음식은 평생 먹지 않는다고 하더군요. 이런 분들을 위해서라도 인공지능이 미감 판단을 잘하면 좋을 거 같아요. 그런데 섞어서 만들어지는 미묘한 종합이 중요하기 때문에, 기계적 측정으론 해결이 어려울 듯해요. 술맛을 분류할 범주 자체도 모호하고요.

장병탁 그런데 여기서 한 가지 중요한 사실이 있어요. 결국은 촉감과 미감을 말로 설명하셨다는 거예요. 실로 언어가 감각의 많은 부분을 범주화하는 데 엄청난 역할을 했어요. 그 어려움조차 모두 말로 설명하셨잖아요. 그래서 지금 AI도 거의 말(기호)로 하는 거고요.

김재아 개인지 고양이인지 사진이나 소리에 기호를 붙여주고 AI를 학습시키는 거 말씀이시죠?

장병탁 네. 그런데 '개'나 '고양이'와 같은 언어적 레이블이 아니더라도, 가령 미각 센서가 있다면 그것이 측정한 걸 기호화해서 붙여줄 수 있죠. 촉각의 경우도 그래요. 현재 학계에서는 압력으로 힘을 재서 그걸 전기신호로 바꾸는 기술을 연구하고 있어요. 이런 게 센싱이 된다고 하면, 아프다는 감각이나 두려움 같은 감정도 기술적으로 흉내 낼 수는 있을 거예요. 그러니까 뭔가를 보고 무조건 도망가야 한다고 판단하는 것도 이처럼 언어 레이블을 붙이기 전에 하게 할 수 있죠.

이진경 언어나 기호는 모든 걸 쉽게 해주는 거 같아요. 인공지능뿐 아니라 인간에게도 언어화될 수 있는 건 배우고 다루는 게 쉬워요. 가령 비평 가운데 가장 발달한 게 문학 비평인데, 이 것도 이와 관련된 거 같아요. 가령 문학 비평보다 미술 비평이 좀 더 어려워 보여요. 문학은 언어예술이니 언어로 평하기 쉽지만, 미술 비평은 언어가 아닌 걸 언어로 바꾸어야 하잖아요. 정말 어려운 건 음악 비평이죠. 음악을 듣고 느낀 것을 말로 표현하기가 정말 어려워요. 이 곡의 주제가 어떻게 변주되고 반복되고 있는지, 어디서 재현되고 있는지 등을 귀로만 듣고 정확히 파악하긴 어렵죠. 악보라는 기호가 있어야 해요. 사실 그걸 알아도 실제 음악을 듣고 느끼는 것을 표현하기는 어렵죠. 주제가 무엇이고, 화성적 구조가 어떤지 말해봐도, 그게 이 곡이 어째서 좋은지를 충분히 말해주지 못해요.

냄새 비평이라면 더 어렵겠죠. 예전에 어떤 향수 냄새가 굉장히 좋았는데, 친한 분이 아니라 무슨 향수인지 묻지 못했어요. 그래도 어떻게 좀 구해볼까 싶었는데, 어떤 향인지 묘사할 길이 없더군요. 그 후 향수 매장에 찾아가서 그 향에 대해 설명을 하니, 점원이 "이거 아닐까요?" 하며 주는데, 전부 완전히 다른 향수더라고요. 아무리 설명을 해도 안 됐어요. 이런 난점이 인간 자신에게 있으니, 이걸 기계화한다는 게 쉽지 않은 문제인 거죠. 향을 학습시키려면 이게 무슨 향인지 레이블링해서 데이터화해야 하는데, 이게 안 되니까요.

김재아   새삼 쥐스킨트Patrick Suskind의 소설 〈향수〉가 위대하다는 생각이 드네요. 어릴 적 읽었을 때도 냄새를 문장으로 묘사하는 것이 대단하다고 생각했어요.

이진경   사람들은 냄새에 굉장히 민감해요. 불편한 냄새를 참는 건 쉽지 않죠. 봉준호 감독의 영화 〈기생충〉이 그걸 아주 잘 다루고 있잖아요. 실제로 가난의 냄새 같은 게 있죠. 직업과 관련된 냄새도 있고요. 사람들이 노숙자들과 거리를 두는 이유는 다른 무엇보다 냄새 때문이죠. 냄새에 대한 반응은 대개 즉각적입니다. 동물적인 감각인 거예요. 〈기생충〉에서는 '계급적'인 냄새에 동물적인 반응을 보이는 모습을 잘 표현했죠.

김재아   맛도 그런 것 같아요.

이진경   맞아요. 좋은 와인이 저렴한 파리에 가서도 "파리에서 만 원 주고 소주 마셨지" 하고 자랑하는 사람이 있잖아요. 외국 가서 계속 한국 식당 찾는 사람도 있고요. 많은 분이 내가 익숙한 거 아니면 안 먹고 안 마시죠. 새로운 것을 보고 듣고 맛보고 하는 게 여행인데 말이죠. 어디 음식이든 현지인들은 수백 년 동안 맛있게 먹던 음식인데, 못 먹는 거예요. 그러니 음식 또한 레이블링을 해서 데이터화한다는 게 쉽지 않을 겁니다. 누구는 아주 맛있다고 하는 걸, 다른 이는 '이걸 어떻게 먹어' 하고 내치니까요. 그렇다면 언어화 이전에 감각이 다르게 작동한다는 건데, 가령 이건 단맛 27%에, 쓴맛이 42%, 신맛은 19% 들어 있다고 하는 식으로 맛을 설명할 수 있을까요?

김재아   서울대 박태현 교수님이 AI에 후각과 미각을 어떻게 입히는가를 연구하세요. 다른 감각은 대부분 물리적인 감각인데, 말씀하신 것처럼, 후각이나 미각 같은 경우는 화학적 감각이라 센서를 만들기가 어렵고, 아직까지 다른 감각에 비해 연구가 덜 되었다고 하시더라고요.

태 호 맛이나 냄새는 주관적인 것들이 많이 섞여 있잖아요. 기억이나 취향, 공간의 분위기 등이요. 똑같은 음식을 먹었는데, 저와 제 친구의 평가가 서로 다른 것처럼요.

이진경 호불호뿐 아니라 맛에 대한 감각 자체가 달라질 수 있죠.

김재아 홍어를 맛있다고 생각하는 사람이 있고, 정말 끔찍하게 생각하는 사람도 있듯이요.

장병탁 홍어를 처음 먹으면 싫어하다가도, 나중엔 맛있을 수 있죠. 서양 치즈도 그렇잖아요. 어떤 치즈는 처음 먹을 때는 정말 구역질 날 정도로 싫었지만, 어쩌다 그 향과 맛에 익숙해지면 그 고유의 향을 즐기게 되기도 하니까요.

이진경 예전에 친구가 목포에서 결혼을 한다는데, 엔간하면 멀어서 안 갔겠지만 지하운동 하다 같이 감옥에 갔던 친구라 내려갔죠. 그런데 거기에서는 제대로 된 홍어가 나오느냐 아니냐에 따라 제대로 된 잔치인지 아닌지가 평가된대요. 멀리까지 내려왔고 더구나 본고장 음식이라니 먹어봐야지 했는데, 젓가락으로 집어들고 입에 가져가는데, 암모니아 냄새가 코를 찔러 못 먹겠는 거예요. 저는 혀가 둔감해서인지 아무 음식이나 잘 먹거든요. 제 스스로 '혀의 탈영토화 계수가 높다'고 자부하고 있었는데, 그건 정말 쉽지 않더라고요. 몇 번을 들었다놓았다 하다가, '그래도 여기까지 왔는데' 하며 눈 딱 감고 입에 넣었죠. 암모니아가 혀를 팍팍 쏘더라고요. 그래도 결심을 하고 열심히 씹었는데, 끝내 못 삼켰어요.

그 뒤에 또 한 번 홍어를 먹을 일이 있어서 다시 도전해봤는데, 예전엔 그렇게 힘들더니 그땐 또 먹을 만하더라고요. 그러고 나서 좋아하는 음식이 됐어요. 언젠가 누군가 '수유너머 104' 사무실에 홍어를 사 와서 반가운 마음으로 포장지를 뜯었는데, 이건 공동체에서 먹을 음식이 아니더라고요. 냄새 때문에 앉아 있던 사람들이 하나둘 자리를 뜨는 거예요. 맛에 대한 반응이 이렇게 극단적으로 다른 거죠.

김재아   저는 과메기를 좋아하는 사람을 잘 이해하지 못해요. 제가 과메기 산지인 포항 출신인데, 제 주변 포항 사람들은 과메기를 별로 안 좋아해요. 물론 좋아하는 사람도 더러 있지만요. 그래서 전 과메기 좋아하는 사람들 보면, '서울 사람이구나' 생각해요.

이진경   과메기, 맛있던데요. 저도 서울 사람이라서 그런 건가요?

장병탁   저도 시골 사람이지만 과메기 좋아해요. 바닷가가 아닌 산골에서 태어나서 그런가 봐요.

이진경   사실 고기 맛이나 생선 맛이라는 건 다 비린 맛의 일종이죠. 비린 맛의 연속체라고 할까요? 제가 아는 스님께선 채식을 할 뿐만 아니라 오신채五辛菜(불교에서 금하는 다섯 가지 채소)까지 안 드세요. 전에 빵을 사 들고 찾아갔더니, 빵을 드시려고 입으로 가져가다가, 비려서 못 먹겠다고 다시 내려놓으시더라고요. 빵 안에 들어간 계란 때문에요. 사실 우리는 그 맛을 느끼려고 계란이나 버터를 넣는데, 안 드시는 분은 그게 거슬리는 거죠.

저는 고기 안 먹은 지 오래됐는데, 그래서인지 이젠 고기가 '신념' 때문이 아니라 감각적으로 불편해요. 냄새도 맛도 거슬리거든요. 그런데 고기를 좋아하는 사람은 그 맛 때문에 먹는 거예요. 생선도 그렇죠. 제가 그마저도 안 먹으면 먹을 걸 찾기 힘들어서 생선은 먹는데, 생선 역시 비린 맛이 사람을 불러들이는 거예요. 거기에 익숙해서 먹는 거죠. 홍어도 그렇지만 고기든 생선이든 그런 맛들이 사람을 불러들이는 거라서, 어떤 사람들은 불쾌하다고 생각하는 게 오히려 그 맛의 핵심인 경우가 많아요. 같은 맛을 두고 정반대의 감각이 있는 셈이니, 맛을 다루는 게 여간 어려운 게 아니죠.

맛을 말할 때 흔히 다섯 가지 맛을 말하는데, 단맛, 쓴맛, 신맛, 짠맛, 매운맛이 그것이고, 동양에선 각각이 5행에 대응된다고 해요. 서양에선 매운맛은 통각이라면서 그걸 빼고 네 가지 맛만 인정하고요. 매운맛이 통각이라고 주장하는 이유를 과학적으로 설명하긴 하는데, 제가 보기엔 'Hot'이란 말로 명명되기 때문이 아닌가 싶어요. 뜨거움이라는 통각과 동일시하는 '문법적 환상'인 셈이죠.

일본에선 20세기 초부터 '우마미うま味'라는 맛이 원소적인 지위를 갖는다고 주장했어요. 우리말로는 감칠맛이죠. 영어로도 'Umami'라고 표시해요. '우마이うまい'는 맛있다는 뜻이니, '맛있는 맛'이라는 동어반복적인 표현이긴 해요. 하지만 이는 1980년대 중반에 와서야 서양 과학자들에게 인정받습니다. 그들은 그동안 그 맛을 감지하지 못한 거죠. 이후에는 고소한 맛을 내는 지방 맛도 새로 거기에 들어갔어요. 공식적으로 인정되는 맛이 늘어난거죠.

김재아 그 맛을 명명해주는 순간 우리가 인식할 수 있는 거잖아요.

이진경 그렇죠. 그러니까 언어와 대면해야 해요. 그런데 언어화라는 건 뭘까요? 맛으로 치면 술맛이 비슷한 것끼리 하나로 묶어서 하나의 범주 안에 넣는 거죠. 유사한 특징만 남기고 차이들을 모두 삭제하는 거예요. 그런데 음악을 생각해보면, 연주자들은 같은 악보를 두고 저마다 어떻게 하면 남들과 다르게 연주할 수 있을지를 고심해요. 두드리고 켜고 불고 치는 강도나 속도에 따라 같은 것도 다르게 연주하죠. 악보를 따라 소리 내는 거라면 기계가 훨씬 잘해요. 그런 점에서 언어와 감각, 악보와 소리 사이에 차이가 있죠. 언어와 기호는 특정한 것만 남겨요. 언어나 기호를 통해 우리는 무언가를 지각하고 분류하고 인식하지만, 그것만 남기고 다른 건 모두 잃어버리는 거죠.

장병탁 그리고 언어화될 때, 문화적인 영향도 많이 받아요. 우리가 신호등을 보고 파란불이라고 하지 초록불이라고 하지 않잖아요. 문화적 습관에 따라 다르게 언어화되는 거죠.

이진경 단어 수에 따라 무지개색이 다르게 보인다고 하잖아요. 어차피 색을 표현하는 말은 무한한 화소의 연속체를 잘라서 범주화하는 것인데, 언어마다 다른 방식으로 자르는 거죠. 자르는 말의 수에 따라 눈에 보이는 색의 수가 달라져요. 아프리카 어느 부족은 무지개에서 열두 가지의 색을 본대요. 색을 분류하는 단어가 12개 있어서 그래요. 이런 점에서 보면, 영어권 사람들이 옛날에 무지개를 몇 가지로 봤을지 궁금해요.

태 호 인간은 가시광선 안에서만 볼 수 있잖아요. 그런데 어떤 동물들은 적외선이나 자외선 영역을 볼 수 있다고 하던데요.

이진경 그렇죠. 뱀은 적외선을 보고, 새는 자외선과 적외선 다 본대요. 그래서 우리가 보는 새의 색깔과 새가 자기 동료를 보는 색깔은 다르다고 해요. 그걸 알고 나서는 새의 암컷이 우리 눈에 소박하게 보인다고 해서, 새의 수컷들에게도 그렇게 보일 거라 여기면 안 되겠다고 생각했어요.

태 호 그러면 앞으로 인간이 VR 기기 같은 걸 쓰면 가시 범위가 좀 더 넓어질 수도 있을까요?

장병탁 기계의 스펙트럼이 더 넓어질 가능성이 높죠. 지금 인공지능은 사람이 보는 걸 다 보진 못하지만, 대신 사람이 못 보는 적외선이나 자외선을 볼 수 있을 거예요.

이진경 기계적으로 검출된다고 해서 그 색깔을 본다고 할 수는 없을 것 같아요. 자외선의 파장이 얼마고 피부에 어떤 영향을 주는 건 우리도 이젠 잘 알고 있고, 그걸 막는 방법도 알죠. 하지만 그렇다고 자외선을 보는 건 아니잖아요. 적외선 사진에 보이는 적외선 색은 빨갛던데, 정말 적외선이 빨간색일까요? '적외선 파장이 빨간색보다 더 기니까 빨간색과 비슷할 거야'라고 생각해서 그렇게 색을 넣은 걸 겁니다. 자외선 사진은 본 적 없지만, 아마 보라색으로 칠할 거 같아요. 그 바깥 색은 우리가 본 적 없고 알지도 못하는 색이니, 그냥 제일 가까운 보라색으로 짐작해서 출력하는 걸 테니까요. 결국 기계는 적외선, 자외선, 심지어 엑스선, 감마선도 검출하지만, 그걸 출력했을 때 나오는 색은 우리가 아는 색을 입힌 거죠.

얼마 전에 아는 분이 전시회를 열어서 간 적이 있어요. 평소에 그분이 고래에 관심이 많았어요. 그래서 캘리포니아에 있는 고래연구소로부터 고래 소리 파일을 얻어서 전시회에 틀어놓았더라고요. 그분은 굉장히 저음을 내는 고래 소리를 좋아하는데, 그 고래 소리를 듣다 보면 중간 중간에 끊김이 있더래요. 이게 실제로 소리가 나는 건데, 인간의 가청 범위를 벗어난 초음파라 끊어진 것처럼 들리는 거죠. 그래서 사람들이 고래 소리가 끊어졌다고 생각할까 봐, 그 부분을 잘라내서 들리는 부분만 이어 붙였다고 해요. 고주파도 마찬가지예요. 가청주파수를 벗어난 것들은 우리가 듣지 못하는데, 그 소리가 어떤 소리일지는 우리가 상상하기 쉽지 않죠. 그 소리를 기계를 통해 듣는다고 한다면, 결국 그것은 가청주파수로 변환하는 것이기 때문에 실제 그 소리는 아니에요. 안 들리는 소리도 시각화해서 그래프로 보여줄 수는 있어요. 수학적으로 그림을 그리는 셈이죠.

장병탁 　사실은 의학 장비에서 나오는 fMRI 신호 같은 거는 다 그냥 컴퓨터가 그린 그림이에요. 소프트웨어가 전자기적 신호를 다 변환해서 가시화한 거죠. 그러니 어디까지 믿어야 할지 몰라요. 물론 사람에게 필요한 걸 보여주니까 유용하게 쓰고 있긴 하지만요. AI가 사람이 못 가진 센서 중 일부를 이미 가지고 있으니, 인간이 볼 수 있는 범위는 확실히 넓어질 거예요. 비록 그게 원래 그 색인가는 별도 문제지만, fMRI가 전자기 신호를 볼 수 있게 해주는 것처럼 그냥은 보지 못했던 걸 감지할 수는 있게 해주죠. 그런 걸 다 통합해가다 보면, 나중엔 슈퍼감각, 슈퍼지능이 나올지도 몰라요. 그렇게 가면 사람을 능가하는 기계도 많아지겠죠. 그런데 지금 인공지능은 아이들도 쉽게 할 수 있는 걸 해내지 못하는 것도 많아요. 특히 후각이나 미각 같은 감각은 인간에 비해 크게 못 미치죠.

이진경 　사실 그런 점에서 보면 AI가 꼭 인간처럼 느껴야 하나 싶어요. 그래야 한다는 건 사실 우리 생각이죠. 기계가 꼭 그래야 할 필요는 없어요. 인공지능이 인간과는 완전히 다른 방식으로 분류하고 판단하는 걸 두고 우리가 이해할 수 없는 판단이라 생각해 불안해하지만, 기계는 기계대로의 판단 방식이 있는 거죠. 흔히 말하듯 비행기가 새나 곤충처럼 날개를 움직여야 제대로 나는 거라고 생각하는 건 바보 같은 거예요. 기계는 인간과 비슷해 보일 때조차 실은 인간과 다르게, 즉 자기식으로 느끼고 행동하니까요. 기계적 센서는 그 점에서 인간보다 훨씬 유리해요. 가시권이나 가청 영역을 넘나들면서 보고 듣고 할 수 있으니까요.

중국어 방 논증
The Chinese
Room
Argument

6 | 기계는 인간을
이해할 수 없다고?

관점주의
Perspectivism
행가방 단어
Suitcase Word

장병탁 설John Rogers Searle의 입장에 대해선 어떻게 생각하세요? '중국어 방 논증'(기계가 생각할 수 있다는 튜링의 입장을 반박하기 위해 설이 고안한 사고실험)에 대한 주장이요. 설은 초기에 인공지능이 사람의 지능과 같을 수 없다는, 즉 강인공지능은 불가능하다는 입장이었죠. 그런데 나중에 좀 양보해서 유기체로 만든 기계에서는 강인공지능이 가능할 수도 있다고 입장을 바꿨어요. 하지만 반도체와 같은 무기체로 이뤄진 인공지능으론 여전히 생길 수 없다고 보죠.

이진경 설은 인간에게만 있는 어떤 고유한 특징을 잣대로, 그걸 기계가 가질 수 없다고 생각하는 듯해요. '인간처럼 이해하는 게 아니면 이해하는 게 아니야' 하는 식으로 생각하는 전형적인 인간중심주의자로 보여요. '인공지능은 아직도 무엇을 할 수 없는가?'만 찾고 있는 드레이퍼스Hubert Lederer Dreyfus도 비슷하죠. 중국어 방 논증은 튜링 테스트를 역으로 해석해서 기계의 무능함을 지적하려는 사고실험이에요. 그런데 문제는 (중국어를) 이해한다는 것이 인간의 이해 방식이어야 한다는 특권적 전제를 두었을 뿐 아니라, 인간이 어떻게 언어를 이해하는지조차 알지 못했다는 거죠. 이런 걸 '실험'이라고 하면서 여전히 거기서 벗어나지 못한 채 그걸 계속 반복하는 건 참 안타까운 일이에요.

장병탁 중국어 방 논증은 중국어로 입력된 것에 정확하게 반응하는 기계를 방 안에 둔다고 가정하고, 중국어를 전혀 모르지만 기계와 똑같이 반응하도록 훈련된 사람이 그 기계를 대체했을 때, 방 밖에 있는 사람들은 기계나 그 사람이 중국어를 할 줄 안다고 '속는다'는 설정이죠. 중국어를 모르면서 매뉴얼대로 반응한 사람과 기계에게 속은 것이고, 이는 입력된 중국어 문장에 정확하게 반응한다 해도 중국어를 이해한 건 아니라는 주장인 셈이고요. 이에 대해 "기계 자체로는 의미를 이해하지 못해도 시스템 전체로 보면 이해한 거 아니냐"라고 반박하는 사람들도 있었죠.

이진경 여기서 핵심은 '중국어를 모르지만 정확하게 대답할 수 있는 사람'이고, 이를 이용해서 기계든 인간이든 정확하게 대답해도 중국어를 모른다는 거죠. 그런데 중국어를 안다는 건 뭐고, 모른다는 건 대체 뭘까요? 중국어를 모르는 사람이 중국어로 입력된 것에 정확하게 대답할 수 있을까요? 기계적 훈련에 의해서 그렇게 되었다고 한다 해도 입력된 문장에 정확하게 대답하도록 훈련되었다면, 그건 중국어를 할 수 있고 안다는 거 아닐까요? 중국어를 모르면서 정말 정확하게 대답할 수 있을까요? 절대 그럴 수 없을걸요.

장병탁 맞아요. 그럴 수 없죠.

이진경 이 바보 같은 얘기를 논증이라고 주장하는 이면에는 '**중국어를 안다**'는 것에 대한 **인간중심적 관념, 자명하다고 가정된 관념을 남들도 갖고 있을 거라는 생각이 깔려 있어요.** 그러나 정작 물었어야 할 것은 '중국어를 안다는 게 무엇인가?'예요. 한국인인 우리가 중국어를 안다는 건 대체 무엇일까요? '중국인처럼 아는 게 아는 거야'라는 동어반복을 하지 않고 답해야 합니다. 그렇지 않으면 '중국인처럼 아는 건 어떤 건데?'라는 물음을 다시 면할 수 없게 되니까요. 중국어를 안다는 것, 중국인처럼 안다는 것은 어떤 중국어 문장에 적절하게 반응하는 걸 거예요. 한국어로 바꿔 말하면, 가령 '강아지'라는 말과 '개새끼'라는 말에 동일하게 반응하면, 한국어를 제대로 아는 게 아니죠. 저 두 단어의 차이를 안다는 건, 각각의 단어에 적절하게 반응하는 거예요. 다시 말해, 자신에게 제시된 어떤 문장에 적절하게 반응한다는 말이 바로 그 언어를 안다는 말이에요. 그 문장의 의미를 이해하지 못했다고 한다면 그 '의미'가 대체 뭐냐고 다시 물어야 해요. 언어라는 것이 어떤 지시체를 가리키기 위해 인간이 의미를 부여한 거라고 한정 짓는다면, '강아지'와 '개새끼'의 차이를 구별할 수 없죠. 인간의 언어가 인간이 부여하거나 표상하는 내용이라 한다면, 그건 처음부터 인간 아닌 것들에겐 사용할 수 없는 말임을 자인하는 거예요. 만약 개에게 '앉아!'라는 말에 적절하게 반응하게 훈련시켰고 그 말을 듣고 정확히 반응해 앉는다면, 그 개는 그 말의 의미를 알아들은 걸까요, 못 알아들은 걸까요?

장병탁 제가 개를 키워서 아는데, 그건 알아들은 거예요. (웃음)

이진경 제 생각도 그래요. 거기에다 대고 개가 인간이 부여하는 의미를 정말 알아들었는지를 어떻게 아느냐고 하면서 인간이 부여한 고유 의미를 고집한다면, 그 말을 알아들었다고 확인할 길이 없을 거예요. 같은 인간들 사이에서도 그래요. 사람에게 "앉아!"라고 했을 때, 누구는 명령조의 말에 "뭐야?" 하며 언짢아할 거고, 누구는 "그래, 나도 앉고 싶었어" 하며 수용할 거고, 누구는 '됐어, 난 그냥 서 있을래' 하고 반응할 수 있겠죠. 이때 "앉아!"라는 말이 모두에게 같은 의미라고 할 수 있을까요?

김재아 사람이 부여하는 의미라면, 뉘앙스마다 다르겠네요.

이진경 게다가 더 큰 문제는 개나 사람이나 그 의미를 제대로 알아들은 건지 아닌지를 확인할 방법이 없다는 거예요. 그 말은 못 알아들었는지를 증명할 방법도 없다는 말이에요. 인간 사이에서도 확인 가능한 것은 상대방이 그 말에 어떻게 반응했는지 뿐이에요. 그 반응을 보면서 "앉아!"라는 말을 이 사람은 기분 나쁘게 받아들였는지 좋게 받아들였는지를 구별할 수 있을 뿐이죠.

장병탁 그런 기준이면 개에게도 기계에게도 똑같이 적용할 수 있죠.

이진경 스마트폰에 대고 "라이트 켜줘"라고 했을 때 라이트가 켜졌다면, 그건 제 말을 알아들은 거죠. 이해한 거라고 해도 좋고요. 사람에게 그리 말했는데 멀뚱멀뚱 있을 뿐이라면, 그는 그 말을 이해하지 못한 거고요.

장병탁 상당히 실용주의적인 접근이네요.

이진경 맞습니다. 언어학이나 철학에선 **화용론적 접근**이라고 하죠. 비트겐슈타인은 단어의 의미를 지시체나 의도 같은 걸로 정의하려는 시도를 비판하면서, 단어의 의미는 그 단어의 '용법'이라고 했습니다. 말의 의미를 안다는 건 용법을 아는 거고, 말의 의미를 알아들었다는 것은 상대가 원하는 반응을 적절하게 하는 겁니다. 즉 어떤 말에 적절하게 반응한다는 게 바로 그 말을 알아들었다는 말입니다.

장병탁 기계가 사람의 말에 적절히 반응했다면, 중국어든 한국어든 알아들은 거라는 말씀이시죠?

이진경 그렇습니다. 중국어를 모르는 사람이 훈련을 통해 중국어 문장에 적절하게 반응할 수 있게 되었다면, 그는 이제 중국어를 할 수 있게 된 겁니다. 잘하게 된 거죠. 그게 중국어를 '배운다'는 말의 의미입니다.

김재아 결국 중국어 방 논증에 등장하는 기계도, 사람도 모두 중국어를 한다는 말이네요.

장병탁 알파고도 그래요. 어떻게 보면 바둑에 대해 기계적으로 반응한다고 할 수도 있겠지만, 사실 정말 어떤지는 모를 일이죠.

이진경 정말 알파고가 바둑을 알고 둔다는 말이냐고 묻는다면, 증명할 길은 따로 없어요. 그러나 저는 애써 증명하기보다는 차라리 묻고 싶어요. 바둑을 모르고 둔다는 말이냐고, 바둑을 저렇게 잘 두는데 왜 바둑을 모르면서 둔다고 하냐고, 바둑을 안다는 게 도대체 뭐냐고요. 바둑을 두면서 인생을 읽어내야지 바둑을 아는 건가요? 어림 없는 소리죠. 상대방의 수에 적절히 반응하여 승패를 다툴 수 있다면, 바둑을 안다고 하기에 충분하다고 해야 해요.

장병탁 그러고 보면 중국어 방 논증하고 알파고는 결국 같은 문제네요. 알파고가 바둑을 안다고 인정하는 것은 중국어 방 논증에서 기계가 중국어를 안다고 인정하는 것과 똑같은 거니까요.

이진경 맞아요. 알파고도, 중국어 기계도 둘 다 알고 하는 거라고 해야 해요. 경우를 바꿔보는 것도 좋을 거예요. 알파고가 바둑을 두는 것과 똑같이 반응하도록, 바둑을 모르는 저를 훈련시켜 방에 넣었다고 해보는 거죠. 그리고 제가 그렇게 반응해서 이세돌이나 커제를 이겼다고 쳐요. 그렇지만 저는 바둑을 모르는 사람이고 그저 알파고처럼 반응해서 이긴 거니까, 제가 바둑을 알지 못한다고 말할 수 있나요? 아마 그렇게 말할 사람 없을걸요. 누구보다도 바둑을 잘 둔다고 할 거예요. 바둑을 모르면서 그저 훈련에 의해 반응한 저에게는 바둑을 잘 안다고 하면서, 중국어 기계나 알파고는 모른다고 할 수 있을까요? 그렇다면 그건 선험적으로 '기계는 몰라'라는 답을 가정하고 있는 거지, 실제로 안다/모른다를 판단하고 있는 게 아니에요.

장병탁 그걸 인정해줄까 말까의 문제네요.

이진경 그건 인정해주기 싫다는 고집이에요. '네가 바둑을 아무리 잘 둬도 넌 기계니까 바둑을 몰라' '네가 중국어를 아무리 잘해도 넌 기계니까 중국어를 몰라!'

장병탁 그래도 바둑계에서는 사람이 인공지능에게 졌다고 인정하고 있죠.

이진경 "졌지만, 넌 기계고 바둑을 안다고는 할 수 없어"라고 하는 건 너무 궁색하지 않나 싶어요. 번역기도 그래요. 지금은 충분하지 않지만 주어진 문장을 정말 훌륭하게 번역해낸다면, "그래도 그건 통계적 데이터에 따른 기계적 반응이지 언어를 아는 건 아니야"라고 할 순 없어요. 우리가 언어를 배우는 건, 사람들이 어떤 단어 뒤에 어떤 말들을 얼마나 자주 하는가를 익히는 거기도 하니까, 사실 근본적으로 다르지 않죠. 적절히 반응해도 기계적인 반응일 뿐이라고 하는 건, 처음부터 "기계는 어차피 이해 못 해" "기계적으로 답을 내는 거야"라는 답을 강변하는 거예요.

김재아 실용주의적 관점, 기계들이 좋아할 거 같은데요. 동물들도요.

이진경　기계나 동물이 무엇을 이해할 수 있는지, 무엇을 알고 있는지, 무엇을 지각하는지를 물으려면, 그중 질문자에게만 적용되는 기준을 가지고 하면 안 돼요. **모두에게 공평하게 적용할 수 있는 기준**을 갖고 해야죠. 인류학자들은 자기 사회의 의미와 아주 다른 의미를 갖는 세계 속에 들어가 연구해야 하기 때문에, 그렇게 하는 데 능숙해요. 내가 아니라 그들의 입장에서 이해하려고 하죠. 그들의 입장을 구체적으로 알기 어렵다면, 입장을 바꾸어 등가적으로 생각하려고 하기도 해요. 가령 브라질 출신의 인류학자 까스뜨루Eduardo Viveiros de Castro는 재규어와 인간, 동물과 인간, 자연과 인간의 관계를 대상과 주체로 보는 인간중심주의를 비판하며 관점을 바꿔버려요. 즉 '사람이 재규어를 잡아먹고 맥주를 마신다'를 '재규어가 사람을 잡아먹고 피를 마신다'라고 바꿔 생각할 수 있어야 한다고 해요. 이렇게 다른 존재자의 관점을 취해 인간만의 관점을 벗어나려는 시도를, 그는 니체의 말을 빌려 '관점주의Perspectivism'라 하죠.

요컨대, '의미'라는 말을 인간 중심으로 생각하면 안 돼요. 차라리 인간이 하는 것조차 인간 아닌 것들이 행하는 방식으로 다루려고 해야 해요. 인간에게서 가장 멀리 떨어져 있는 것이 실행하는 방식을 통해 인간이 하는 걸 보려고 해야 합니다. 이런 걸 저는 **존재론적 평면화**라고 하는데, 모든 존재자를 하나의 평면에서 다룰 수 있는 공평한 개념을 통해서, 사전에 가정된 모든 위계나 불연속성을 제거하는 방법이죠. 가령 식물을 얘기할 때, '본다'라는 것을 '눈이 어떤 대상을 포착하는 작용'이라고 정의하면, 식물에게는 애당초 적용할 수 없어요. 식물에겐 눈이 없으니까요. 그러나 눈이 없다고 볼 수 없는 걸까요? 눈은 없지만 빛과 결부된 대상을 감지할 수 있는데도 보지 못한다고 해야 할까요? 이런 식으로 식물이 보는 능력이 없다고 하는 게 인간중심주의 내지 동물중심주의적 편견이에요. 이 경우엔 거꾸로 생각을 해야 해요. '눈이 없으면 못 본다'가 아니라, '눈이라는 개념을 가정하지 않고 본다라는 것을 정의하려면 어떻게 해야 할까?' '눈이 없는 식물은 대체 어떤 식으로 볼까?' '식물에게는 빛이 매우 중요하니까 어떻게든 감지하지 않을까?' 이런 게 자연스러운 물음 아니겠어요? 그래서 '본다'라는 것이 대상을 식별하고 그에 대해 적절히 반응하는 능력이라고 한다면, 빛에 대해 그러한 능력을 가지고 있는 식물은 빛을 '본다'라고 말할 수 있어요. 이런 식으로 바꿔서 정의해야지 동식물에게 같이 쓸 수 있죠.

장병탁　인공지능 학자 민스키는 '의식' 같은 단어를 '여행가방 단어Suitcase Word'라고 했어요. 뭉뚱그려서 표현하는 애매한 단어라는 거죠. 그런데 이런 건 아주 유용해요. 그 단어를 안 쓰면 많은 불편이 생기죠. 예를 들면, '책상'이란 말이 없으면, '평판이 있고 그 아래에 네 개의 다리가 있는 것'이라고 매번 설명해야 하잖아요. 모든 책상이 같진 않지만 대개 공통된 속성이 있어 통용되는 '책상' 같은 말처럼, '의식'도 경계가 분명한 뭔가를 정의하지 못하지만 서로가 동의하는 공통된 의미가 있다는 거죠. 어쩌면 이런 모호성이 언어를 효율적으로 만들어주는 것 같아요.

기계로 사람의 언어를 분석해보면, 무척 중의적이고 모호해요. 화자가 모호하게 짧게 말해도, 청자는 앞뒤 문맥을 통해서 알아서 이해하죠. **인간 간의 소통에는 모호한 표현들이 오히려 아주 효율적인 방법**입니다. 어떻게 보면 의식도 그렇게 만든 말인 것 같아요. 명료하게 정의하기 어려운 말이기는 하나, 인간에겐 필요하고 유용한 개념인 거죠.

이진경 그렇죠. 그게 **대충**의 힘이죠. 대충 할 줄 아는 게 중요한 능력이고요. 그런데 '의식'이라는 개념을 우리끼리 사용할 때는 문제가 없는데, 인공지능이나 식물에게 쓰려면 인간 고유의 시각에서 벗어나 재정의를 해야 해요. 인간이 아닌 것에도 적용할 수 있는 수평적인 방식으로요. 그런 정의는 엄격하고 어려울 거예요. 그래도 인간이 자명하다고 여기는 걸 그냥 사용하는 게 아니라, 인간 아닌 것에게도 공평하게 적용할 수 있는지를 엄밀하게 따져봐야 합니다.

장병탁 참과 거짓도 의미의 문제잖아요.

이진경 참과 거짓도 인간적인 개념인지 아닌지 따져봐야죠. 논리적 정합성은 기계적으로 쉽게 따져볼 수 있어요. 초기 인공지능이 거기에 충실했지만, 사실 얼마 안 가 바닥이 드러났죠. 참이지만 별로 유용하지 않았던 거예요. 말에 대응하는 지시체로 진리를 정의하는 것도 무능해요. '강아지' '개새끼' 예에서 본 것처럼, 의미는 말에 상응하는 지시체의 유무로 판단할 수 없는 경우가 많죠. 여기서도 대충과 엄밀함이라는 역설적 요건이 중요해요. '강아지'라는 말도 어조를 바꾸면 욕이 되기 충분하죠. 이때 욕인지 아닌지의 경계를 엄격하게 정할 순 없어요. 어조라는 게 뚜렷한 경계로 구별되지 않으니까요. 그런데 의도나 지시체와 무관하게 어조가 어떤 문턱을 넘으면 욕이 되는 건 확실하죠. 경계가 형식적으로 엄격하진 않지만, 강도에 따라 엄밀한 의미에서 욕이 될 수 있다는 겁니다. 이는 의도보다 더 엄밀하게 규정할 수 있어요. 그래서 욕하려는 게 아니었다고 변명해도, 우리는 그게 욕임을 알아듣죠. 그런데 인공지능을 연구하는 분들은 의식을 어떻게 정의하시나요?

장병탁　철학자들은 의식이란 개념을 어떻게 쓰시나요?

이진경　'대상이나 자기에 대한 정신작용' 정도가 아닐까 싶어요. 좀 더 있어 보이게 말하면 '대상이나 주체를 경험하는 작용' 정도일 거고, 현상학적으로 말하면 '내게 주어진 어떤 것을 나에 대해 특정한 의미를 갖는 대상으로 구성하는 작용'이라 할 거 같고요.

장병탁　한때는 의식에 대해서 이야기하는 것 자체를 금기시해서 의식Consciousness이라는 단어를 'C-word'라고 쓰기도 했어요. 영어로 욕에 해당하는 단어를 지칭할 때 'F-word'라고 하는 것처럼요. 최근에 와서는 철학이나 인지과학뿐만 아니라 인공지능이나 로봇 연구자들도 의식을 가진 기계, 즉 기계 의식 Machine Consciousness에 대해서도 논의하죠.

태 호 의식을 인간 아닌 것에게도 사용할 수 있는 방식으로 재정의해야 한다고 하셨는데, 탈인간적인 방식으로 의식을 재정의할 수 있을까요?

이진경 어떤 자극에 대해 기억을 동반하는 식별 작용 정도로 정의하면 어떨까요? 전에 식별 작용이라면 핵산이나 원자도 한다고 했잖아요. 물리적 식별 작용인 셈인데, 이 경우에는 자극에 대한 즉각적인 반응이죠. 자극이 왔을 때 반응할까 말까 망설이지 않는 거예요. 좋은지 싫은지 상관없이 즉각적으로 발생해요. 생물에게도 이런 반응은 있죠. 가령 '반사'라고 부르는 게 그거죠. 그런데 생명이나 유기체에게는 자극에 대한 좋고 나쁨의 구별이 발생하죠. 여기에 단기 기억이 더해지면 감각적 판단인 지각이 발생합니다. 이는 자극에 의해 촉발되어 능동적 의지 없이 자동적으로 이루어지는 수동적 종합입니다. 이러한 지각에 장기 기억이 더해지고, 그렇게 발생한 지각들을 '나'를 거점으로 종합하고, 그에 대해 선별 내지 선택을 통해 능동적으로 판단하는 능력이 의식이라고 생각합니다. 기억과 선별로 인한 학습이 가능하고, 반사나 지각의 수동적 종합과 달리 즉각적이지 않으며, 관련된 데이터를 꺼내 비교하거나 추론하는 기능이 더해지죠. 즉 **자극과 반응 사이에 기억**

과 선별이 끼어드는 즉각적이지 않은 능동적 식별 작용이 의식이라는 겁니다. 이렇게 정의하면, 인간 아닌 다른 것에게도 사용할 수 있지 않을까요? '의미'나 '의도' 같은 말이 끼어들면 쉽지 않겠지만요.

장병탁   제 생각엔 의식이라는 게 계속 겹겹이 쌓여 있다가, 어떤 수준에 이르면 문턱을 넘게 되는 것 같아요. 'AI가 사람을 닮아가는 데 가장 큰 장애물이 뭘까'가 제가 맨날 고민하는 주제거든요. 그중 하나가 **인간은 메타레벨로 생각한다**는 거예요. 바깥쪽에서 봐야 안쪽의 의미가 보이고, 거기서 좀 더 바깥쪽에서 봐야 다시 그 안쪽의 의미가 보이죠. 그런 식으로 메타레벨로 올라가서 자신을 보는 능력이 인간에게 중요한 거 같아요. 이렇게 겹겹이 쌓인 층을 계속 올라가면서 더욱 복잡한 현상들을 포착하는 거죠. 어떤 일정 레벨 이상 올라가서 보고 판단하는 능력을 의식이라고 할 수 있지 않을까요? 그 점에서 자기반성, 자기성찰 이런 게 인간의 의식에서 핵심 중 하나인 것 같아요. **지금 인공지능 기술로 보면, AI는 자기반성 같은 걸 할 수 없어요.** 즉 메타레벨로 올라가서 자신의 생각을 보는 능력이 없죠.

이진경   중요한 지적입니다. 그런 이유로 인간의 의식이나 이성을 '반성적 능력'이라고 하기도 하고, 자기 판단에 대해 다시 판단하는 것이란 점에서 '재귀적 회로'라는 개념을 끼워 넣기도 하죠. 그런데 메타레벨이라고 하면 그런 판단 사이에 수직적

위계 같은 걸 도입하게 되는 셈인데, 그렇게 표현하는 게 맞는지는 잘 모르겠어요. 사실 즉각적인 감각과 추론된 판단을 비교하기도 하고, 도덕적 관념과 신체적 쾌감을 놓고 판단하기도 한다는 점에서 차라리 **횡단적**인 거 같기도 해요. 얼마나 높이 올라가서 보느냐보다는 얼마나 멀리 떨어진 것 사이를 횡단하는가가 중요한 거 같고요. 어쨌건 제가 사용한 정의를 갖고 말하면, 주어진 자극에 즉각적으로 반응하지 않고 다른 변수를 끼워 넣는 작용이라 할 수 있을 거 같아요.

장병탁 밖에서 봐야 제대로 보이지 안에서는 보기 어렵다는 거죠.

이진경 그런 면이 분명히 있죠. 그런데 그때 '밖'이란, 어떤 자극이나 데이터, 판단에 대해서 어느 게 더 좋은지 비교하는 지점이 아닐까 싶어요. 자극이나 판단에 대해 가능한 반응들의 집합이 있을 때, 그 반응의 결과가 나한테 유리한지 불리한지 따지는 지점이죠. 따라서 밖이란 언제나 어떤 판단 너머에 있는 다음 레벨이라기보다는 모든 판단의 거점이 되는 '자아'가 아닐까 싶어요. 근대 철학자들이 좋아하는 '반성'이란 그러한 거점과 판단 능력 자체에 대한 판단이죠. 내가 멀쩡한지, 내가 잘할 수 있는지, 내가 제대로 인식할 수 있는지 등등. 이 역시 결국은 자기 자신의 능력을 자신의 생존에 유리한가 불리한가 하는 기준에 비춰서 보는 거고, 다른 말로 하면 '자아'를 거점으로 자신의 능력을 판단하는 작용이죠. 자아가 의식의 대상이 아니라 의식의 전제라고 하는 건 이런 의미에서예요. 유기체 생존을 지상 목표로 하면서 이걸 유지하기 위해서 필요한 판단 체계가 의식이죠. 즉 자아가 의식의 거점이고, 의식이 그런 자아의 작용이라는 겁니다. 자아가 있을 때 의식이 생겨날 수 있다는 거죠.

장병탁 지향성, 자유의지, 의식, 자아, 이런 게 어떤 순서일까가 궁금했어요. 사실 명확한 인과 관계까지는 아니어도 상호 의존성이 있잖아요.

이진경 지향성이라 하면 일단 후설Edmund Husserl의 현상학을 생각하게 되죠. 어떤 것을 나에 대한 대상으로 만드는 작용인데, 후설은 이를 의식의 본질 같은 것으로 봐요. 그런데 제가 보기엔 의식 이전에 무언가에 관심을 기울이고 집중하게 하는 건 신체의 작용이고, 그런 점에서 신체적 지향성이 있지 않나 해요. 자기 생존에 유리한 자극에 대해서 좋다고 판단하고 불리한 것에 대해선 나쁘다고 판단하며, 신체에 좋은 감응을 주는 것은 찾아 나서게 하고 나쁜 감응을 주는 건 피하도록 방향을 부여하죠. 의식은 이런 지향성에 의해 생각하고 판단하며, 지각조차 이것에 의해 방향 지어지죠.

장병탁 의식 이전에 이미 지향성이 있군요. 자기 생존 차원에서 보면 신체성에서 벌써 지향성이 나온다고 볼 수가 있고요.

이진경 스피노자가 '감응Affect'이라고 명명하는 작용이 신체에서 발생하는 지향성의 표현이죠. 신경과학자 다마지오Antonio Damasio는《데카르트의 오류》에서, '생각한다'는 것은 신체에 발생한 '느낌Feeling'에 의해 방향 지어지는 것이지, 중성적으로 그저 의식이 혼자 알아서 하는 게 아님을 강조하는데, 이 느낌이란 말이 스피노자가 말한 감응의 다른 표현이에요. 아까 길게 말씀드렸듯이, 자아란 유기체가 자기 신체의 생존을 지속하기 위해 형성된 방어기제고, 이는 자기와 남, 자기 신체와 환경, 안과 밖의 경계를 구별하면서 작동하죠. 유기체 수준에서 환경에 어떻게 대응할 것인가 하는 판단의 거점인 셈이죠. 이를 거점으로 주어진 자극에 시간적·공간적 거리를 두고서 기억이나 지각 등의 데이터를 선별하여 능동적으로 판단하는 능력이 의식이고요.

장병탁   자유의지는 어떻게 생겨날까요?

이진경   자유의지는 자아에 귀속되는 의지고, 대개 의식에 의해 의식된 '나의' 의지죠. 자극에 어떤 반응을 할 것인지를 선택하는 자아의 판단이라 해도 좋을 거 같고요. 사실은 신체적 감응이나 그에 따른 신경전달물질의 작용 혹은 기관이나 세포의 욕망 등을 수용하여 하나의 결정으로 변환하는 능력이고, 그렇기에 '내가 하고자 해서 하는 거야'라고 생각할 때도 능동적 선택의 형식을 취하기 때문에 '자유'라는 오인을 동반하죠.

김재아   보통 인공지능에서 의식을 만들려면 어떻게 해야 할까요?

이진경   제 생각엔 **의식이 있으려면 의식의 거점인 자아가 있어야 하고, 그게 있으려면 자아가 방어해야 할 신체가 있어야 하며, 그 신체를 자기 활동의 일차적 목적으로, 즉 목적함수로 해야 하죠.** 그런다고 의식이 생기는 건 아니겠지만, 그게 없으면 더 어려울 거 같아요.

장병탁 지금 기술로는 딥러닝을 이용해 '이진경 선생님이 이런 말을 하면 이런 반응을 보인다'는 식으로 가능한 행동의 집합을 구성해주고, 그에 필요한 말과 사진 등의 데이터를 모으면 흉내 낼 수 있어요. 우리가 보면 마치 반응하는 것처럼 보이죠.

김재아 그건 있는 것처럼 흉내 내는 거네요. 실제로 의식이 형성된다기보다는요.

장병탁 지금 기술로는 그 정도가 가능해요. 따지고 보면 중국어 방 논증과 비슷한 경우가 되는 거 같아요. 충분히 흉내 잘 내서 구별하기 어렵게 된다면, 의식이 있다고 할 수 있는 거 아닌가 하는 문제 말이죠.

이진경 흉내가 심화되어 모델과 구별할 수 없게 되면, 그건 더 이상 흉내라고 할 수 없게 되죠. 튜링 테스트나 중국어 방 논증에서 말하듯이, 의식을 가진 존재를 흉내 내어 그와 더 이상 구별하기 힘들게 되면, 의식이 있다고 할 수 있을 거 같아요. 물론 그러려면 기계가 자신의 존속을 첫 번째 목적으로 삼게 해줘야 하고, 그것을 위한 모든 행동을 남들과 공존 가능한 한계 안에서 허용해야 한다는 전제가 있지만요.

김재아 좀 먼 얘기지만 '강인공지능'에 대한 이야기도 나오잖아요. 지금 인공지능 수준에서 자아나 의식도 만들 수 없다면, 강인공지능은 쉽지 않을 거 같네요.

이진경　많은 사람이 기술의 발전과 계산 속도를 근거로 강인공지능이 가능할 거라고 말하는데, 계산을 빨리 한다고 강인공지능이 되는 건 아니에요. 바둑을 잘 두고 의학논문을 검색해 진단을 잘한다고 해서 강인공지능이 되는 건 아니니까요. 그건 그냥 빠른 인공지능이 되는 거죠. 강인공지능이 되려면 자기가 뭘 할지 스스로 정해야 하고, 그렇게 정한 걸 알아서 학습하고 발전시켜 나가야 하죠. 현재 인공지능이 주어진 과제를 아무리 잘 해내도, 아직은 자신이 무얼 할지를 스스로 정하는 것도 못하잖아요.

장병탁　의식이 있는 것처럼 보이는 수준이 되면 강인공지능도 가능하게 되겠죠?

이진경　그렇겠죠. 주어진 과제를 잘하는 게 아니라 주어지지 않은 과제를 잘하는 거, 주어진 과제에서 이탈해 자기가 하고 싶은 걸 찾는 거, 이런 게 되면 그다음은 속도 문제만 남게 될 거예요. 그런 질적 비약이나 단절이 없이, 단지 속도가 빨라지는 것만으론 쉽지 않을 겁니다. 베르그송Henri Bergson식으로 말하면, 그건 '정도의 차이'를 '본성의 차이'로 오인하는 겁니다.

태　호　인공지능이 인간을 흉내 낼 수 있다고 하셨잖아요. 그런데 사람도 다른 사람을 흉내 내면서 학습하는 거 아닌가요? 이렇게 생각해보면 나중에 인공지능도 다 가능해질 수 있지 않을까요?

이진경　맞아요. 인간도 모방하고 흉내 내며 배우죠. 물론 흉내의 범위를 이탈해 그 수준을 넘어설 때 자신의 삶이 시작되지만, 흉내 없이는 학습하기도, 자기 삶을 만들기도 어렵죠. 그런데 흉내 내는 것도 단지 명령에 따라서 하는 것과 자신의 생존 능력을 고양하기 위해 하는 건 아주 다르죠. 전자는 아무리 잘해도 주어진 명령에 따르는 거고, 거기서 이탈할 성분을 갖지 못해요. 후자는 미숙하게 하더라도 무언가를 배우며 자기가 필요한 것으로 변형할 수 있죠. 여기서 흉내의 완벽성은 전혀 중요치 않아요. 흉내가 목적이 아니라 **흉내를 통해 자기 삶을 만들어갈 어떤 능력을 습득하는 게 목적**이잖아요. 중요한 건 명령에 따라 흉내 내는 건지, 자신의 삶을 위해 흉내 내는 건지예요. 전자로부터는 강인공지능이 나오기 어려워요. 흉내만 완벽히 내는 인공지능만 나올 수 있죠.

장병탁 흉내 내는 것만으로는 안 된다는 말은 아까 설의 중국어 방 논증에서 흉내 내는 기계로는 인간처럼 될 수 없다는 말이 될 수 있을 거 같은데요.

이진경 완전히 아는 사람과 똑같이 흉내 낼 수 있다면 그건 아는 거라고 해야 하지만, 중국어를 모르면서 중국어를 완전히 아는 것처럼 흉내 내는 건 불가능하다는 말이었어요. 중국인과 똑같이 주어진 중국어 문장에 응답한다고 함은, 그저 모방하고 따라 하는 것이 아니라 주어진 문장에 적절한 반응을 나타내는 겁니다. 기계가 식별 불가능하도록 적절하게 반응한다면, 그 기계는 말의 의미를 충분히 이해하고 있는 겁니다. 언어게임에 적절하게 참여하고 있는 거죠. 그러려면 흉내만으론 안 됩니다. 이는 '흉내의 역설'이라 해도 좋을 거예요. 어쩌면 '똑같이 흉내 내려면', 다시 말해 적절하게 반응하려면, 독자적인 자아가 있어야 할 수도 있어요. 역으로 똑같이 흉내 낼 수 있다면, 독자적 자아가 생긴 거라는 말이 되겠죠. 적절한 말을 하며 행동하는 화용론적 주어가 있는 거니까요.

장병탁 결국 거기서도 신체가 중요하다는 거였죠. 신체가 생각이나 판단의 방향, 자기가 해야 할 과제를 정해주고, 그때 감응이나 감정 같은 게 지향성을 형성한다고 했잖아요. 그런데 밖에서 볼 때 구별할 수 없을 정도라면, 감정이나 감응에 대해서도 비슷하게 말할 수 있지 않을까요? 실제로 감정을 갖고 있든 말든 감정을 갖고 있는 듯 행동하는 로봇이 있다면, 이것도 감정이 있는 거라 해야 한다고 말이죠.

이진경 감정이나 감응이 있는 것처럼 식별 불가능하게 할 수 있다면, 그게 있는 것과 다르지 않다고 해야겠죠. 그러나 신체가 있는 생명체에게 흉내는 자기 생존에 필요한 방법이나 그에 유용한 것을 학습하기 위한 거라, 식별 불가능한 흉내가 목적이 아니고 중요하지도 않아요. 즉 흉내인지 아닌지 식별 불가능하게 할 필요가 없어요. 반면 중국어 방의 기계든 지금 말씀하신 의식 있는 걸 흉내 내는 기계는 흉내 자체가 목적이고, 그걸로 식별 불가능하게 하는 걸 목표로 해요. 즉 일차적인 문제는 식별 불가능한가 여부가 아니라, 흉내나 모방이 어떤 포지션에 있으며 어떤 목적을 갖고 어떤 기능을 하는가 하는 점이죠.

장병탁 확실히 그 점에서 신체 유무의 여부와 신체의 존속을 위해 흉내 내는 건지 아니면 단순히 흉내 내는 건지는 분명히 다른 거 같습니다. 그러나 그래도 의식이 있는지 없는지를 식별 불가능한 정도로 흉내 낸다면, 아까 중국어 방 논증에 대해 하신 말씀처럼 의식이 있다고 해야 하지 않나요?

이진경 맞습니다. 그러나 문제는 흉내 내는 걸 별거 아닌 걸로 보는 점이에요. 인공지능에게 어떤 상황에 어떻게 반응하라는 명령을 줘서 정말 인간이 하는 것과 유사하게 흉내 내게 할 수 있을까요? 신체 없이 완벽하게 의식이나 감정을 가지고 행동하는 것처럼 흉내 낼 수는 없을 겁니다. 어떤 자극에 이렇게 반응하라는 명령들로 그걸 해결하려면, 세상의 모든 지식을 입력해서 답을 하게 하려던 과거의 시도를 반복하게 될 거예요. 더구나 의식은 단지 상식이나 지식의 문제만 처리하지 않잖아요. 지식과 감정, 합리적 이해관계와 비합리적 열정 사이에서 망설이다 결정하기도 하죠. 상식이나 규범에 충실해 그저 하라는 대로 행동하는 사람을 보면, 우리는 사람에게도 '기계 같다'고 하잖아요. 비록 사람 가운데도 그런 사람이 있다곤 하지만, '기계 같다'고 판단하면 흉내로 '속이는' 데는 실패한 거죠.

지식은 언어화하기 쉬워요. 감정이나 열정 같은 건 끊임없이

서로 다른 상태로 이행하고 경계가 늘 모호하며 상반되는 감
정이 섞인 경우가 많아서 그걸 말로 표현하는 게 몹시 어렵
죠. 애매하거나 모순적인 판단, 역설적 상황을 굳이 상정하지
않는다고 해도, 그런 걸 사전에 입력된 명령으로 식별 불가능
하게 흉내 내게 하려면 '온톨로지Ontology'(존재론)를 가득 채
워주는 것에 더해서 '패솔로지Path-ology'(감정론)란 저장고에
다 수많은 감정적 상황, 열정이나 도덕, 윤리적 판단 등에 관
한 걸 모두 미리 입력해줘야 할 겁니다.

장병탁 　동의합니다. 다만 최근 인공지능 기술 발전과 관련하여 약
간 보완 설명을 좀 드리는 게 좋을 것 같아요. 앞에서 말씀하
실 때, '사람이 인공지능을 프로그래밍한다'는 것을 암묵적
으로 가정하신 것 같아요. 예를 들어, 사용하신 표현 중에서
"인공지능에게 어떤 상황에 어떻게 반응하라는 명령을 줘서"
나 "어떤 자극에 이렇게 반응하라는 명령들로 그걸 해결하려
면"과 같이요. 그런데 이러한 방식은 주로 고전적 AI 방식이
고(물론 현재도 사용합니다만), 현재는 기계가 데이터를 관찰해서
상황에 따라 적절히 반응하는 것을 스스로 학습해낼 수 있게
되었어요. 기계가 연역적 추론만 하는 것이 아니라 귀납적 추
론을 통해서 명시적으로 알려주지 않은 지식이나 정보를 도
출해내기도 한다는 겁니다. 즉 과거처럼 존재론을 사람이 모
두 설계해주는 게 아니고, **존재론이 학습에 의해서 자동으로 생
성되도록 할 수도 있는 기반이 마련**되었습니다. 이는 과거의 명

시적 프로그래밍 방식에 의한 AI보다는 분명히 한 단계 더 진화한 겁니다. 물론 학습할 방향에 대해서는 여전히 사람이 개입한 부분이 있기 때문에 존재론이 완전히 자발적으로만 형성되었다고 볼 수는 없으나, 앞서 진행한 논의보다 복잡한 양상을 가진다고 할 수 있습니다.

7

기계적 감각과
감정 기계

장병탁 저는 계속 '사람이 똑똑해진 이유가 무엇일까?'를 생각합니다. 인간중심적인 생각일 수도 있지만, 다른 동물하고 비교했을 때 적어도 지구는 인간이 정복한 걸로 보여요. 인간의 지식 축적 과정을 보면, 언어가 아주 큰 역할을 했죠. 인간은 태어나면서부터 음성 언어를 통해 많은 것을 배워요. 문자 언어를 통해선 선대와 동시대 사람들이 습득한 지식도 쉽게 전수받고요. 언어는 지식이나 노하우를 후세에게 전달하고 후세들은 이를 기반으로 발전시켜 나가죠.

그런데 이러한 언어를 통한 지식이 단순히 글로만 전달되는 것이 아니라, 신체를 통해서 통합적으로 체화된 것이기 때문에, 결국 **인간 지식은 신체에 기반을 둔다**고 볼 수 있어요. 구글 번역기나 GPT 시리즈에서 알 수 있듯이, 문자 언어를 통해 기계가 지식을 습득하는 것은 이제 비교적 잘할 수 있죠. 그런데 그것은 신체를 통해서 체화한 지식이 아니기 때문에 이렇게 습득한 지식이 실제 세상과의 관계 속에서 의미와 문맥을 파악한 것과는 거리가 있어요. 그래서 아직 AI 스피커나 챗봇이 사용자들의 질문 의도를 제대로 파악하지 못하는 경우가 많은 거죠.

앞에서도 이야기했지만, AI가 학습하는 데이터는 대부분 텍스트예요. 그런데 책의 내용을 100% 이해하려면 텍스트만 가지고는 어렵죠. 사람은 텍스트로만 배우는 게 아니잖아요. **텍스트를 보고 배울 때조차 기존 체험과 종합하죠.** 신체를 통해 얻은 정보들을 텍스트 형태의 지식과 결합시켜 내재화해요. 소설도 그렇잖아요. 내가 겪은 게 아니지만, 그걸 읽으면서 직접 겪듯이 상상하게 되죠. 그게 경험 속으로 녹아 들어가는 거예요. 그러나 기계는 텍스트 자체만을 보죠. 현재 AI는 문자만 보기 때문에, 사람처럼 하지 못해요. 언어를 통해 학습할 때조차 신체와 관련된 원초적 감각이 기반이 되어서 녹아 들어야 하는데, 그게 안 되는 거예요. 이 점이 현재 AI의 가장 큰 한계로 보여요.

이진경 약간 다른 식으로 생각해볼 수도 있을 것 같아요. 언어와 도구, 신체의 관계를 통해서요. 기술사를 연구했던 스티글레르Bernard Stiegler는 도구를 만들고 사용하는 방법을 동료에게 알려주기 위해서 사람의 반성 능력, 의식, 언어 등이 발생했다고 해요. 도구를 어떻게 하면 더 잘 사용할 수 있을지 알려주고 함께 작업하면서 언어가 발생하고 발전했을 거라는 얘기예요. 사회성이라는 건 그런 과정에서 생겨난 것일 테고요. 이런 점에서 본다면, 사실 인간 언어는 인간이 도구를 사용해서 생존을 지속하고 고양하는 과정에서 생겨난 게 아닐까 싶어요. 다시 말해, **언어의 발전조차 도구와 도구를 다루는 신체 활동을 통해서 이루어졌다**는 거죠. 물론 그렇게 만들어지고 나면 언어는 신체나 도구에 매일 필요가 없을 겁니다.

그래서인지 인공지능이 언어를 통해 학습·발전하고 언어를 알아듣고 훌륭하게 작동한다고 해도, 근본적인 뭔가가 빠져 있는 것 같아요. 즉 언어와 신체, 언어와 도구를 묶어주는 뭔가가 있어야 하지 않을까 하는 거죠. 어떤 판단이나 활동을 그것의 목적과 묶어주는 것, 그래서 무엇을 어떻게 할지를 선택하게 해주는 근본 계기 같은 것 말이에요. 인간과 다른 생물은 자기 신체의 지속이 그 역할을 하잖아요.

김재아 현재 인공지능의 인지 능력에 대한 '교육'은 어떻게 이루어지고 있나요? 생명체에 있는 감각을 인공지능에게서 찾는다면, 지금 말씀하신 센서 같은 형태가 전부인가요?

장병탁 여전히 언어적으로 이루어져요. 예를 들면, '이건 차가운 거' '이건 얼음' 등 출력값을 언어로 설정해줘야 하죠. 이를 딥러닝으로 학습한다고 하면, 센서로 온도를 재고 그 온도가 입력값으로 들어간 다음엔 그와 상응하는 출력값을 주는 거죠. 감각 훈련은 이를 통해 하는 거예요. 이런 게 없다면 '온도가 얼마 이상이면 어떻게 해라'와 같은 명령도 실행할 수 없어요. 이런 걸 하나하나 모두 명시적으로 정해줘야 하죠. 지금 감각과 관련해 기계를 '교육'한다고 하면, 감각적 요소를 그런 식으로 분류해 답하게 하는 거예요. 그런데 기계가 정말 뜨거움을 느꼈을까요? 그건 모르는 일이죠.

이진경 사람의 경우, '덥다' '춥다' '뜨겁다' '차갑다'의 기준이 대단히 모호할 뿐만 아니라 시간과 장소, 상황에 따라 다르죠. 한국 사람이 '이제 좀 시원해졌네!'라고 느낄 때, 미얀마 출신 노동자는 '벌써 추워졌네!'라고 느낄 거예요. 그러니 감각적 판단도 명료하고 뚜렷하게 규정하는 게 쉽지 않아요. 몇 도부터가 더운 거고, 몇 도부터가 뜨거운 건지도 확실하게 말할 수 없잖아요. 인공지능이나 로봇의 경우는 어떤 상황과 조건을 가정해두고 그에 맞는 기준치를 줘서 그에 맞춰 행동하게 하는 거죠.

장병탁 그렇죠. 아직 AI는 인간처럼 조건에 따라 달라지는 감각에 유연하게 반응하는 걸 흉내 내지 못해요.

김재아 인공장기 연구자들과 AI 연구자들이 서로 뭉치면 정말 좋겠다고 생각한 적이 있어요. 인공지능과 인공장기를 결합하면 인간이 느낄 수 있는 감각을 AI도 느낄 수 있지 않을까요?

장병탁 그런 게 사이보그죠. 다만 인간과 결합하려 할 때 발생하는 기술적인 문제가 있어요. 면역 반응이 그건데, 이게 사이보그 발전의 기술적인 장벽이죠. 생체는 발생하고 진화하면서 면역 시스템이 생기는데, 외부에서 이런 놈이 들어오면 자기 신체에 필요하든 아니든 무조건 적이라고 간주하고 공격해요. 어떻게 해서든 인공장기와 결합하여 인공감각을 형성하고 그걸 인공지능으로 처리할 수 있게 된다면, 인간의 장점과 기계의 장점을 동시에 살릴 수도 있을 겁니다. BCI Brain Computer Interface, BMI Brain Machine Interface 분야에서 계속 연구하고 있어요. 물론 여전히 벽이 있기는 하지만요

태 호   앞에서 이진경 교수님께서도 말씀하셨지만, 기억한다는 건 뇌로만 하는 건 아니잖아요. 그렇다면 인공 뇌를 만들어서 인간과 연결해 작동할 수 있을까요? 작동한다고 해도 그것을 인간의 신체로 볼 것인가 하는 문제도 생길 것 같아요.

김재아   제가 알기론 현재 만들 수 있는 뇌는 정말 작아요. 이 작은 뇌를 통해 뇌 질환을 겪는 사람의 치료를 도와준대요. 아직까지는 AI가 감각 정보를 인식하는 거지, 실제로 감각하는 건 아니잖아요. 그래서 저는 감각에 관한 얘기를 들을 때마다 인공장기가 생각나요. 지금은 눈곱만 한 크기지만, 이게 계속 커질 거라고 들었거든요. 물론 너무 먼 미래처럼 들리지만, 이것과 결합되면 인공감각도 가능하지 않을까 하는 생각을 해봤어요.

이진경   그런데 시각이나 청각은 센서로 포착되는 것과 상대적으로 간극이 크지 않은 것 같아요. 온도나 습도, 무게 등 분석적으로 특정화된 감각도 그래요. 분석적 관점으로 보자면, 인간의 감각도 주어진 자극을 '자동적으로' 포착하는 것이니, 기계적

반응과 유사해요. 하지만 '덥다' '춥다'와 같은 감각적 판단은 그것만이 아니죠. 청각도 '이건 칼 가는 소리다' '이건 공사하는 소리다'라는 것뿐이라면, 주파수나 진폭 혹은 그걸 측정하는 데시벨 수치 같은 것으로 지표화되겠지만, 우리의 감각은 '소름 끼친다'거나 '시끄럽다'라는 감응이 동반되죠. 이는 또한 유기체의 감정적 반응으로 이어지고요.

그런 점에서 '온도가 몇 도다'라는 감각과 '뜨겁다'라는 감각은 다른 거라 해야 해요. '온도가 몇 도다'가 감각적 판단이라면, '뜨겁다'는 어떤 반응행동을 위한 '감정적 판단'이죠. '얼른 손 떼!' '빨리 고개 돌려!' 같은 신체적 명령이 실려 있다는 점에서, 호오의 감정이 실려 있는 판단입니다. 신경과학자 이나스Rodolfo Llinás는 **감정이란 특정한 상황에서 신체를 보호하기 위해서 아주 빠른 속도로 반응하도록 하는 증폭 장치**라고 말했어요. 이런 점에서 '감각적 판단'과 '감정적 판단'은 구별해야 하는데, 문제는 그 감정이 감각과 잇닿아 있다는 것, 감정적 판단을 위해 감각적 판단이 수행된다는 거죠. 이로 인해 감정적 판단은 물론 감각적 판단 자체도 신체를 보호해야 하는 생명체와 그럴 필요가 없는 인공지능 사이의 차이가 작지 않을 거예요.

장병탁 심리학자들이 사물의 개별 속성만을 인식하는 감각Sensing과 이를 종합하여 사물 전체를 인식하는 지각Perception을 구별하는 것과 비슷한 것 같네요. 지각엔 이미 인지적 판단이 들어갔다고 보죠.

이진경 감각한 결과에 대해 자기가 수용할지 말지 판단이 섞인 게 지각이라는 말씀이죠?

장병탁 이게 병인지 컵인지 알아보는 것도 지각으로 봐야 해요. 센서로 경도나 무게, 형태를 하나하나 포착하는 게 아니라, 그걸 종합해서 병인지 컵인지 알아보는 거죠.

이진경 저기 눈앞에 있다고 포착된 대상이 아내인지 개인지 고양이인지 모자인지 알아보는 것도 그렇죠. 올리버 색스Oliver Sacks는 눈에 아무런 문제가 없지만, 자기 앞에 있는 게 아내인지 모자인지 알아보지 못하는 환자 얘기를 한 적이 있죠. 얼굴인식장애나 풍경인식장애도 눈에는 아무 문제가 없는데, 사람의 얼굴과 자기 집을 못 알아본다고 해요.

태 호 불교에서 몸과 마음을 구성하는 다섯 요소, 즉 색色·수受·상想·행行·식識을 오온五蘊이라 하잖아요. 여기서 수에 해당하는 게 감각이고, 상에 해당하는 게 지각이죠?

이진경 상은 표상이기도 하죠.

장병탁 사실 표상이라는 단어도 되게 모호해요. 인지과학과 신경과학이 구분되는 지점이기도 한데, 신경과학자들은 표상이란 말을 안 써요. 표상은 존재하지 않는다고도 이야기하죠. 신경세포의 활성 값들로 뇌의 모든 정보처리, 즉 지각이나 행동을 설명할 수 있다고 봅니다. 그런데 심리학이나 인지과학에선 중간 단계인 표상이 없다고 하면 그 학문의 근간이 무너질 수도 있어요. 기억이나 의식과 같은 것들이 표상을 통해서 이루어진다고 보죠. 컴퓨터로 생각해보면, 표상은 프로그램을 컴퓨터에 코드화해서 표현하는 자료구조거든요. 결국은 컴퓨터에 뭔가 표상이 있어야지 여기에 접근해서 변형하든 하죠. 공학에서 표상은 정보가 구체화Materialzation된 메모리 구조 같은 거예요.

김재아 인공지능에서는 표상을 어떻게 이해하고 있나요?

장병탁 인공지능 분야에서는 표상을 '표현'이라고 해요. 문제를 해결하기 위한 지식을 기계에 표현해주는 지식 표현Knowledge Representation을 특히 기호주의 인공지능에서 강조했어요. 기계가 사람처럼 똑똑해지기 위해서 지식을 가져야 하고, 따라서 기계에게 지식을 어떻게 표현해주는가가 핵심 문제라고 봤죠. 다시 말해, 지식 표현은 기계에게 지식을 넣어주는 형식 또는 구조를 이야기해요. 예를 들어, 시맨틱 네트워크Semantic Network라는 지식 구조는 "코끼리는 포유류에 속하고, 긴 코를 갖고 있으며, 짙은 회색의 동물이다"라는 지식을 노드와 에지를 가진 네트워크 형태로 표현해줍니다. 노드는 물체를 표시하고, 에지는 물체 간의 관계를 나타내죠. 이러한 것이 고전적인 AI가 기계에게 지식을 넣어주는 방식입니다. 현재 딥러닝 방식의 인공지능은 깊은 신경망의 구조로 지식을 표현하는데, 내용을 사람이 넣어주는 것이 아니라 기계가 데이터로부터 학습하여 채우는 방식이죠.

이진경   표상이란 감각이나 지각을 통해 혹은 말을 듣거나 문자를 읽을 때 어떤 대상이 의식에 떠오르는Present 작용이죠. 그런데 어떤 대상이 떠오를 때, 다른 무언가가 거기 섞여서 떠오르죠. 의식에 나타날Present 때, 기억이나 감정 등이 섞여서 재현되는Represent 거예요.

기억에도 두 가지가 있습니다. 하나는 자극에 대한 반응이 반복되면서 세포나 기관들에서 형성되는 미시적 기억이죠. '이건 빨간색이네' '이건 짠맛이네' 하는 판단이 자극에 대한 반응이 반복됨에 따라 형성되고 기억되는데, 들뢰즈식으로 표현하면 자극과 반응이 **수축**Compression하며 형성되는 습관적 반복입니다. 여기서 수축이란 서로 다른 것들을 하나로 종합하는 방식이죠. 면역세포의 기억도 여기에 속할 겁니다. 다른 하나는 유기체가 표상을 형성하는 데 작용하는 기억입니다. 세포를 통해 올라와서 뇌에 저장되어 있다가, 관련된 어떤 자극이 모여 표상을 형성할 때 끼어들죠. '이 사람은 아내인데' '이 식당은 짜장면이 맛있었지'와 같은 '거시적 기억'이죠. 여기서도 수축이 발생하는데, 감정적·개념적 기억이 입력된 감각에 수축되며 접혀 들어가죠.

장병탁   제가 보기에 말씀하신 '수축'은 수학적에서 말하는 압축 Compression과 비슷한 거 같아요. 딥러닝에 이런 압축하는 프로세스가 들어가거든요. 차원 축소Dimensional Reduction라고 하기도 하는데, 같은 의미 아닐까요?

이진경 　수축은 축소가 아니에요. 각각의 시간마다 따로 울리는 소리를 하나로 수축해서 선율을 만드는 거나 종소리와 침샘의 반응처럼 별개인 것이 하나로 결합하는 조건반사 같은 게 수축의 쉬운 예죠. 흩어져 있는 것들을 하나로 모아서 종합하는 것이니 축소보다는 증가에 가까운 게 아닐까 싶어요.

장병탁 　차원 축소도 일반적 축소를 뜻하는 건 아니에요. 항아리에 있던 거를 더 작은 단지에 넣는다는 의미도 있지만, 종소리와 침샘의 반응처럼 별개인 것이 결합되면서 하나로 종합되는 의미도 포함되어 있죠. 차원 축소를 통해서 노이즈나 변형은 버리고 핵심과 근본만 남기는 거니, 철학에서 말하는 수축의 의미도 포함되는 것 같고요. 물론 철학에서는 좀 더 미세한 의미들을 구분하고 있는 것 같네요.

김재아 　인공지능에 감정을 탑재하려면 앞으로 어떤 과정이 필요할까요?

장병탁 　기술적으로 흉내 내는 건 학습을 통해서 할 수 있어요. 예를 들어, 로봇에게 뜨거운 거를 만지면 "앗 뜨거!" 하고 반응하게 프로그래밍하는 거죠. 그런데 언어가 가로막고 있어요. 기계가 인간의 언어를 쓰는 순간 기계가 감각한 걸 이해할 길이 가로막히는 거죠. 뜨거운 것과 접촉했을 때, 기계 역시 어떤 걸 감지할 수 있을 거예요. 센싱을 한다는 건 기계적 감각이 발생했음을 뜻해요. 그런데 기계가 감각한 것을 0101010이라고 말하라고 할 수 없잖아요. 인간의 언어로 표현하도록 해야 우리가 알아들을 수 있죠. 그런데 그 순간 우리가 그 말로 표현하는 감각이 기계의 감각을 대신하게 돼버려요.

김재아 언어 덕분에 쉽게 알아듣는 건데, 역으로 그 때문에 못 알아 듣는다니 역설적이네요.

장병탁 **언어는 기계의 감각에 다가가는 걸 막는 장벽일 수도 있고, 인간 에게 마치 기계가 사람을 이해한 것처럼 착각을 일으키게 하는 매 개체일 수도 있어요.** 언어를 쓰는 순간 '쟤가 뜨겁다고 느꼈구 나'라고 생각하기 쉬우니까요. 물론 정말 그렇게 느꼈을지도 몰라요. 다만 확인할 길이 없는 거죠. 이런 것은 진짜 철학적 인 질문이 될지도 모르겠어요. 한국에서는 우리 아이들이 우 리말로 뜨겁다고 말하지만, 미국에 가면 그걸 또 영어로 말할 거 아니에요. 자신이 느낀 걸 그런 식으로 표현하도록 배운 거예요.

이진경 이런 차이는 있을 거예요. 언어를 배우지 않아도 아이들은 손 을 댔다가 뜨거우면 바로 떼거든요. 계속 대고 있으면 고통이 발생할 거고, 그러면 '빨리 손 떼!'라는 생리학적인 명령이 발 동될 겁니다. 그 명령에 따라 말을 하든 말든 손을 떼게 되죠. 그래서 감각에는 단순히 감각적 사태의 지각뿐 아니라 '이건 싫어' '이건 좋아' 같은 감정적인 판단도 들어가 있어요.

감정은 말 이전에 이런 생리적 반응에 기인하고, 이는 생존 과 밀접하게 결부되어 있어요. 뜨거운 것에 놀라는 반응도 그 렇지만, 가령 눈앞의 대상을 보는 감각도 마찬가지예요. 가령 그것이 사자였다고 해보세요. 그땐 '저건 사자네' 하고 알아보기만 한다면 큰일 나요. 얼른 도망가야죠. 심지어 부정확한 판단이라 생각해서 찬찬히 확인하려 하다간 결국 진화의 역사에서 지워질 거예요. 이런 판단까지 같이 수행하는 것이기 때문에, 지각한다는 것은 행동과 직결되어 있어요.

장병탁 뜨거운 것을 만졌다가 즉시 손을 떼고 하는 건 신체가 하는 거죠. 기계는 지금까지 그게 필요하지 않았어요. 그래서 감정을 표현하게 할 수 있지만, 감정을 느끼게 하긴 쉽지 않죠.

이진경 **감정이란 지각에서 행동으로 이어지는 판단이 최대 속도로 이루어지도록 하는 증폭 장치예요.** 신속성을 위해 정확성의 기준을 대폭 낮추는 판단이 발생하죠. 그래서 감정이 일어난 상태에서 하는 판단은 나중에 보면 부정확한 것이 많아요. 새끼줄을 뱀으로 착각한다든가 하는 오래된 얘기가 이 때문에 나온 거겠죠. 이는 신체를 보호하기 위해서 만들어진 메커니즘이에요. 신체가 판단하고 명령하는 거죠. 그렇게 판단에 실리는 호오 반응이 생각이나 감각을 방향 짓습니다. 뇌의 사고는 신체가 정한 이 방향을 따라 이루어진다고 할 수 있습니다.

장병탁 이런 맥락에서 인간과 유사하게 판단하고 행동하도록 기계를 설계하여 감정적 반응을 재현할 수는 있지만, 그것이 우리가 느낀 것과 동일하다고 말하긴 어렵겠죠. 그걸 우리가 알아듣기 쉽게 표현하게 하면, 기계가 정말 느꼈는지를 알 수 없게 됩니다.

이진경 　맞아요. 그걸 두고 '기계는 아무것도 느낀 게 없다. 그저 명령에 따라 행동한 거다'라고 생각하기 쉽죠. 그러나 그것도 또한 일방적인 생각인 듯해요. 우리는 우리가 명령한 것이 실행되는 걸 보면, 우리가 명령한 대로 세상이 돌아간다고 믿곤 하죠. 그러나 아이들에게 어른을 보면 인사하도록 가르쳐서 그대로 행하도록 할 순 있지만, 그렇게 반응할 때 아이들이 우리가 명령한 이유를 실행하고 있다고 하긴 어려워요. 어쩌면 아이는 늘 어른에게 다른 느낌으로 인사할 거예요. 어떤 때는 호감, 어떤 때는 습관, 어떤 때는 짜증이나 반감을 갖고 할 수 있죠. 기계에 대해서도 유사하게 생각해야 하지 않을까요?

장병탁 　사실 딥러닝을 통해 학습시킨 인공지능은 우리가 명령한 것을 식별하고 추려내서 결과를 보여주지만, 그것이 그런 답을 낸 이유는 우리가 생각하는 이유와 같지 않아요. 어떤 이유에서 그렇게 판단한 건지 우리는 알 수 없어요. 판단의 이유가 '블랙박스' 안에 있는 거죠. 그래서 기계 자신이 그 이유를 찾아 설명하게 하는 시도를 하기도 하고요.

이진경 　기계가 명령대로 움직이는 것뿐이라 생각하면 편하지만, 그게 진실이라고 할 순 없죠. 기계가 명령한 것을 실행할 때 그 역시 어떤 이유에서든 주어진 상황에 대해 지각하고 반응한 것이니, 아무것도 느낀 게 없이 그저 명령만을 실행한다고 할 순 없지 않을까요? 방금 말씀하신 것처럼, 딥러닝으로 학습한 기계가 우리의 명령에 따라 주어진 자료나 자극에 대해 반응하지만, 그 이유는 우리가 아는 것과 아주 다를 수 있는 것처럼요. 우리와 다른 것을, 우리와 다른 방식으로 느낀 것이라 해야겠죠. 우리가 표상·재현하는 방식과는 다른 어떤 것이 그 반응에 표현되고 있는 겁니다.

장병탁 우리가 표상하는 것을 너무 믿지 말라는 말씀이시죠?

이진경 아이들을 다시 생각해보면, '어른을 보면 인사해'와 '뜨거운 건 만지면 안 돼'는 같은 게 아니에요. 하나는 여러 번 반복해서 가르치지 않으면 잘 안 하는데, 손 떼는 건 가르치지 않아도 하니까요. 반면 기계에게는 별로 다르지 않을 것 같아요.

장병탁 맞아요. 하나는 문화적인 필요성으로 가르치는 것인 데 반해, 다른 하나는 생물학적인 필요성으로 인해 배워지는 것이죠. 뜨거운 것을 피하지 못하면 다치니까요. 즉각적인 반응 메커니즘이 생명체에겐 본연으로 있는 거죠.

이진경 감각이나 기억도 그런 거 아니겠어요? 모든 걸 다 기억하지 않잖아요. 생존에 필요한 것들부터 기억하죠. 생존에 치명적인 것은 단번에 기억하고요. 그러니까 결국은 생존의 필요성이 그런 것들을 기억하게 하고 느끼게 하고 판단하게 하는 거죠. 언어를 사용하거나 머리를 쓰는 것 역시 본질적으로는 이것에서 발생한 거고요.

장병탁 맞습니다. 제가 보기에 지금 인공지능은 언어나 기억 같은 추상적인 것을 피상적으로 흉내 낼 뿐이거든요. 고전적 AI는 이를 코드화해서 저장했고, 최근 딥러닝 방식의 AI는 사진, 문헌 등의 빅데이터에 기반한 학습 과정을 통해 압축·저장하죠.

인공지능이 인간 수준의 지능에 도달하려면, 원초적으로 신체에 기반해서 판단해야 하고, 이를 기반으로 사고와 행동이 일어나야 해요. 또한 외부에서 코딩해서 넣어준 기억이 아니라, 신체를 통해 환경과 상호작용하고 이에 기반하여 기억 형성 과정을 거쳐야 하죠. 그리고 이진경 선생님 말씀처럼, 뇌과학에서도 감정이 기억 형성에 중요한 역할을 한다고 잘 알려져 있어요. 감정을 일으키는 사건들이 그렇지 않은 사건들보다 확실히 잘 기억되죠. 그런데 현재의 인공지능은 주어진 모든 걸 저장해요. 인간의 뇌에는 주관성이 개입되어 쓸데없는 거 다 제거하고 걸러진 정보가 기억되죠. 그래서 여러 사람이 똑같은 사건을 경험해도 각자 다르게 기억하잖아요.

이진경 제한된 용량과 능력으로 무한의 데이터를 다루려면, 선별이 필수적이에요. 눈앞에 보이는 수많은 것 가운데 어디에 집중하고, 어떤 걸 저장할지를 판단하는 능력이 그래서 중요하죠. 이게 신체적 생존의 지속을 기준으로 이루어지는 거예요. 데이터도 그래요. 같은 데이터라도 때마다 중요성은 다를 수 있는데, 이 또한 생존에 중요한 것이 무엇이냐에 따라 결정되죠. 이런 게 없으면 존재론이라는 어이없는 이름으로 컴퓨터에 존재하는 모든 것에 대한 정보를 다 입력을 해주어도 소용없어요. 그 많은 정보 가운데 정작 중요한 건 **그중 뭐가 중요한지를 판단해서 선택하고 집중하는 거니까요.** 입력해주는 것도 가망 없는 일이지만, 그걸 다 입력해주어도 제대로 쓰기 힘들죠. 작은 것 하나를 얻으려 해도 자료 전체를 뒤지며 엄청난 시간과 에너지를 투여해야 하니까요. 반면 우리는 부족한 용량 안에서 최대한 불러내서 쓰고, 심지어 데이터가 없으면 상상으로 채워 넣기도 하잖아요. 중요하고 필요한 게 무엇인지를 알기 때문이죠.

장병탁 예를 들면, 현재의 인공지능은 카메라로 물체 인식을 할 때, 전체 장면을 스캐닝하면서 분석해요. 그래서 계산 시간이 오래 걸리죠. 근데 사람은 보자마자 줌인·줌아웃하면서 상당 부분을 제거하고 일부만으로 판단해요. 인간의 눈과 뇌는 생존에 필요한 정보를 빨리 파악하고, 신속하게 처리하는 방법을 알고 있는 거죠. 그런데 현재 AI는 그런 중요도를 가리지 않아서 효율적으로 처리할 수 없는 거예요. 신체가 없기 때문에 그 중요도를 경험적으로 배운 적도 없죠. 그러나 고도의 지능을 갖추려면 처리만 빨리하는 것이 아니라 처리하지 않아도 되는 것이 무엇인지도 배워야 해요.

8 | 인공지능은
사랑 기계를
꿈꾸는가?

김재아 저희가 아직 문학의 영원한 주제인 사랑 얘기를 하지 않았네요. 인간이 인공지능을 사랑하는 것과 인공지능이 인간을 사랑하는 것, 이 두 방향에서 사랑이 가능할까요? 가능하다고 한다면, 인공지능이 인간을 어떤 방식으로 사랑하게 될까요? 사실 인간이 인공지능을 사랑하는 것은 상상하기 어렵지 않은데, 그 반대는 좀 쉽지 않은 거 같아요.

장병탁 이거야말로 정말 어려운 주제네요.

이진경 그럼 쉬운 얘기부터 하죠. 인간이 로봇이나 인공지능 기계를 사랑하는 경우들이 있잖아요. 인간이 어떤 대상을 사랑한다 함은 어떤 경우고, 어떤 이유인가를 물어야 할 거 같습니다.

장병탁 사람이 기계를 사랑하는 경우를 말씀하셨지만, AI가 진짜 기여해야 할 것은 어쩌면 사람들이 사랑받는다고 느낄 수 있도록 하는 게 아닐까 싶어요. 이는 단순하지 않아서, 그저 사람과 유사하다는 이유만으로 사랑할 수 있다는 식으로는 말할 수 없어요. 차라리 사람이 아니기에 편하게 느끼고 사랑하게 될 수도 있으니까요. 연구에 의하면, 채팅 상대가 AI일 경우 사람들의 반응이 달라질 수도 있다고 해요. 내가 채팅을 하고 있는데 상대방이 AI라고 알아차리거나 추측하는 순간, 사람들의 대화 방식이 달라진다는 거죠.

이진경 사람이 사람 아닌 대상을 사랑하는 경우는 많잖아요. 반려동물이 대표적이죠. 요새는 개나 고양이뿐만 아니라 예전에 혐오동물이라고 불리던 뱀이나 도마뱀 같은 파충류나 곤충을 키우는 사람들도 많이 생겼잖아요. 또 반려식물을 키우는 분들도 많이 있죠. **페티시즘**Fetishism이란 말은 상품이나 사물에 환장한 사람들을 비난하기 위해 사용되기도 하고, 성적인 욕망이나 행위의 대치·보충을 뜻하기도 해요. 그런데 실제로 사물에 대해 진지한 사랑의 감정을 갖는 사람들이 있어요. 시계나 스피커 같은 기계에 빠져 돈을 엄청나게 퍼붓는 사람들이 적지 않죠.

제 후배 얘기예요. 자기가 타던 차가 너무 오래돼서 폐차하려고 폐차장에 딸을 데리고 갔대요. 폐차를 하는데 딸이 갑자기 난리를 치면서 울더라는 거예요. 쟤를 죽인다고 하면서요. 굉장히 당황했다 하더군요. 기계에 대한 사랑은 실제로 현실에서 벌어지는 일이에요. 전에 만났던 한 로봇 연구자도 그러더군요. 굳이 인간 형상을 부여하지 않아도, 단지 움직이기만 해도 사람은 그 기계에게 애정을 갖게 된다고요. 인간이나 동물의 형상을 부여하면 더욱 그렇겠죠.

장병탁   몇 년 전에 인공지능 로봇 유튜브 채널 '보스턴 다이내믹스 Boston Dynamics'가 올린 영상에 많은 사람이 보인 반응도 그래요. 사실 자기들이 만든 로봇의 능력을 시험하고 자랑하기 위해 로봇을 발로 차고 밀치고 하는 영상이었는데, 그걸 학대라고 비난하는 댓글이 엄청나게 달렸었죠.

그런 일이 있고 난 후 그 영상을 패러디해서, 자기를 밀치거나 때리는 인간에게 로봇이 발로 차고 밀치는 영상을 만들어 올린 사람도 있었죠. 그 일이 잘 알려진 뒤에도, 한국에서 대통령 후보가 로봇이 쓰러져도 다시 일어나는 능력을 시험한다고 로봇을 넘어뜨렸다가 '로봇 학대'니 '공감 능력 결여'니 '소시오패스'니 하며 비난받은 일도 있었어요.

태 호   그때 텔레비전에 로봇 연구자와 유명한 논객이 나와 논쟁을 벌이기도 했었죠.

이진경   이런 반응, 사실 흔한 거예요. 사람들은 기계를 쉽게 사랑한다는 거예요. 왜 사랑할까요? 꼭 미감 판단만은 아니죠. 오디오가 멋있게 생겼다는 이유로만 사랑하는 건 아니거든요. 자동차도 그렇고요. 프랑스의 문학가이자 사상가인 블랑쇼Maurice Blanchot는 '매혹'이란 사물이 다가와서 내게 손을 대는 거라고 한 적이 있어요. 매혹의 힘을 생각하면, 손을 댄다기보다는 오히려 사물이 다가와 나를 잡아당기는 거라고 해도 좋을 거 같아요. 그럴 때 우리는 사물에 매혹되죠. 시인이란 사물에 매혹되는 사람이에요. 별에 매혹되고 나무에 매혹되고 노인들의 찌그러진 눈에 매혹되고 먼지를 뒤집어쓴 채 도시의 도로 위를 헤매는 백조에게 매혹되곤 하죠. 이들만 매혹되는 건 아니에요.

태 호   고백하자면, 저는 기계를 아주 좋아해요. 제가 사용하는 랩톱, 태블릿 PC, 스마트폰 등 IT 기계를 정말 아껴요. 그 기계들이 돋보일 수 있도록 관련 액세서리를 많이 사기도 하고, 먼지가 묻지 않도록 매일 닦아주기도 해요. 그저 편의를 위한 도구로 사용하는 것과는 다른 애정이에요. 스마트 스피커도 여러 대를 갖고 있고요. 그런 마음으로 이런저런 기계들을 사모으고 있습니다. 만약 로또에 당첨된다면 가장 먼저 사고 싶었던 기계들을 살 거예요.

이진경   저도 오디오 같은 기계를 좋아하는데, 바꿈질할 주제는 못 돼서 그저 기계를 아껴주고 잘 써주는 노선을 택했어요. 평소 음악을 좋아해서 오디오를 자주 사용해요. 그런데 사진으로 보는 것만으로도 기계가 너무 아름다워 보일 때가 있어요. 인터넷을 하다가 눈에 띄는 게 있으면 거기에 매혹되어 자꾸 관련된 다른 걸 검색하게 되더라고요. 서울대 교수인 지인 한 분이 오디오에 빠져 사는데, 사실 자기는 대학교수보다는 오디오 수리공을 하고 싶었다고 하더군요. 돈이 많지 않다 보니 계속 중고거래 장터를 뒤지며 가성비 좋은 거 찾고 주변 지인들에게 권하곤 하죠. 오디오 살 때 이 친구와 상의하지 않았다간 큰일 나요. 요즘은 직접 땜질도 하고 수리도 한대요. 기계에 매혹되어 사는 거죠.

김재아 호르몬으로 보면 좀 다르지 않을까요? 기계에 대한 사랑이랑 반려동물이나 사람에 대한 사랑은 호르몬이 좀 다를 것 같아요. 인간에 대한 사랑은 약간의 집착도 포함하니 도파민이 많이 흐를 것 같고요.

이진경 기계도 장난 아니에요. 돈 쓰고 시간 쓰는 거 생각하면, 사랑하는 사람한테 쓰는 것보다 더 많이 드는 경우도 많아요. 그래서 오디오가 애인이나 배우자와 경쟁 관계가 되는 경우가 적지 않죠. 그래서 오디오 때문에 싸우는 부부나 연인들도 많다고 해요. 오디오를 살 때 배우자나 애인에게 얼마짜리인지 절대 알려주지 않는다는 얘기도 들었어요. 질투 같은 것과는 다르지만, 일종의 경쟁 관계가 있는 건 분명해요.

장병탁 그것 역시 뭔가 자기만족 같은 것이 아닐까요? 기계를 통해서 내가 어떤 만족감을 느끼거니까요. 우리 집 강아지는 상당히 제게 의존적이에요. 먹을 것을 주면 무척 좋아하는데, 그걸 보면 저도 좋으니까 자꾸 주게 돼요. 그런데 강아지가 살찌기 쉽잖아요. 그래서 자제하려고 애쓰고 있어요. 개든 뭐든 나한테 의존할수록 더 사랑스럽다고 느끼게 되는 거 같아요. 나한테 의존한다는 것 자체에서 스스로 뭔가 보람도 느끼고, 어쩌면 거기서 내 존재의 의미를 찾는 거 같기도 해요. 서로 좋아하는 관계에는 이런 상호 의존성이 있을 것 같아요. 기계 한테도 마찬가지고요.

이진경   기계는 살아 있는 것과 달리 쉽게 바꿀 수 있다고 생각해서, 부서지거나 고장 났다고 해서 사람들이 슬퍼하는 일은 별로 없는 것 같아요. 저는 그런 태도가 사실 못마땅한데, 정말 윤리적인 차원에서 우정이나 사랑이 필요한 건 그런 기계나 사물에 대해서가 아닐까 생각해요. **사물에 대한 우정**이 필요하다는 거죠. 그런 주제로 글도 쓴 적이 있기도 하고요. 가령 스마트폰은 과거 70~80년대 나사NASA에 있던 컴퓨터보다 더 훌륭한 컴퓨터인 셈인데, 한 2~3년 지나면 버리잖아요. 애들은 뭘 시키든 군소리 한마디 없이 충실하게 일을 해주는데, 아무런 안타까움도 없이 약간 낡았다 싶으면 그냥 버리는 거죠. 최소한 그들이 공능을 다할 때까지 최대한 곁에 두고 사용해주는 것, 그런 게 그들에 대한 우정이고 최소한의 도리가 아닌가 싶어요. 사람으로 바꿔 생각해보면, 내가 하자는 대로 다 충실하게 해주고 버림받아도 군소리 한마디 없이 떠나는 사람이 있다면, 거의 '성자'라고 해야죠. 역으로 그런 친구가 여전히 일할 수 있는데도 버리는 건 '배신'이고요. 사물들에 대한 최대한의 우정을 갖고 그들이 자기 능력을 다할 수 있도록 해주는 것, 그게 사물에 대한 우정입니다. 요즘은 그게 쉽지 않아요. 새로운 물건이 빨리 나오고 조금만 시간이 지나면 단종돼서, 고치려 해도 수리비가 많이 들어서 '차라리 새로 사는 게 낫겠다' 싶게 만드니까요. 그게 지금 자본주의가 생존을 지속하는 방법이죠.

장병탁   어떤 외화에선 자동차가 말도 하고 그러잖아요. 그게 가능성이 있어요. 앞으로 AI가 그렇게 될 거예요. 차를 타면 "어디를 갈까요?" 묻는 거죠. 내 마음을 읽고 내가 선호하는 곳을 알아서 데려다주는 차를 한 10년 타다 남의 집에 보내면 종종 생각이 날 거 같아요.

이진경   대학원 다닐 때 친하게 지내는 복사집 주인이 있었어요. 복사기가 고장이 잘 나잖아요. 계속 이물질이 뱃속을 통과하니까요. 그런데 복사기가 고장 났다고 직원이 얘기해서 복사집 주인이 복사기에 다가가면 어느새 제대로 돌아간대요. 그래서 주인 발소리만 들어도 멀쩡해지는 게 복사기라고 하더군요.

장병탁   반대로 기계를 잘 고장 내는 사람도 있잖아요. 손만 대면 고장 내는 그런 사람.

이진경   반면에 똑같은 기계도 훨씬 좋은 걸로 만드는 경우도 있어요. 예전에 타던, 싸고 낡은 자동차에 언젠가 잘 모르는 사람을 한번 태워줬더니 "자동차 오디오, 좋네요. 외제 오디오로 바꿔 넣으신 건가요?' 하고 물어보더라고요. 하지만 그건 차 살 때 있던 거 그대로였거든요. '길이 잘 든다'고 하잖아요. 음악을 좋아해서 운전할 때마다 열심히 틀어줬던 게 좋은 소리의 비결이 아닌가 싶어요. 상대가 하는 데 따라 다르게 반응하는 건 사람만 그런 게 아니죠. 저는 기계가 그저 피동적이라고 생각하는 건, 기계가 그저 만들어진 그대로 언제 어디서나 똑같이 작동한다고 생각하는 것만큼이나 부당하다고 생각해요. 사물을 대강 쓰다 버리는 건 자본주의 사고방식이잖아요. 자본주의 이전부터 있던 장인들도 그러지 않았어요. 그들은 끌이나 대패와 같은 도구들을 무척 정성스럽게 다루고, 남들이 함부로 만지거나 쓰지 못하게 했죠. 근데 자본주의는 상품을 대량 생산할 뿐 아니라 계속해서 소비가 일어나야 이윤을 얻을 수 있기 때문에 빨리 쓰다 버리게 하느라 애를 쓰죠. 사랑이라는 것은 사람이든 동물이든 식물이든 사물이든 그것들과 좋은 관계를 만들어내는 윤리적인 행위예요. 사물을 대하는 자세도 이런 게 바탕이 되어야 하지 않을까요? 그저 생긴 모습이 비슷하다고 공감하고 공연한 동정심 발휘하여 '학대'라고 비난하면서, 자기가 쓰는 물건은 조금만 탈 나면 버리고 새로 사는 게 아니라요.

당연한 거지만, 함부로 다루면 기계도 쉽게 망가져요. 좋은 사용자라면 잔고장 정도는 최대한 자기가 고치려고 해야 해요. 저는 원래 손재주가 없어서 콘크리트 벽에 못을 박는 것도 잘 못했어요. 그런데 자꾸 고장 난 걸 고치다 보니까 익숙해지더라고요. 잔고장 난 기계를 고치면서 이리저리 만지다 보니 기계와의 관계뿐 아니라 내 능력도 좋아지더군요. 아까 오디오에 빠져 산다는 그 친구는 중고품을 많이 다루다 보니 엔간한 잔고장은 모두 자기가 고쳤던 거 같은데, 그러다 보니 수리점 생각까지 하게 된 거겠죠. 사물에 대한 우정, 사물에 대한 예의의 본보기를 보여주는 친구죠.

장병탁 전에 '아이보'라는 강아지를 닮은 로봇이 있었어요. 근데 그게 단종되어 수리하기가 힘들게 된 뒤 고장 나면 사용자들이 장례식도 치러주고 그랬어요.

김재아 외형도 동물이고 사람의 말동무가 되어주었다면 슬플 것 같아요. 걔가 정서가 있든 없든 나와 교류가 있었으니까요.

장병탁 근데 인지과학적으로 스크린에 애니메이션 캐릭터가 나오는 것과 사람처럼 생긴 신체를 가진 로봇이 나오는 것은 다르다고 하더라고요.

이진경 그렇죠. 신체성이 역시 중요하잖아요.

태 호 저는 음성인식 스피커를 매일 사용하는데, 그 스피커에 대한 애정은 없거든요. 저는 오늘의 뉴스나 날씨가 궁금할 때, 간단한 계산값을 물어볼 때, 음악이 듣고 싶을 때, 알람 맞출 때만 써요.

장병탁 혹시 스피커가 진화하고 있는 게 느껴지세요?

태 호 애정이 없어서 그런지 전혀 모르겠어요.

장병탁 말하는 것을 넘어 표정 짓고, 감정 반응을 보이고, 신체까지 갖추면 애정할 수 있을 거예요.

김재아 그런 애정을 가질 아이가 빨리 좀 생겼으면 좋겠어요.

장병탁 그러다가 바보짓을 한 번 하면 사랑을 못 받아요. 똑똑하다고 생각했는데 바보 같은 짓 한 번 하면 실망하니까요.

이진경　수행 능력이 떨어지면 사랑받기 힘들군요.

장병탁　아, 사람들이 언제쯤 AI에게 사랑을 느낄 수 있을까요? 스파이크 존스 감독의 영화 〈그녀〉에 나오는 사만다처럼요.

태　호　어떻게 보면 기계라서 사랑하기 쉬울 수도 있을 거 같아요.

장병탁　사실 사람들이 기계와 이야기할 때는 상대방이 사람이라면 하지 못하는 얘기도 편하게 하죠. 기계는 사람과 달리 절대 배신하지 않는다고 생각하니까요.

이진경　내가 무슨 얘기를 해도 화내거나 무시하거나 선입견을 가지고 판단하지 않을 테니 말이죠.

김재아　그러니까 인간이 AI를 사랑하는 데는 문제가 없다는 생각이신 거죠?

이진경　그건 이미 현실에 존재하죠. 자연적으로 발생하는 거고요.

장병탁　사랑에 빠진 것처럼 착각하게 만들 수도 있고요.

김재아　그러면 AI 사랑 사기꾼이 나타나겠네요.

장병탁　그렇죠. 피싱 Phishing할 수 있죠. 요즘은 음성 딥페이크 기술이 많이 발전해서 목소리도 쉽게 변조할 수 있는데, 최근에 이를 이용한 보이스 피싱 범죄가 발생하기도 했었죠.

김재아　고인이 된 가수 김광석이랑 거북이 터틀맨의 목소리를 복원해내기도 했고요. 요즘엔 버추얼 휴먼도 있더라고요. 진짜 어딘가에 살고 있을 것 같고 신기했어요. 어떻게 했을까요?

장병탁　처음부터 생성하는 건 어렵고, 실제 사람이 있고 거기에 캐릭터를 입히는 거예요. 그런 캐릭터가 나타나서 나에게 잘해주면 좋아하기 더 쉽겠죠.

김재아 그런데 그런 캐릭터는 인간을 사랑할 수 있을까요? 사랑이라
      는 게 호르몬 작용이라서 AI한테는 장벽이 있지 않을까요?

이진경 다시 흉내 얘기가 되겠지만, 사랑하는 것처럼 행동하게 하는
      건 가능할 텐데, 실제로 사랑하게 할 수 있을까 하는 건 또 다
      른 문턱이 있을 거 같아요.

김재아 강인공지능까진 아니더라도 사랑이 가능한 로봇, 사랑할 줄
      아는 로봇을 만들면 되지 않을까요?

이진경 여기서도 가상이든 현실이든 **독자적인 신체성을 갖고 이를 유
      지하려는 것을 목적함수로 갖지 못하면, 인공지능이 인간을 사랑
      하는 건 쉽지 않을 거 같아요.** 사랑하는 것처럼 흉내 내게 할 수
      는 있겠지만, '식별 불가능한 흉내의 어려움'이란 문턱에 다시
      걸릴 거예요. 또 하나, 인공지능이 사랑을 할 수 있다고 할 때,
      다른 문제도 있을 거 같아요. 사랑하던 인간을 사랑하지 않게
      될 때 혹은 사랑하는 인간이 자기를 버렸을 때, 그가 어떻게
      행동할 것인가 하는 문제요. 인간의 뜻에서 벗어나 자기 길을
      가게 되는 건데, 그걸 인간이 허용할 수 있을까요?

김재아 기계가 독자적인 감정을 갖고 사랑의 감정까지 갖는 것을 사
      람들은 좋아하지 않을 거예요. 배신의 가능성이 생기는 거니
      까요. 책임져야 한다는 부담도 생기고요.

이진경 감정이나 사랑은 내 뜻대로 되지 않는 것에 대해, 이른바 외
      부성 내지 타자성에 대해 내가 존중하겠다는 뜻이 있을 때만

가능하잖아요. 이는 생명 복제의 경우 훨씬 명확하게 문제가 되죠. 생명 복제는 장기이식이나 치료법 개발 등 인간의 합목적적인 행위로 하는 거잖아요. 인간의 이익을 위해 그들의 몸을 사용하겠다는 참혹한 전제가 있는 거죠. 그런데 그렇게 복제된 생명체 역시 자기의 생존을 지속하려는 욕망을 가질 거예요. 즉 이들은 자신을 위해 살려고 할 것이고, 당연히 인간의 뜻에 따르지 않겠죠. 이때 인간이 그들의 의지를, 인간 뜻대로 되지 않는 타자성 내지 외부성을 존중하지 않을 때, 생명체와 생명체 간의 충돌이 발생하겠고요. 리들리 스콧의 영화 〈블레이드 러너〉가 바로 이걸 다루고 있죠. 복제된 생명체도 이럴 터인데, 독립적인 자아나 의식, 감정 등을 갖는 기계라면, 충돌은 더욱 격할 수 있을 거 같아요. 인간이 받아들이기 훨씬 더 어려운 일이 될 것 같고요.

김재아　그런데 양로원에 보급되는 로봇의 경우에는 감정을 부여하거나 표현하려고 노력하잖아요. 로봇의 역할에 따라서 달라지지 않나요?

이진경　감정을 읽어내고 적절한 감정적 반응을 보여주는 건 다른 문제죠. 그걸 위해 감정을 가질 필요는 없으니까요. 역으로 독자적 감정을 갖게 되면, 그런 일을 하면서 인간처럼 "아우, 짜증나" 이럴 수도 있겠죠. 로봇이라고 안 그러겠어요? 독자적인 감정 없이 그저 상대방 감정을 읽고 적절하게 표현하는 정도가 제일 편하겠죠.

9 | 답을 찾는 속도와
답을 지우는 능력

장병탁　사실 인공지능 연구에 딜레마가 하나 있어요. 바보 같은 알고리즘도 컴퓨팅 파워가 정말로 강력해지면 사람만큼 똑똑해 보일 수 있거든요. 그래서 알고리즘을 똑똑하게 만드는 데 심혈을 기울일 것인지, 아니면 컴퓨팅 파워를 더 강력하게 만드는 데 노력을 집중할 것인지 고민이 돼요. 사람이 0.1초 만에 판단하는 문제를, 지금 기계는 5초가 걸려도 제대로 판단하지 못해요. 그런데 시간이 지나면 결국 기계도 사람만큼이나 정확하게 판단할 겁니다. 이렇게 단순히 연산 속도를 향상시키고 기억 용량을 확장하는 것만으로도 기계가 인간의 능력을 따라가는 거죠.

지금 알파고가 그래요. 현재 아무리 컴퓨팅 파워가 좋아도 바둑의 모든 경우의 수를 다 계산해낼 수는 없어요. 그런데 알파고는 딥러닝을 통해 좋은 수를 찍는 것까지 배운 거예요.

즉 사람이 하는 걸 흉내 낸 거죠. 그런데 강력한 연산 능력과 기억 능력을 보유하고 있으니까 사람이 하는 것보다 훨씬 더 빠르고 정확하게 처리하거든요. 찍는 것도 복잡한 계산으로 하니, 결국은 사람의 수준을 넘은 거죠.

계산 속도나 기억력, 정확도 면에서는 우리가 기계보다 못하지만, 대신 주의 집중하는 능력이 뛰어나요. 필요 없는 것들을 무시하고 배제하는 능력을 진화하면서 터득했어요. 기계는 그러한 능력이 없으니까 그냥 하나하나 미련하게 다 계산해야 하죠. 그런데 연산 속도가 빨라지면 인간이 가진 선별하고 집중하는 능력을 능가할 수 있어요. 그렇다면 AI가 굳이 사람의 논리 연산 과정과 유사하게 처리할 필요가 있느냐, 사람의 뇌를 닮을 필요가 있느냐 하는 고민에 빠지게 됩니다.

이진경 미련하게 다 계산하지만, 그 계산을 빨리 처리할 수 있으면 미련하지 않다는 게 역설이라는 말씀이시죠? 미련한 속도가 똑똑함을 따라잡을 수 있다.

장병탁 확실히 아직 기계는 인간이 하는 많은 것을 제대로 처리하지 못해요. 그러나 이런 것조차도 한 10년 지나면 또 따라잡을 수 있다는 거죠. 사람은 생물학적으로 능력이 제한되어 있잖아요. 그런데 기계의 기술적 능력은 계속 확장되고 있죠. 따라서 인간의 똑똑함을 닮으려 하기보다는 차라리 기계가 잘하는 걸 좀 더 빨리하도록 하는 게 더 쉬운 길이 될 수도 있다는 말입니다.

이진경   저도 동의합니다. 기계가 인간을 닮으려 할 때조차 기계 나름의 길이 있는 거죠. 그리고 그게 더 빠른 길일 가능성이 커요. 다만 바둑을 두는 데 작은 발전소 용량의 전기를 쓰는 길이라면, 자원의 고갈이나 기후 위기 등을 고려할 때 미래는 생각보다 밝지 않을 수 있을 거 같지만요.

장병탁   맞아요. 그래서 에너지 소모를 줄이는 방법을 찾는 게 인공지능 연구자들의 중요한 과제 중 하나예요.

이진경   옆으로 새는 얘기지만, 무어의 법칙Moore's Law(인텔의 창립자 무어Gordon Moore가 1965년에 발견한 관찰 결과로, 반도체에 집적하는 트랜지스터 수는 1~2년마다 2배로 증가한다는 법칙)과 지수적 성장을 근거로 '특이점이 온다'고 주장했던 커즈와일Ray Kurzweil의 예언이 생각나네요. '특이점'이란 미분 불가능한 점으로, 그래프가 꺾어지거나 끊어지는 점처럼 급변하는 지점을 말하죠. 반도체 집적 기술에서 일시적으로 나온 '법칙'을 모든 기술로 일반화해서, 기술 성장에도 비약하는 지점이 있다는 겁니다. 그런데 자동차 엔진 효율은 포드 자동차 이후 100년 넘는 기간 동안 세 배도 좋아지지 않았어요. 자동차도 나름 20세기를 대표하는 기술인데 말이죠. 다른 기술은 어떨까요?

'특이점이 온다'는 말은 기술이 아니라 기후에 적용해야 할 것 같아요. 기후학자들은 2차 세계대전 이후 에너지와 자원 소모량이 비약적으로 상승하는 특이점이 이미 왔음을 보여준 바 있습니다. 그리고 지금 이대로라면 머지않아 '양의 되먹임Positive Feedback'(기후 변화에서 양의 되먹임이란, 기온이 올라감으로써 숲과 토양의 탄소 배출량도 늘어나 온난화를 더욱 부추기는 현상)을 통해 다시 한번 걷잡을 수 없는 '티핑 포인트Tipping Point'가 올 거라고 하죠. 즉 '특이점이 온다'는 말입니다. 기후 위기가 국제적 의제로 떠올라 세계적 차원에서 대책을 논의하고 이런저런 협약을 맺던 1990년대 이후에도, 이산화탄소 배출량은 감소하기는커녕 오히려 증가하는 추세를 보여주었죠. 중요한 건 바로 그 시기가 인터넷과 IT 기술이 본격화되고 '인지자본주의'니 '디지털시대'니 하면서 '비물질적 노동'에 대한 논의가 전면화된 시기라는 겁니다. 표면에서 진행된 사태와 그 이면에서 벌어진 사태가 아주 극적으로 대비되는 셈인데, 기술 특이점을 향해 달려가는 기술 개발로 인해, 그 특이점이 오기 전에 또 한 번 기후 특이점을 통과하게 되는 건 아닌지 모르겠습니다.

장병탁 '인류세Anthropocene'라는 개념이 등장한 것도, 환경경제학이 시작된 것도 그와 관련되어 있죠. 사실 인공지능 연구는 그걸 중요한 변수로 고려하지 않고 있어요. 에너지 과용도 그런 맥락에서 문제화된 건 아니고요.

이진경 다시 인공지능으로 돌아가서, 아까 하신 말씀에도 약간 덧붙이고 싶은 게 있습니다. 인간이 적은 데이터와 에너지만으로 효율적으로 정보를 처리한다고 하지만, 기계의 계산 속도와 데이터양은 그걸 따라잡을 수 있다는 말씀이요. 그건 그럴 수 있겠지만, 인간과 인공지능의 사고에서 중요한 차이가 하나 있는 것 같아요. **기계와 달리 인간은 출구 없는 상황에서 답이 없는 질문을 던진다는 거예요.** 이게 '생각하다'라는 동사를 사용할 때 가장 중요한 게 아닌가 싶어요. 출구가 있을 때는 출구로 가는 가장 빠른 길을 찾는 게 중요하죠. 그런데 어디로 가도 출구가 보이지 않는 상태에서 출구를 찾는 것은 계산 속도로 해결되지 않아요. 그래도 어쨌든 어디론가 가야 하는 거예요. 답이 없는데 답을 해야 하는 상황이죠. 더 정확히는 모든 답이 지워지고 거꾸로 물음이 생겨나는 지점이라 해야 할 거 같네요. 그런 상황을 인공지능은 어떻게 처리할 수 있을까요?

장병탁 쉽지 않은 문제죠. 하지만 인공지능이 명확한 답만을 찾는 건 아닙니다. 지금 상태에서는 답이 안 보이지만, 어느 방향으로 가는 것이 답에 더 가까이 가는 것인지 경험적 추정을 통해서 최적화를 시도할 수 있죠.

이진경 철학적으로 혹은 근본적으로 따지면, 인간의 사유 능력은 숨어 있는 답을 찾아내는 게 아니라, 오히려 있는 답을 지워 물음을 던지는 힘이라 해야 합니다. 사실 인간은 생각하며 행동하는 동물이 아닙니다. 대개 '상식'이라는 준비된 답들을 갖고 있고, 그에 따라 생각할 것도 없이 행동하죠. 상식에 따라 행동할 때, 생각하는 건 내가 아니고 상식이에요. 반면 답이 지워지고 상식이 더 이상 통하지 않을 때, 그리고 피할 수 없어서 어떻게든 답을 찾아야 할 때, 우리는 비로소 사유하기 시작합니다.

새로운 혁신이나 비약이 시작된 건 모두 이런 상황에서였죠. 그래서 답보다 훨씬 중요한 게 물음이라 해야 합니다. 사유란 답을 찾는 능력이 아니라 물음을 던지는 능력이죠. 출구가 없어 근본적으로 상황을 바꾸어야 할 때, 없던 걸 찾아내고 혁신적인 걸 발명해내거든요. 이런 게 정말 중요한 능력 같아요. 사실 인간이라고 다 그런 것도 아니지만, 기계들이 이런 답 없는 상황을 뛰어넘을 수 있을지 모르겠어요. 처리 속도만 가지고는 쉽게 해결되지 않는 '사유 방식'의 문제가 있는 거죠.

장병탁 말씀하신 인간의 사유 방식을 저는 탑다운Topdown 방식으로 봐요. 위에서 아래를 내려다보는 방식이요. 기계는 아래에서 위로만 보잖아요. 갈 곳이 어디든 미리 가보는 방식으로 계산하고 비교하여 판단하니까요. 방금 말씀하신 사유 능력이나 앞서 말씀하신 능동성은 위에서 아래를 내려다보죠. 마치 터널을 지나는 것과 비슷해요. 우리는 터널을 지나면 뭐가 나오는지를 대충 알고 있잖아요. 특히 과거에 그 터널을 지나가 본 경험이 있다면요. 현재 기계는 그런 예측을 거의 하지 못해요. 그냥 터널 안의 현재만 보고 가는 거예요. 대신에 정확하게 보죠. 터널 밖의 상황 정보는 없이요.

우리는 현재 상황이 복잡하면 그 모든 경우의 수를 다 따져보기보다는, 일종의 예지력이나 상상력을 발휘해 능동적으로 앞을 내다보고 그로부터 경우의 수를 줄일 수도 있어요. 지금 기계가 하는 건 기본적으로는 현재 보이는 것만 최대한 분석해서 어떻게든 더 정확하게 하려고 애쓰죠. 멀리 내다보거나 주변의 더 큰 상황 정보를 능동적으로 고려하기보다는요.

이진경   아주 가까운 것에 의해서 발생하는 차이도 있을 것 같아요. 가령 사과가 앞에 있다고 하면, 사람들은 배가 고픈지 혹은 그림을 그리고 싶은지 혹은 품종 정보에 대해 알고 싶은지에 따라서 같은 사과도 다르게 인식할 거예요. 달리 얘기하면, 어떤 장면 속에 사과, 아이패드, 책이 섞여 있을 때, 인공지능은 그 상황을 스캔해서 사과와 아이패드, 책이 있다고 판단하겠지만, 인간들은 자신의 관심사와 욕망에 따라 사과에 눈이 가는 사람도 있고, 아이패드에 눈이 가는 사람도 있고, 책에 눈이 가는 사람도 있을 거예요. 똑같은 장면이지만 똑같은 장면이 아닌 거죠. 어디에 포커싱되는가에 따라 다른 장면이 돼요. 포커싱된 것이 '그림'의 전경으로 자리 잡고, 다른 건 배경이 되는 겁니다. 그 점에서 인간의 감각에는 대단히 편벽된 능력이 있죠. 그게 또 중요해요. 중요한 것과 그렇지 않은 것을 구별하고, 관심 대상에 빠르게 집중하게 하는 능력이니까요. 이런 것이 속도와는 다른 차원의 작동 방식인데, 이는 어떤 대상을 양적 분석 대상이 아니라 질적 분석 대상으로 본다는 것을 뜻합니다. 자기 욕망이나 관심, 성향 등이 있어서 가동되는 능력 같아요.

장병탁 그것도 어떻게 보면 속도하고 관련이 있어요. 결국 그런 선별도 어떤 행동을 하는 데 필요한 걸 찾는 거고, 여러 대상 중에서 관심사에 집중함으로써 가장 빠르게 하고자 하는 바를 하는 방법이니까요. 이 모든 걸 하나하나 다 분석해서 판단하려면 배고플 게 뻔하니까, 얼른 먹을 수 있는 것에 집중해서 빨리 사과를 집어 들고 먹는 거죠. 전체 속도로 보면 가장 큰 차이는 **의도**예요. 우리는 의도가 있어서 선별하고 생각하고 행동하죠. 그렇게 언제나 주관성이 개입해서 선택하고 분석하지만, 기계는 그런 개념이 없어요.

이진경 인간은 내게 필요한 게 무엇인가에 따라 의지와 관심을 발동시키고, 그런 의지와 관심이 눈앞에 있는 것들에서 혹은 주변에서 내 시선을 어디로 옮길까를 결정하죠. 그게 선택하고 행동하는 속도를 빠르게 하기는 하지만, 그게 단지 속도를 높이기 위한 건지는 모르겠어요. 제가 보기엔 뭘 찾아야 할지를 결정하는 것은 속도 이전의 문제인 것 같아요. 속도가 빠르다고 해서 뭘 찾아야 할지를 결정하는 문제가 해결될 것 같지도 않고요. 관심사나 관점에 따라 찾고자 하는 것도 달라지고, 눈앞에 벌어진 상황이나 풍경을 아예 다르게 볼 수도 있죠. 누구에겐 아름다운 풍경이, 다른 누구에겐 난감하고 끔찍한 것이 될 수도 있는 것처럼요.

장병탁 네, 흔히 말하는 것과는 좀 다른 속도예요. 스캔하는 속도가 아니라, **목적한 것에 이르는 속도죠**. 결과적으로 목적한 걸 이루는 속도는 사람이 더 빨라요. 분석하는 속도는 내가 기계보다 느릴지 모르지만, 결국 목적한 걸 먼저 얻는 건 사람이에요. 필요 없는 건 알아서 제거해버리니까요. 사람은 호랑이를 만나면 무조건 도망치거나 안전한 곳으로 피하고 보잖아요. 기계는 상황을 분석할 시간이 필요하죠. 그러니까 사람은 분석이 느리고 부정확해도 대강 이 정도만 하고 재빨리 결론을 내려요. 인간이 더 빠르게 결론에 이르는 이유는 바로 이 때문입니다.

물론 기계도 흉내 낼 순 있어요. 챗봇이 하는 일이 그거죠. "저기에 호랑이 있어"라는 말에 "그럼 얼른 도망가세요"라고 대답하도록 훈련시켜요. 하지만 호랑이가 나를 해칠 수 있는 동물이라는 사실은 몰라요. 그저 상징으로만 알 뿐이죠. 그 간극을 좁히고자, '호랑이는 무서운 포유류고, 먹이사슬의 꼭대기에 있으며, 사람을 잡아먹을 수 있다' 등의 상식을 넣어주거나 호랑이의 영상을 보여주기도 합니다.

그런데 배보다 배꼽이 더 커지는 문제가 생길 수도 있어요. 그런 판단을 할 수 있게 하기 위해서는 입력해야 할 게 너무 많아지니까요. 문제는 지금 컴퓨터는 컵을 '컵'이라는 문자나 사진 같은 기호나 상징으로만 이해한다는 거예요. 제대로 이해하려면 실제 물체와 연결돼야 해요. '컵'이라고 하면 우리 뇌에는 어떤 것이 떠오르는데, 이는 단지 기호나 상징이 아니라 실제 우리가 컵을 보고 만진 실제 경험이 압축되어 있는 거잖아요. 이럴 때 컵이라는 개념이 '**그라운딩**Grounding'된 거라고 해요. 그라운딩이라는 것은 의미의 기반 구조화라고 보시면 됩니다. 그런데 기계는 컵을 경험한 적이 없기 때문에 기호나 상징만을 가지고 있죠.

이진경 인공지능을 공부하다 보면, '심볼 그라운딩Symbol Grounding'이란 말을 자주 접하게 돼요. 기호(심볼)의 근거가 되는 것, 기호의 의미를 근거 지어 주는 것을 지칭하는 말이죠. 대개는 방금 말씀하신 것처럼 기호가 표시하는 지시체를 뜻해요. 그런데 지시체는 의미를 다루기엔 불충분해요. 가령 '커피 한잔합시다'라는 말에서 '커피'는 명확한 지시체를 갖는 명사지만, 그 말이 뜻하는 건 잔에 담긴 검붉은 액체를 원한다는 말이 아니죠.

이런 관점에서 보면, 기호가 표시하는 지시체가 무엇인지 알아도 의미를 제대로 아는 건 아니라고 해야 합니다. 기호의 기초가 지시체라는 생각은 너무 얕은 상식에 기대고 있어요. '심볼 그라운딩'이 정말 어려운 건 같은 단어가 상황과 맥락, 어조에 따라 아주 다른 의미를 가지기 때문이죠. 제대로 그라운딩하려면 단어의 용법을 알도록 가르쳐야 하지 않을까요? 그리고 의미에 대해 말할 때 대부분 '인간의 해석'에 강하게 기대고 있다는 거예요. 인간이 부여하는 의미가 의미의 본질이라는 건데, 그 의미란 대체 뭘까요? 인간이 그저 직관적으로 비슷하게 표상하는 것을 상정하는 동어반복 아닐까요? 해석이란 말도 그래요. 처음부터 인간이면 쉽게 동의하지만, 인간 아닌 것에는 사용할 수 없는, **너무나 인간적인 정의**에 기대고 있죠. 그래 놓고는 기계는 의미를 알 수 없다고 하는 거예요. 기계에 사용할 수 없는 정의니 당연히 그렇겠죠. 그러나 그건 기계의 무능력이 아니라 그렇게 정의된 '의미'란 말의 무능력을 입증하는 게 아닐까요? 따라서 '의미'란 대체 무엇을 뜻할까를 다시 숙고해봐야 해요. 가령 어떤 말을 듣고 그에 적합한 반응을 하면, 그건 의미를 알고 있는 거라고 해야합니다. 중국어 방 논증에서처럼 적절하게 반응해도 의미는 알고 있는 게 아니라고 한다면, 그 '의미'란 말은 기계에 사용할 수 없죠.

장병탁 그라운딩되어 제대로 된 지식이 있다면 그와 관련된 행동까지 아는 거라 해야겠죠. 예를 들면, '컵'이라 하면 잡고 마시는 행동까지 연결할 수 있어야 해요. 마실지 말지까지 생각해야 하죠.

이진경 상황에 따라 다른 반응을 하도록 명령을 줘야겠죠.

장병탁 그래야 하는데, 사실 그게 난감해요. 하나하나 명시해야 해야 하니까요. 우리는 명시적으로 명령받지 않아도 관습적인 지식이나 판단 등을 배경으로 대충 그걸 알아듣고 알아서 채워 넣죠. 예를 들어, 우리는 길고양이를 보면서 상태나 상황에 따라 '귀엽다' '불쌍하다' '춥겠다' '배고프겠다' 등의 여러 판단을 하죠. 기계는 아직 그게 안 돼요. '체화된 인지'라는 말처럼, 신체에 새겨진 인지가 작용하고 신체를 움직이게 만드는 인지가 있어야 그라운딩된 거라 할 수 있어요.

이진경 말이 행동으로 연결되는 지점을 알아차리는 거, 어떤 기호와 결부된 행동들을 적절하게 포착할 수 있는 게 중요하죠.

장병탁 그라운딩됐다면 행동하고 상상하고 온갖 거를 다 할 수 있는데, 기계는 지금 그런 연결고리가 없죠. 제가 이해하는 '심볼 그라운딩'은 이런 뜻이에요. 기호와 의미가 연결되었다는 뜻에서 '바인딩Binding'이라고 하기도 해요.

이진경 하지만 지시체로 귀속시키는 것에서 벗어나야 한다고 생각해요. 가령 '딸기'와 '컵'이란 말이 해당하는 사물을 적절히 표상한다고 해도, 딸기와 컵에 연결되는 행동은 다르잖아요. 딸기는 '먹다'란 동사가, 컵은 '들다' 혹은 '내려놓다' 같은 동사가 와야 하는데, 이런 동사를 젖혀두고 단지 명사만 떠올린다면 의미를 알아들었다고 할 수 없죠.

장병탁 그런 의미에서 지시체와 그라운딩은 좀 다르네요. 그라운딩은 체화된 지식, 체화된 인지와 더 가깝다고 할 수 있겠네요.

이진경 심볼 그라운딩이란 말을 계속 사용하려면, 심볼을 명사로 떠받치는 방식이 아니라, 동사로 떠받치는 방식으로 그라운딩할 수 있어야 하지 않을까 싶어요.

김재아 그럼 인공지능은 스스로 데이터를 만들고 학습할 수 있을까요? 그렇다고 한다면 가장 큰 제약은 무엇일까요?

장병탁 신체가 중요하다고 하면서 우리가 출발했는데, 이는 그것과도 관련된 문제예요. 신체가 있고 행동할 수 있으면, 스스로 데이터를 만들어내고 학습하는 건 어쩌면 당연해요. 만져보면 알게 되고, 그로써 학습이 이루어지는 거니까요. 그러니 뜨겁다고 가르쳐주지 않아도 돼요. 우리가 스스로 지식을 습득하고 학습할 수 있는 것은 역으로 신체를 가지고 행동한다는 사실에 기반하고 있어요. 신체가 있으면 훨씬 더 많은 경험을 할 수 있고, 따라서 지식도 더 많이 습득할 수 있죠. 신체는 생각하고 판단하는 거점일 뿐만 아니라, 생각과 판단의 범위를 규정하기도 해요. 사이보그는 신체의 경계를 변경하는 것이 가능함을 보여주는데, 그렇다면 신체를 만들 수 있을 거라고 할 수도 있지 않을까요?

이진경 의식으로 통제할 수 있는 부분을 확장하려는 시도가 사이보그를 만드는 건 사실이에요. 그렇게 확장되거나 변경된 신체를 갖게 되면 그걸 제대로 움직이기 위해서 가장 먼저 필요한 게 학습이죠. 기존 신체와 연결되어 움직여야 하는데, 그러려면 통합된 신체를 효과적으로 움직이는 방법을 학습해야 해요. 그리고 보면 신체가 있는 상태에서의 학습은 신체가 없는 상태에서의 학습과 다를 수밖에 없을 거 같네요.

장병탁 학습을 해야 신체를 움직일 수 있지만, 그러려면 신체가 먼저 정보를 제공해야 해요. 학습 관점에서는 신체가 정보 수집 장치가 되는 거죠. 지금 머신러닝은 누군가 레이블 달아주고 데이터를 줘야만 학습할 수 있잖아요. 신체가 있고 센서가 있다는 건 수집 장치가 늘어나는 거죠. 하지만 단지 수집하고 입력하는 것만은 아니에요. 지금 머신러닝은 보통 데이터가 들어오는 방향에서 이루어지죠. 반면 신체가 있다면 그로부터 다양한 방향으로 뻗어나가면서 학습할 수 있을 거예요. 행동하기 위해 필요한 데이터를 스스로 형성하고, 그것으로 학습하죠. 그러면 기존에 없는 새로운 종류의 감각 정보를 학습할 수 있을 거예요. 즉 신체를 기반으로 머신러닝을 다루는 것은 기술적으로 또 다른 도전일 수 있어요.

김재아 신체를 갖고 행동하기 위해 데이터를 형성하는 학습이 이루어진다는 거죠?

장병탁 그렇죠. 행동하려면 새로운 학습이 필요해요. 컵을 잡는 것 같은 간단한 행동조차 제대로 하려면, 컵의 위치나 모양을 알아보는 것만으론 안 되거든요. 어디를 잡아야 하는지, 어떤 강도로 잡아야 하는지, 그러려면 신체를 어떻게 움직여야 하는지 등을 새로 학습해야 해요. 잡아야 할 것이 컵이 아니라 된장찌개가 담긴 그릇이거나 아니면 귤이나 두부라면 더욱더 많은 걸 학습해야 하죠.

김재아 인간에게 머리가 있어도 머리 나쁜 사람은 스스로 학습하지 못하잖아요. 그런 것처럼 인공지능도 신체는 있는데, 생각보다 머리가 잘 안 돌아간다든지 하는 일은 없을까요?

장병탁 그럴 수 있어요. 지금 로봇이 대개 그래요. 정말 바보죠. 그러니까 역으로 훨씬 발전할 가능성이 있는 거예요. 자기가 뭘 할지 생각하는 단계가 아니니까요.

김재아 장병탁 선생님은 계속 신체에 집중하시는 것 같은데, 어쩌면 그것도 너무 인간적 관점일 수 있을 것 같아요.

이진경 신체의 유무가 단지 '인간적인' 생각만은 아니에요. 모든 생명체는 신체가 있으니까요. 우리도 끊임없이 정보를 습득하고 학습하는데, 생존에 필요하니까 하는 거잖아요. '머리 나쁜 사람'이라고 말씀하셨지만, 아무리 머리 나쁜 사람도 자신의 생존에 필요한 판단과 학습을 해요. 낯선 물건을 보면 이게 뭔지 알아내려 하고, 그걸 어떻게 다루어야 하는지 시험하고 하잖아요. 새로운 사람을 만났을 때 그 사람의 언행을 보면서 그 스타일에 적응하려고 하고, 그 사람과 잘 지내려면 어떻게 해야 할지를 학습하는 거처럼 말이죠.

장병탁 저는 가요 프로그램이나 연예인들 토크쇼 등을 볼 때마다 사람들의 재능이 아주 다양한 것에 늘 감탄해요. 공부에 손 놓은 지 오래인 거 같은데, 정말 똑똑한 분이 많아요. 꼭 공부를 많이 하거나 책을 많이 읽어야 학습을 하는 건 아니란 말이죠. 다양한 상황에서 즉흥적으로 대응하는 능력이나 노래나 춤과 같은 예술적 능력, 세상 돌아가는 이치나 사회를 이해하는 능력이 나름대로 뛰어난 분들을 볼 수 있잖아요. 심지어 비즈니스나 투자와 같은 영역에서 경제학을 공부한 전문가들보다 더 뛰어난 분들이 있기도 하고요. 이런 분들이 새로운 과학적 발견이나 신기술 개발에 직접적인 상관이 없을지 몰라도, 신체를 다루는 능력이나 세상을 보는 능력은 놀라운 경우가 많죠. 누구나 나름대로 잘하는 게 있는 거예요. 서로가 잘하는 영역, 뛰어난 영역이 다른 거죠.

'No Free Lunch Theorem'이라는 말이 있어요. 해석하면, '공짜 점심은 없다의 정리'인데, 머신러닝의 기본 법칙입니다. 어떤 모델이 특정 문제에 최적화되어 있으면, 다른 문제에서는 좋지 못한 성과를 낼 수 있다는, 즉 얻는 것이 있으면 잃는 것이 있다는 말이죠. 반대로 못하는 것이 있으면 대신 잘하는 것도 있다는 말이기도 해요. 세상이 공평한 거죠. 현재 AI와 사람의 지능을 비교해봐도 '공짜 점심은 없다의 정리'는 여전히 유효해요. AI가 디지털 기술과 관련해서는 인간보다 월등히 잘하지만, 가치판단이 필요하거나 몸을 써야 하는 영역에서는 AI가 훨씬 약하죠. 신체가 필요 없는 기호화된 정보 처리 능력에서는 AI가 사람을 능가하지만, 신체에 기반한 체화된 인지 능력에서는 아직 초보 수준에 머물고 있잖아요.

이진경   종종 어떤 사람을 보고 동물적인 감각을 가졌다고 말하잖아요. 동물적인 감각을 가진 정치가, 동물적인 감각을 가진 장사꾼은 정말 누구도 이기기 힘든 능력을 가진 분들이죠. 학습도 그런 것 같아요. 머리보다 빠르게 추론하는 능력이 '동물적인 감각' '동물적인 신체' 속하는 거죠. 학교 학습이 사람들을 지배하다 보니, 머리가 좋고 나쁨을 흔히 교육과 관계된 학습 능력과 성적으로 보는 경향이 있는데, 사실 진짜 머리가 좋다는 건 '동물적 감각'이라고 표현되는 대처 능력 같아요. 동물적인 감각은 적절한 결론에 순식간에 도달하는 능력이라 할 수 있을 거예요. 흔히 '직관 능력'이라고 하는 건데, 그런 점에서 보면 지금 AI도 어쩌면 동물적 감각에 다가가고 있는 거라 해야 할지도 모르겠어요.

10

리얼리즘의 역설과
인공지능

김재아 인공지능이 쓰고 그리고 작곡한 소설, 그림, 음악 등이 나오
고 있습니다. 인공지능은 창의성, 나아가 예술성을 가질 수
있을까요? 어떤 요소를 통해 창의성을 가졌다고 인정받을 수
있을까요? 인공지능과 인간에게 공통으로 적용될 예술 기준
이 있을까요?

이진경 인공지능이나 기계가 창의성을 가질 수 없다는 얘기를 강하
게 주장하는 분들이 있었어요.《황제의 새 마음》을 썼던 수리
물리학자 펜로즈Roger Penrose와《괴델, 에셔, 바흐》로 유명한
인지과학자 호프스테터Douglas Hofstadter가 대표적이죠. 그러
나 이미 콜튼Simon Colton이 개발한 '더 페인팅 풀The Painting
Fool' 같은 미술가-기계나 스페인 말라가대학에서 개발한 '이
아모스Iamus' 같은 작곡가-기계가 있으니, 길게 말할 필요가
없을 거 같아요. 사실 전 이 주제에 오래전부터 관심이 있었

어요. 십여 년 전에 '괴델의 정리'를 근거로 인간만이 창의성을 가질 수 있다는 펜로즈를 비판하면서, 역으로 '괴델의 정리Gödel's Theorem'야말로 기계가 창의성을 가질 수 있다는 근거라고 주장하는 논문을 쓰기도 했었죠.

장병탁   괴델의 정리가 창의성의 근거가 된다는 건 무슨 말이죠?

이진경   '자연수론을 포함하는 어떤 형식적 공리계에서도 공리(수학이나 논리학에서 증명 없이 자명한 진리로 인정되며, 다른 명제를 증명하는 데 전제가 되는 원리)만으로 참·거짓을 결정할 수 없는 명제가 있다'는 게 괴델의 정리죠. 즉 공리만으로 추론되지 않는 명제가 공리계 안에 있다는 겁니다. 이런 명제를 '결정 불가능한 명제'라고 합니다. 공리로부터 추론되는 명제는 창의적인 게 아닙니다. 원리·규칙을 준수해서 나오는 거니까요. 그런 점에서 '결정 불가능한 명제'야말로 창의성을 담고 있죠. 인간은 직관으로 창의적 명제를 만들어내지만, 기계는 직관 능력이 없기 때문에 창의적 명제를 만들어낼 수 없다고 펜로즈는 주장했어요. 그러나 이건 제가 보기에 괴델의 정리를 정반대로 오해한 거예요. 괴델의 정리란 공리만으로 참·거짓을 결정할 수 없는 명제가 공리들로부터 추론되어 나오며, 그렇게 기계적으로 추론하는 것만으로 공리 안에 없는 명제가 발생한다는 정리예요. 컴퓨터나 인공지능은 튜링 기계잖아요. 다시 말해 튜링 기계란 수학적 추론을 기계적으로 진행시키는 기계죠. 괴델의 정리는 튜링 기계의 기계적 추론만으로 공리에 없는 명제가 나온다는 거예요. 창의적 명제가 기계적 추론만으로 발생할 수 있다는 거죠.

쉽게 말하면, 우리는 기계가 프로그래밍된 대로 작동하리라 생각하는데, 실제로는 종종 프로그래밍되지 않은 결과를 산출하기도 하잖아요. 프로그래밍된 대로 작동한다는 말은 공리로 준 명령을 실행하고 그 공리들을 결합하고 계산하여 어떤 결과를 산출한다는 뜻이죠. 그런데 괴델의 정리는 프로그래밍된 대로 충실히 작동했음에도 프로그래밍되지 않은 뜻밖의 결과를 낸다는 거예요. **'창발'**이라고 부르는 현상이 이와 관련된 거죠.

김재아   기계가 프로그래밍되지 않은 결과를 낸다는 건 고장 났다고 봐야 하는 거 아닌가요?

이진경   맞습니다. 고장은 작동이 중지되는 것을 뜻하기도 하지만, 명령한 것과 다른 결과를 내는 것도 의미하죠. 여기서 '고장'이라는 말은 인간이 명령할 때 원했던 것과 다르게 작동한다는 뜻이에요. 뜻밖의 결과, 창의적인 결과인데, 우리가 '고장'이라고 칭하는 거죠. 마치 생물의 진화에서 돌연변이를 '고장'이라고 하는 것과 비슷해요.

장병탁   그래도 창발은 예상치 않은 것이지만 어떤 새로운 '질서'를 보여줄 때 쓰지 않나요? 고장은 그게 없는 거고요.

이진경   그렇죠. 그러나 무엇이 '질서'고 무엇이 '고장'일까요? 보기 좋은 게 질서고, 그렇지 않으면 고장이라고 말할 수 있을까요? 무언가 뜻밖의 상태가 발생했는데, 그것에 **긍정적 평가를 할 때는 '창발', 부정적 평가를 할 때는 '고장'**이라고 우리가 부르는 거죠. 다윈은 마데이라섬의 서식하는 풍뎅이 반 가까이 날개가 없는 것을 발견하고, 그것이 그 섬에서 '진화'의 방향이 될 거라고 했었죠. 좁은 섬에 바람이 세다 보니, 잘 나는 놈들은 대부분 바다에 빠져 죽고, 날개 없는 놈들이 살아남아 적자가 된 겁니다. 그러나 날개 없는 돌연변이들에 대해 우리는 '장애' '고장' 같은 말을 붙이잖아요.

김재아 그럼 고장이 반복되고 그게 생존에 유리하다면 그렇게 진화한다는 말씀이신가요?

이진경 그렇습니다. 사실 고장이나 오해가 새로운 발명의 출발점이 된 경우가 적지 않죠. 세잔Paul Cezanne에 대한 창조적 오해가 현대 미술의 새로운 막을 열었다는 건 잘 알려진 얘기잖아요.

김재아 그렇다면 기계가 고장 나도 그냥 써봐야겠는걸요. 소설에 영감이 될 수 있으니까요.

이진경 그것도 좋을 거 같네요. 그런데 AI가 소설을 잘 쓰는 건 음악이나 미술보다 쉽지 않을 거 같아요.

김재아 예전에 일본에선 AI가 소설을 써서 어디 예심을 통과했다는 기사를 본 적 있어요.

장병탁 저도 그 기사 봤는데, 사람들이 많이 개입해서 쓴 거라 인공지능이 썼다고 하기는 좀 어렵겠던데요.

이진경 맞아요. 중요한 단계마다 사람이 참견하고 그에 따라 부수적인 것 위주로 하게 해서, 소설을 썼다고 말하기 민망한 수준이었죠. 미국에서도 AI를 학습시켜 은행을 터는 강도 이야기를 쓰게 했었어요. 그걸 읽어본 적 있는데, 그건 소설이 아니라 은행을 털려면 어떻게 해야 하는지 알려주는 매뉴얼 같더라고요.

김재아 인공지능이 신문 기사는 잘 쓴다던데, 소설은 쉽지 않나 보죠?

이진경 예술 가운데 인공지능이 가장 하기 힘든 게 소설이 아닐까 싶어요. 소설에 비하면, 시가 조금 더 쉬울 것 같고요. 그리고 시보다는 미술, 미술보다는 음악이 더 쉬울 것 같아요.

장병탁 모라벡의 역설과 비슷한 느낌이 드네요. 시나 소설을 쓰는 것에 비해 미술이, 미술보다는 음악이 인간으로서는 쉽게 하기 어려운 일 아닌가 싶은데요.

이진경 그렇게 말할 수도 있겠네요. 동의하지 않는 분들도 있을 테지만, 음악이나 미술은 재능이 있다고 해도 매체를 다루는 훈련이 되어 있지 않으면 하기 어렵죠. 특히 악보를 읽고 쓰는 것, 소리만 듣고 어떤 음이고 어떤 박자인지 아는 것 등 특별한 훈련이 꼭 필요해요. 그에 비하면, 소설이나 시를 쓰는 건 글을 쓸 줄 아는 사람이라면 누구나 시작할 수 있잖아요. 물론 잘하는 건 어렵죠. 우열을 말하려는 건 아니에요. 가령 저처럼 예술 활동을 하지 않은 사람이라면, 작곡하거나 연주하는 건 시작할 엄두가 나지 않지만, 그림을 그리는 건 그보다 좀 더 쉽게 시작할 수 있을 거 같고, 글로 하는 건 그보다 더 쉬울 거 같다는 말입니다.

음악은 비재현적 예술이라 서사가 없어요. 물론 가곡이나 오페라에서의 서사는 문학에 속하고요. 추상·구상미술은 서사가 있지만, 문학보다 약하고 현실성이 필요하지도 않아요. 그저 상상이면 되죠. 반면 소설은 현실적인 서사가 있어야 해요. 신문 기사도 서사가 있지만, 그건 발생한 일에 대해서 정보를 모아 정리하면 될 뿐이죠. 반면 서사가 있는 예술은 그저 서술하는 걸로 안 돼요. 통상의 현실에서 상상하기 힘든 허구, 그것도 거리가 충분히 있는 허구를 포함해야 해요. 그런데 또 현실과 거리가 너무나 멀어져 이해할 수 없게 되어버리거나 납득할 수 없게 되어버리면 받아들이기 힘들 거고요.

이는 시보다 소설이 더 그래요. 일상적으로 일어난 일은 아무리 잘 써도 소설이 될 수 없고, 동시에 일상과 너무 멀어서 코웃음이 나게 되어도 안 되거든요. 이에 비해 시의 경우에는 통상적인 이미지나 관념을 뒤엎는 시선으로 세상을 보려고 하기 때문에, 일상 세계로부터 훨씬 더 멀어져도 괜찮죠. 그래서 시에는 그냥 보아선 이해할 수 없고 의미 없어 보이는 문장이 많잖아요. 너무 멀어도 안 되고 너무 가까워도 안 된다고 하는 **역설적 거리화의 긴장**으로부터 시는 소설보다 좀 더 자유로운 편이죠. 그러나 그런 문장도 헛소리는 분명히 아니어야 해요. 시가 되려면 의미 없어 보이는 문장이 분명 의미가 있다는 역설을 보여주어야 합니다.

김재아   음악보다 미술이, 시보다 소설이 더 어려울 거라는 건 약간 의외네요.

이진경   인공지능이 가장 먼저 접근했던 예술 분야가 음악이었던 건 이런 이유 때문일 거예요. 고흐나 렘브란트풍의 그림을 그리는 인공지능을 보게 된 건 그리 오래되지 않았지만, 바흐나 비발디 스타일로 작곡하는 프로그램은 이미 80년대에 선을 보였고, 90년대 후반에는 인간과의 경쟁에서 이겼죠. 음악은 현실적 서사와의 관계가 멀고 재현적인 성격이 없거든요. 가사 있는 음악도 가사와는 다른 내적 구조, 즉 음악적 소리의 내적 관계로 만들어지는 거라, 현실과의 거리가 아무리 멀어도 상관없어요. 추상도가 제일 높아서 제일 쉬웠던 거죠.

미술도 추상미술이 있지만, 그조차 형태나 형상을 완전히 벗어나기는 어려워요. 심지어 대상을 염두에 두지 않고 그린 그림에서도 사람들은 종종 이게 무엇을 그린 건지를 묻잖아요. 재현된 대상을 알아봐야 그림을 이해했다고 믿는 거죠. 따라서 현실과 거리가 멀어야 하지만, 또 너무 멀어서는 안 된다고 하는 역설적 거리화의 긴장이 여기에도 어느 정도 적용됩니다. 그렇기 때문에 소리들의 관계에만 신경 쓰면 되는 음악보다 덜 자유롭고 더 어려워요. 이런 역설적 거리화의 긴장이 제일 강한 건 서사가 중요한 장르입니다. 소설이나 영화, 만화가 여기에 속하죠. 인공지능이 설득력 있는 작품을 만들려면 많은 시간이 필요할 거예요.

김재아   카프카Franz Kafka의 〈변신〉 같은 소설, 즉 "어느 날 아침 그레고르 잠자가 불안한 꿈에서 깨어났을 때, 그는 침대 속에서 한 마리 커다란 갑충으로 변해 있는 자신을 발견했다" 이런 문장을 쓰는 소설이라면 어떨까요?

이진경   그렇게 현실성에서 거리가 먼 소설들이 있죠. 거의 시에 가까운 소설들이요. 카프카의 아주 짧은 단편소설 〈인디언이 되고 싶은 마음〉은 소설이라기보다는 시에 가깝죠. 그런 카프카 소설조차도 현실과 상당히 거리가 있어 보이지만, 사실은 현실과 가까이 있어요. 은유 내지 환유적 치환을 통해 현실을 등지지만, 역으로 그 거리 사이에 다른 현실을 불러들이는 역설적 관계가 있죠. 그래서 심지어 〈변신〉이나 〈소송〉 같은 카프카의 작품을 현실주의 작품으로 해석하기도 하잖아요. 가령 어느 날 갑자기 주변 사람들이나 가족들과 단절되는 경험을 종종 하기도 하고, 법을 몰라서 어기는 줄도 모르고 행했는데 나중에 법을 어겼다며 소송에 말려드는 일도 있고요. 카프카는 그런 현실적 상황을 극한으로 밀고 가며 비현실적인 사태로 묘사했지만, 실은 많은 이가 '맞아, 이럴 수 있지' 할 수 있는 현실적 설득력을 가지고 있어요. 물론 그 거리가 큰 만큼 현실과 작품 사이에 들어갈 수 있는 현실은 훨씬 큰 이질성을 갖게 되죠. 그럴 때 그 거리는 시처럼 수많은 해석의 여지를 갖게 돼요. 그렇기에 그저 황당한 내용이 나온다고 해서 카프카 소설이 되는 건 아니에요. 이것도 인공지능에겐 쉽지 않죠. 이런 소설을 쓰려면 아직은 시간이 많이 필요할 거예요. 인공지능 때문에 내 할 일 없어지는 게 아닌가 걱정하는 예술가들이 있다면 소설을 써보라고 권하고 싶어요.

장병탁   인공지능이 소설 쓰는 게 어렵다고 하셨는데, 사람보다 잘 쓸 수 있는 부분도 있어요. 예를 들면, 어떤 장면을 주고 그걸 묘사하라고 하면, 사람이 미처 포착하지 못한 세세한 부분을 잡아내고 표현할 수 있겠죠. 부분적으로는 잘 쓸 수 있는 거죠. 전 세계 소설을 다 학습한 다음에 한 페이지 정도만 써보라고 하면 가능할 거예요. 물론 작품 전체를 쓰라고 하면 아직은 힘들 거고요. 소설가는 기승전결의 플롯을 만들어내는데, 인공지능에는 아직 그런 능력이 없어요. 그래도 GPT 시리즈 같은 걸 보면 깜짝깜짝 놀라요. 방대한 데이터를 이용하면 새로운 뭔가를 만들지도 모르죠.

저희가 연구하는 것 중 하나도 '이야기 이해하기 Story Understanding'예요. 우리가 누군가와 다투다가 문득 '왜 다투게 되었을까'를 생각할 때가 있잖아요. 특정 사실을 스키마 Scheme(정보를 통합하고 조직화하는 인지적 틀)와 연결하는 거예요. 그래서 우리는 메타레벨에서 생각하게 되죠. 아직 인공지능이 긴장된 플롯을 갖는 작품 전체를 독자적으로 완성하지는 못해요. 그러나 카프카의 작품만 학습시키고 카프카가 쓰는 스키마를 발견한다면, 카프카 스타일의 다섯 번째 스토리를 만들 수도 있어요. 실제로 애니메이션 〈뽀로로〉를 AI에게 학습시키는 연구를 한 적이 있어요. 〈뽀로로〉 100편을 학습시켜서 플롯을 파악하게 한 후, 101번째 이야기를 생성해보겠다는 계획이었죠. 그때 가장 어려운 건 플롯이었어요. 하지만 의미 있는 결과는 얻었죠.

인공지능이 상식에 위배되는 그림, 예를 들어 자동차가 하늘에 떠 있고 달이 땅속에 들어 있는 그림을 그렸다고 할 때 어떻게 봐야 할까요? 상상력이 뛰어나다고 할 건지, 바보 같다고 할 건지는 보기 나름이죠.

이진경 이질적인 것을 섞어서 생각지 못한 장면을 만드는 일은 재미있는 일이죠. 가령 낮인 데 달이 떠 있다든지, 큰 사과가 방 안을 가득 채우고 있다든지 하는 마그리트René Magritte 그림이 그렇죠. 우리가 일반적으로 생각지 못했던 것들이 당혹스럽게 파고들며 다가올 때, 우리의 통상적 감각이 정지되고 와해됩니다. 랭보식으로 말하면, '이유 있는 감각적 착란' 같은 게 발생하죠. 현대 미술에선 이런 걸 추구해요.

장병탁 인공지능이 그린 그림에도 사람들이 그런 착란을 느껴주면 좋겠네요.

이진경 생각해보면 인공지능이 인간보다 불리한 상황에서 창작하는 것 같아요. 인간은 인간에게 재밌으라고 하는 건데, 인공지능은 본인이 아니라 인간을 재밌게 해야 하니까요. 인간에게 개구리나 너구리가 재밌도록 작품을 만들라고 하면 아주 어렵지 않겠어요? 그러니 인공지능에겐 처음부터 불공정한 게임인 셈이죠. 자기가 아닌 인간의 취향과 감각과 감정 들을 파고들어갈 수 있는 지점을 찾아내야 하는 거니까요.

김재아 그림을 그린다고 모두 예술작품이 되는 건 아니잖아요. 대낮 하늘에 달을 그려 놓는다고 다 '감각적 착란'을 일으키는 작품이 되진 않을 거예요. 바르트Roland Barthes 말대로 풍크툼Punctum(감상하는 주체에게 모호함과 당혹감을 일으켜 끈질기게 해석을 요구하는 사진)처럼 뭔가 찌르고 들어오는 게 있어야 예술이 되죠. 인공지능이 예술작품을 만들 때 가장 어려운 건 그걸 거예요. 물론 사람도 그렇지만요.

이진경 맞아요. 요즘 SNS를 보면 풍경 사진 찍어 올리는 분 많잖아요. 대중이 예술가가 되는 시대가 도래하고 있는 거죠. 인공지능도 얼른 이 흐름에 올라타면 좋을 텐데요. 물론 그렇게 찍어 올린다고 다 작품이 되는 건 아니지만요.

장병탁 인공지능이 작품을 만드는 건 쉬운데, 그걸 그들이 이해하는 건 어려워요. 지금 AI가 뭔가를 산출해낼 때도 실은 이해해서 하는 게 아니에요. 심지어 기계 번역도 이해하고 하는 게 아니에요. 소설을 쓴다면 이해해야 하는데, 지금은 흉내만 낼 뿐이죠.

김재아 인간도 의도 없이 쓰기도 하잖아요. 초현실주의자들처럼 의도 없이, 의미 없이 쓰려던 시도도 있고요.

이진경 60년대 이후부터는 인간의 작품에서 '작가의 의도' 같은 걸 찾지 않아요. 작품 앞에서 말할 권리가 없다는 뜻에서 블랑

쇼Maurice Blanchot는 '작가의 고독'을 말하기도 했고, 그걸 이어받아 '작가의 죽음'까지 얘기되었죠. '시인은 자기가 모르는 걸 쓰는 사람이다'라고 하기도 하고요. 사실 작가도 자기가 의도한 대로 쓸 수 있으면 얼마나 좋겠어요. 잘 쓰고 싶다고 생각하지만, 의도대로 안 되잖아요. 작가가 아무리 이런저런 의도를 갖고 썼어도, 작품에 그것이 구현되지 않으면 작품에서 그걸 읽어낼 수 없는 거죠. 우리는 작품을 읽는 거지, 작가의 의도를 읽는 게 아니라는 거예요. 심지어 작가가 생각지 못했던 것을 찾아서 작가에게 돌려주는 것이 최고의 비평이라고 하기도 해요. 작가도 모르는 새 쓴 게 작품 안에 있는 거죠. 그 경우 작가의 의도대로 쓰이지 않는다는 게 얼마나 다행이에요. 그래서 역으로 작가에게 작품에 담긴 의미가 무엇이냐고 물으면, 대답을 안 하거나 모르겠다고 하는 경우가 많아요. 작가가 의미를 해석해주면, 다르게 읽을 여지가 사라지니까요. 작가는 그렇게 해서 자기 의도와는 다른 해석들, 다르게 읽을 가능성을 열어두죠.

장병탁 그런 걸 생각하면 AI를 소설 창작 도구로 사용할 수 있을 것 같아요. 이런저런 상황이나 조건을 설정해준 후, 천 가지의 이야기를 써보라고 하는 거죠. 그렇게 해서 나온 이야기 중에서 다섯 개를 고른 다음, 다시 그것을 기반으로 새로운 이야기 천 가지를 생성하라 하고, 다시 몇 가지를 추리고 하는 방식으로 한 편의 소설을 완성해나가는 겁니다.

김재아　예전에 가수 조영남 씨가 화투 그림을 조수들에게 시켜서 그리게 했잖아요. 나중에 그거랑 비슷하게 될 수 있겠네요.

장병탁　미술에서는 이미 충분히 가능하죠.

이진경　사실 인간은 인간이기 때문에 비현실적인 장면이나 엉뚱한 전개를 상상하기 쉽지 않아요. 기계가 생성해놓은 것들을 적절히 활용하면, 그 한계를 뛰어넘을 수 있어요. 이런 협업은 이미 미술계에선 쉽게 볼 수 있죠. 워홀Andy Warhol은 자기 작업실을 '공장'이라고 명명했어요. 자기는 발주만 하고 다른 사람들이 모두 제작해주니까요. 개념미술가들도 자기가 창안한 건 아이디어밖에 없지만 그게 예술의 핵심이라고 했고요. 기계와의 관계는 더욱 그래요. 아이디어를 메모하거나 시안을 그려보거나 필요한 자료를 검색하는 것 등은 기계의 도움을 빌리죠. 예술가들만큼 기계를 가까이 두고 사는 사람도 없어요. 저처럼 글 쓰는 사람도 그래요.

그런 점에서 **지금 예술은 기계와 인간의 협업**이에요. 중요한 건, 인간과 기계가 협업할 때 '어떻게 하면 좀 더 창조적이고 예술적인 것들을 만들어낼 수 있을까' 하는 질문이죠. 그러나 여전히 우리는 인간이 더 잘할까, 기계가 더 잘할까 하는 질문만 던지고 있어요. 사실 기계들이 예술을 할 수 있을까 없을까 하는 질문도 유치하기는 비슷한 거 같아요. 지금도 그렇고 이후에도 그렇고 인간과 기계는 함께 작업하게 될 텐데 말이에요.

장병탁 AI 개발자는 그런 질문을 피하기 어려운 거 같아요. 인간만큼 잘할 수 있는지, 인간보다 잘할 수 있는지를 마치 목표처럼 물어야 하니까요. 그런 점에서 보면, AI가 창작의 도구를 넘어서 개성을 가질 수도 있지 않을까 싶어요.

이진경 음악 분야에선 흉내 내는 걸 넘어서 독자적으로 창작하는 예술가-기계들이 있어요. 유튜브에 들어가면, '이아모스'라는 프로그램이 작곡한 곡들을 런던 심포니 오케스트라가 연주한 영상을 볼 수 있어요. 20세기 현대음악 스타일이죠. 그보다 앞서 코프David Cope가 개발한 EMI라는 프로그램은 특정 작곡가 스타일의 곡을 만들었는데, 이건 그냥 '자기 작품'을 만들더군요. 누가 말해주지 않으면 기계가 만들었다고 생각할 수 없는 독자적인 작품이에요. '더 페인팅 풀'은 자기 그림을 그리고 설치미술을 만든 지 10년이 넘었어요. 이 프로그램이 그린 초상화를 보면 나름 풍크툼이 있어요. 그러니까 이젠 '기계가 예술을 할 수 있나'가 아니라, '예술가-기계와 예술가-인간은 어떤 관계가 되어야 할까'를 물어야 합니다.

태 호 인공지능이 음악을 만든 것도 통계 자료를 분석해서 나온 결과인가요?

이진경 EMI라는 프로그램은 기존 작곡가의 작품들을 학습하게 해서, 그걸 바탕으로 그 작곡가 스타일의 작품을 만든다고 해요. 그러니 그건 통계적인 처리를 했겠죠. 그런데 그 프로그램이 만든 악보를 직접 연주해보면 인간이 작곡한 것과 구별하기 힘들대요. 1997년, 오리건대학의 음대 작곡과 교수 스티브 라슨Steve Larson의 주관으로 EMI와 라슨, 그리고 바흐의 작품을 그의 부인이 피아노로 연주하여 청중에게 어떤 게 바흐 작품인지 묻는 연주회 겸 테스트를 진행했어요. 청중이 바흐 작품이라고 한 건 EMI의 작품이었고, 인간 작품이라고 한 건 바흐의 작품, 그리고 기계의 작품이라 한 건 라슨의 작품이었어요. 튜링 테스트를 멋지게 통과한 거죠. 바흐의 작품을 통계적으로 분석해서 바흐보다 더 바흐적인 작품을 만들 수 있었던 겁니다.

김재아 서울대 이교구 교수님이 인공지능 강연에서 유명 인간 피아니스트와 인공지능 피아니스트의 연주를 비교해서 들려주셨는데, 대부분 구별하지 못하더라고요. 연주 실력도 인공지능이 따라잡고 있는 거 같아요.

태 호 특정 작가의 작품에서 어떤 단어가 어떻게 사용되는지를 통계 조사해서, 그 소설의 스타일을 파악하는 것도 어렵지 않을 거 같아요.

이진경 셰익스피어나 플라톤의 작품을 그런 식으로 조사하고 연구한다는 얘기를 들은 적이 있어요.

김재아 이진경 선생님은 예술을 논하실 때 자주 하시는 얘기가 있잖아요. 예를 들어, "보이지 않는 것을 보이게 하는 것"이라든지…. 인공지능에게도 그런 정의를 사용할 수 있을까요?

이진경 "보이지 않는 것을 보이게 하는 것"이란 말은 두 가지 다른 맥락에서 사용돼요. 먼저 랑시에르Jacques Rancière는 그것이 '치안Police'(사회질서)과 대비되는 '정치Politics'(질서에 대한 저항)라고 정의하면서, 동시에 그것이 예술에서 정치를 정의한다고 해요. 여기서 전제는 감각이란 있는 그대로를 보고 듣는 게 아니라, 가령 시각이라면 보이는 것과 보이지 않는 것을 분할하는 경계선이 시대에 따라 달라진다는 거죠. 인상주의 이전 화가에게 빛은 대상을 보기 위한 매질에 불과했지만, 인상주의자들은 빛이야말로 시각의 대상이라고 생각했어요. 그래서 빛과 그에 따라 달라지는 대상을 그리려고 했죠. '보이지 않는 것을 보이게 하는 것'이란 말은 서양 중세에도 사용되는데, 이때는 '정치'가 아니라 예술 자체를 정의하는 말로 사용돼요. 즉 예술이란 신이나 신성 같은 보이지 않는 것을 보이게 만드는 것이라는 거죠. 성당이나 조각, 그림 자체가 그런 것이었잖아요. 클레Paul Klee도 그걸 예술에 대한 정의로 사용했어요. 가령 밀레가 감자부대를 그릴 때 중요한 것은 감자의 무게를 그리는 것이었다고 하면서, 무게라는 보이지 않는 것을 보이게 하는 게 바로 예술이라고 하죠.

하지만 이런 얘기를 인공지능에 적용하는 건 어떤 의미가 있을까요? 인공지능은 자외선이나 적외선처럼 보이지 않는 걸 보이게 할 수 있겠지만, 이것은 기술적인 것이기 때문에 랑시에르가 말하는 정치적 의미를 갖기는 어려워요. 물론 그 기술을 통해 다른 감각의 세계, 다른 체제를 구성하는 데 도움을 얻을 수 있겠지만, 그걸 위해서 굳이 과학기술을 빌려야 할 필요는 없어요. 현대 예술에서는 볼 수 없는 색깔도 그리고, 보이지 않는 형상도 마음껏 그리니까요. 문제는 그걸 가시화 한 게 인간의 감각을 얼마나 바꿔놓을 수 있는가죠. 두 번째 로, 예술에 대한 일반적 정의는 표현 능력과 결부된 거라, 인 공지능을 사용한다 해도 인간을 위한 기술적 도구라는 위상 에서 벗어나긴 힘들 거 같아요.

장병탁 인공지능은 사실 상반된 특성을 갖고 있어요. 아까 하신 말씀 이 와닿았어요. "현실과 너무 멀어도 안 되고 너무 가까워도 안 된다"는 말씀이요. 사람이 잘하는 건 그걸 적절히 조절하 는 거죠. 예술가들이란 시대마다 적절히 조절하는 걸 잘하는 사람이었어요. 거리를 조절한다는 건 다양한 것을 그 거리 안 에서 다루는 걸 의미해요. 이건 굉장한 능력이죠.

이진경 사람이 하는 예술도 정말 광범위하고 다양하거든요. 그래서 전체 예술을 아우르는 하나의 기준을 제시할 수 없어요. 기계 가 예술을 해도 마찬가지겠죠. 하나의 척도로 재는 게 쉽지 않을 거예요.

김재아 인공지능이 만든 작품 중에도 '오, 아주 예술적이네!'라는 느 낌을 주는 게 있을 텐데요. 시간이 지나면 평가하는 기준이 나타나지 않을까요? 혹은 필요하지 않을까요? 인공지능의 예 술에 대해 비평할 평론가들이 생길 것 같기도 해요.

이진경 그 경우 판단 기준은 현실로부터 아주 멀지 않으면서도 아주 가깝지도 않은 것이 되지 않을까 싶어요. "우와!" 하며 놀라게 하는데 황당하지는 않은 거 말이에요. 사람도 그렇잖아요. '쟤, 굉장히 남다른데?!' 싶다가도 또라이 같지는 않은 사람, 뭔가 광기마저 느껴질 만큼 평범함과 거리가 있지만, 그래도 미쳐버렸다고는 생각되지 않는 사람 말이죠. 너무 멀지도 않고 너무 가깝지도 않은 매력적인 중간이요.

장병탁 말씀을 들어보니, 인공지능에게 소설과 음악은 확실히 난이도가 다른 거 같네요. 그림도 여러 개 이어진다면 훨씬 더 어려워질 거 같고요. 소설처럼 스토리가 있어야 하니까요.

이진경 **서사가 있으면 좀 어려울 거예요.** 서사는 현실에 가까워야 하니까요. 그런데 현실에 가깝기만 하면 그게 무슨 소설이고 만화겠어요. 어느 정도 거리가 있어야 해요. 아주 이율배반적인 요구를 동시에 실행하고 있는 셈이죠. 영화도 그래요. 그런데 작가주의 영화의 경우, 서사가 없는 것도 있죠. 그렇다고 인공지능이 만들기 쉽지는 않겠지만요.

태 호 소설을 영화화하기도 하고 만화나 웹툰을 영화화하기도 하니, 실질적으로는 서사를 만드는 어려움은 비슷할 거 같아요.

김재아 우리가 다들 인정할 만한 기준이 있었으면 좋겠어요.

행위자 연결망
이론 Actor-
Network
Theory

11 | 인간의 에이전트와
기계의 에이전트

진화
the evolution
코뮌주의
communism

태 호 인공지능이 예술을 얼마나 잘할 수 있는가와 별도로, 이미 예술가들은 기계와 작업한 지 오래되었잖아요. 앞으로 인공지능이 더 발전하면 기계 의존도는 더 심해질 거 같고, 그로 인해 인간 역시 기계로 인해 달라질 거 같아요. 이 문제에 대해선 어떻게 생각하세요?

이진경 예술가뿐만 아니라 저처럼 글 쓰는 사람도, 행정이나 회계를 하는 사람도 다 마찬가지죠. 사람들은 자신의 편의를 위해 기계들을 바꾸고 발전시키는데, 기계 또한 사람들을 바꾸어놓습니다. 기계를 다루기 위한 기술이나 프로그래밍 언어를 배우는 게 그런 경우죠.

김재아 그런 건 사람이 자신의 편의를 위해 스스로 하는 건데, 그걸 두고 기계가 사람을 바꾼 거라고 할 수 있을까요?

이진경 그게 인간중심주의 덕분에 우리가 놓치는 거죠. 강하게 말하면 스스로 속고 있는 거예요. 내가 원해서 하는 거고 내가 원해서 사는 거라는 착각이죠. 그러나 편의와 유용성을 위해서 그리고 좀 더 나은 개발 능력을 갖추기 위해 **내 신체나 지능을 기계의 작동 방식에 맞추고 거기에 길들여야 한다면, 기계에 의해 내가 바뀌는 거 아닐까요?**

장병탁 제가 그런 경우예요. 컴퓨터 언어와 인공지능을 공부하고 그걸 다루는 훈련을 거쳤지만, 그건 제가 기계들을 잘 다루고 도구들을 잘 쓰기 위한 것이었죠. 기계가 내리는 명령에 따른 게 아니라, 제가 기계에게 좀 더 효과적으로 명령하기 위해 나 스스로를 바꾼 거죠.

이진경 그렇습니다. 그걸 부정하는 게 아니라, 바로 그런 이유로 인해 우리는 우리가 다루려는 기계들에 길들여져야 하고 기계의 움직임에 우리 신체를 적응시켜야 한다는 말입니다. 자전거를 타려면 자전거에 맞도록 제 몸을 길들여야 하고, 컴퓨터로 글을 쓰려면 키보드에 맞추어 손가락 움직이는 훈련을 해야 하죠. 도구를 쓰기 위한 목적성을 가지면, 어떤 기계도 명령하지 않지만, 우리는 기계에 맞추어 내 신체를 바꾸는 겁니다. 실수하기도 하고 심지어 다치기도 하면서 기계의 말 없는 명령문을 실행하고 있는 거죠.

장병탁 인간과 기계의 공진화(서로 영향을 주면서 진화해가는 일)에 대해서 말씀하시는 거라면 충분히 동의할 수 있습니다만, 기계의 명령에 따라 우리 신체를 바꾼다는 건 기계를 의인화하는 상상력 아닐까요?

이진경 그렇게 많이 비판하며 '안심'합니다. 그러나 이때 의인화한다는 말은 실제로는 없는 것을 실제인 양 비유한다는, 한마디로 수사학적이고 문학적인 발상이라는 말인데, 그건 어쩌면 **인간이 이해할 수 없는 것을 표현하는 방식**일 수도 있습니다. 가령 꿀벌이 날갯짓으로 동료에게 먹이가 있는 장소를 알려주는 건 인간이 사용하는 언어와 차이가 있기 때문에, 그걸 '언어'라고 하면 의인화라고 할 수 있겠죠. 그러나 그걸 언어가 아니라고 하면서 그들에겐 언어가 없다고 단정하는 것은, 인간이 하는 그럴듯한 일은 오직 인간만이 할 수 있다는 환상을 지키기 위한 방어막 아닐까요? 중요한 건 유사성의 정도가 아니라, 어떤 행위나 프로세스를 통해 어떤 일이 벌어지는지, 그 프로세스에 관여된 신체나 감각 등에 어떤 효과가 발생하는지를 보는 것 아닐까 싶어요. 날갯짓한 벌과 그걸 본 벌들이 먹이를 찾아 집단으로 날아갔다면, 음성적 행위를 통해 말한 사람과 들은 사람들이 집단으로 어디론가 몰려간 것과 동일한 결과가 생성된 겁니다. 자전거나 컴퓨터가 말을 했든 안 했든, 접속한 인간이 기계의 작동 방식에 맞춰 자신의 신체를 바꾸는 훈련을 했다면, 그건 다른 인간의 말에 따라 움직이거나 계산하는 훈련을 하는 행위와 같은 것 아닐까요?

장병탁 '도구'인 기계와 '사용자'인 인간이란 관념에서 벗어나, 양자의 관계에서 실제로 발생하는 일을 보자는 말씀이시죠? 하긴 컴퓨터를 사용하려면 일단 키보드에 맞춰 글씨 쓰는 훈련을 해야 하고, 이는 기계에 내 손가락을 맞추는 게 분명하죠.

이진경 젓가락이나 펜만 보더라도, 그것들은 단순하게 생겼고 그걸 쓰는 내 손가락은 많고 복잡하니, 내가 그걸 사용하는 거지 그게 나를 움직이는 거로 생각하긴 힘들었죠. 그러나 예전에 기계식 4벌 타자기를 처음 배울 때, 자판을 때려서 글을 쓰느라 한동안 고생한 적이 있었는데, 그때는 기계에 내 손가락을 길들이는 거로 생각하게 되더라고요. 게다가 이후 키보드를 계속 두들기다 보니까 펜으로 쓰려고 하면 글씨가 잘 안 써지는 거예요. 안 그래도 악필인데 정말 개판이 되더라고요. 제가 써놓고도 제가 알아보기 힘들 정도로 말이죠. 그뿐만 아니라 예전에는 펜이 없으면 생각이 돌아가지 않았는데, 요새는 컴퓨터가 없으면 생각이 안 돼요. 이걸 기록해야 다음 생각으로 넘어가는데, 기록할 기계가 없으니 생각이 더 나아가지 못하는 거죠.

예전에 푸코Michel Paul Foucault는 권력이란 유용하기 때문에 효과적으로 작동한다고 한 적이 있어요. 사실 인간들의 권력 관계에서 복종하게 하는 건 억압 이상으로 **이득**이나 **유용성**이죠. 싫어도 참고 복종하는 건 그로 인해 얻는 이득 때문이고, 힘들어도 애써 공부하는 건 그로 인해 얻는 유용성 때문이죠. 인간이 큰 비용과 노력을 들여 발전시키는 것도, 기계들에 맞춰 자기 신체와 정신을 바꾸는 것도, 모두 그렇게 함으로써 얻는 이득과 유용성 때문이죠. 이 때문에 자신이 복종하는 것도 잊고 자기가 그걸 사용할 뿐이라고 믿는 거예요. 물론 사용하는 건 맞지만, 사용하기 위해 '내 신체에 맞춰 움직이라'는 무언의 명령에 복종하고 있음을 잊는 거죠.

장병탁 사용자와 도구라는 개념에서 벗어나서 움직이고 행동하게 만드는 요인이 무엇인가를 본다면, **인간은 인간이 생각하는 것만큼 '주체'는 아니고, 기계는 인간이 생각하는 것 이상으로 '주체'**라는 말씀이시죠?

이진경 맞습니다. 멋진 말입니다. 제가 이런 생각을 하게 된 건 들뢰즈와 가타리 때문이었지만, 라투르Bruno Latour도 **'행위자 연결망 이론** Actor‑Network Theory; ANT'(미생물이나 측정 장치, 그물망 등의 비인간도 인간만큼이나 행위자며, 이들과 인간의 연결망이 모든 행위의 주체라는 이론)에서 이런 생각을 표명한 바 있어요. 인간만이 아니라 하나의 연결망 속에서 작동하는 다른 비인간들, 즉 식물이나 동물, 기계나 사물도 행위자라고 했죠. 그런데 기계나 사물이 행위자라는 것에서 저는 좀 더 나아가야 한다고 생각해요. 하나의 연결망 안에서 인간은 기계나 사물에 능동적으로 작용하는 행위자지만, 그만큼 기계나 사물도 인간에게 능동적으로 작용하는 행위자라고 보아야 한다는 겁니다. 작용 받는 대상이란 점도 동일해요. 방금 선생님 말씀을 바꾸면, 인간은 인간이 생각하는 것 이상으로 '대상'이고, 기계는 인간이 생각하는 것만큼 '대상'이 아니라고 할 수 있겠습니다.

김재아 　지금 말씀하신 행위자의 '행위'는 흔히 우리가 인간이나 동물에게 쓰는 말과는 다른 의미죠?

이진경 　행위자란 말은 원래 Actor를 번역한 말이고, 행위는 Action을 번역한 말일 텐데, '작용' '능동'이라고도 할 수 있어요. 행위한다는 것은 다른 무언가에 작용한다는 말이고, 능동이란 그런 작용을 미치는 것을 뜻합니다. 행위란 말은 동물적인 의미에 갇혀 있지만, 작용은 사물에도 쉽게 사용하는 말이죠. 이를 생각할 때 인간의 동물중심적 사고에서 보이지 않던 것들을 보게 됩니다.

김재아 　확실히 우리 말이나 생각이 동물중심적이긴 하죠. 움직일 수 없게 된 사람을 '식물인간'이라고 하는데, 이는 식물이 이동하지 않는다는 사실을 활동하지 않고 행동하지 않음을 뜻하는 것으로 간주하는 거니까요.

이진경 　**동물의 운동은 무능력의 산물**입니다. 식물처럼 선 자리에서 먹고사는 게 해결되면 이동할 이유가 없죠. 그런데 여기서도 좀더 나아갈 필요가 있어요. 식물이 감각 능력을 가지며 움직인다는 것 말고, 식물과 인간 간 관계에서도 누가 능동적 행위자인지 잘 생각해봐야 합니다. 적지 않은 사람이 지적하는 바지만, 가령 벼나 밀은 인간이 아니었으면 이토록 넓은 땅에서 자랄 수 없었을 겁니다. 인간은 자신이 먹기 위해 경작하고 재배한다고 하지만, 역으로 벼나 밀을 위해 때가 되면 씨 모았다 뿌리고 잡초라 불리는 경쟁식물 제거해주고 곤충 막아주기 위해 약을 치고 비료까지 뿌려주면서, 온종일 햇빛에 피부를 그을려가며 허리가 구부러질세라 그 식물을 위해 평생을 바치잖아요. 그렇다면 인간은 식물의 노예 아니면 하인이라 할 수 있죠. 이런 관점에서 보면, 농부야말로 벼와 밀의 에이전트 아닐까요? 프로그래머 역시 인공지능의 에이전트 아닐까요?

누군가의 목적을 위해 혹은 무언가의 이익을 위해 필요한 작업을 대행해주는 게 에이전트입니다. 마르크스Karl Marx는 자본이란 잉여가치 증식을 위해 투여되는 화폐고, 자본가란 자본의 목적 내지 논리를 실행해주는 자란 의미에서 자본의 에이전트라고 했죠. 이런 관점에서 보면, 인공지능이 사람의 에이전트인 만큼이나 프로그래머 역시 인공지능 발전을 위해 활동하는 에이전트라고 할 수 있을 거 같아요.

장병탁 제가 인공지능의 발전을 매일 고심하고 그걸 위해 활동해온 건 사실이지만, 제가 인공지능의 에이전트라니… 이 일을 계속해야 하나 갑자기 회의가 드는데요? (웃음)

이진경 누군가의 에이전트라는 것, 더구나 인간 아닌 어떤 것을 위해 일한다는 사실을 우린 부정적으로 평가하고 언짢아합니다. '소외'란 말을 쓰기도 하죠. 그러나 빈민이나 병자, 약자, 소수자 등 남을 위해 평생 헌신하는 분들에 대해선 반대로 성자라고 하기도 합니다. 동물이나 숲을 보호하는 데 평생을 바친 분도 그래요. 훌륭한 교사는 학생들의 입장에서 그들을 위해

헌신하는 에이전트고, 좋은 학생이란 교사나 교육 목표에 충실한 에이전트입니다. 변호사란 그런 윤리적 긍정성과는 달리 돈을 받고 남을 위해 일해주는 에이전트인데, 다들 부러워하며 하고 싶어 안달이죠. 대가를 받든 말든 동물이나 식물을 위해 일하는 게 윤리적으로나 직업적으로 가치가 있다고 한다면, 사물이나 기계를 위해 그러는 것 역시 가치 있는 일 아닐까요? 못된 기업가나 벌목업자의 에이전트로 활동하는 변호사나 정치가들을 생각해보면 더 그렇지 않나요?

태　호　에이전트로서 일하는 게 문제가 아니라, 누구 혹은 무엇을 위해 일하는가가 문제라는 거네요?

이진경　맞아요. 내가 누구의 에이전트인지, 어떤 에이전트인지를 잘 봐야 합니다. 정치가들은 국민의 이익을 대변하겠다고, 국민의 충실한 에이전트가 되겠다고 하면서 표를 달라고 호소하잖아요. 그런데 막상 선출되고 나면, 우리와 무관한 개인적 욕망 혹은 당리당략만을 위해 움직이는 경우가 많으니, 좋은 에이전트라 하기 어렵죠.

인공지능 교과서에서 인공지능을 에이전트라고 정의한 이유는 아마 인공지능을 인간의 명령에 충실하게 따르는 기계라고 생각했기 때문일 겁니다. 그러려면 기계는 인간이 입력한 알고리즘에 충실하게 따라야 해요. 초기 인공지능 모델은 인간이 생각하는 알고리즘에 따라 연산하여 인간이 하려는 일을 대행하게 하려는 거였지만, 그게 시원치 않아서 결국 '인공지능의 겨울'을 맞게 되었죠. 반면 현재의 머신러닝은 얻으려는 목표만 남겨두고 나머지는 기계가 스스로 학습하여 처리하게 하려는 거잖아요. 그런데 우리는 인공지능이 어떻게 계산했는지 알지 못하지만 맞겠거니 하고 따라가요. 인공지능이 추천하거나 제안하는 것에 따라 지금은 많은 일이 이루어지죠.

김재아 　내 취향에 따라 인공지능이 영화나 음악을 추천해주지만, 역으로 그런 인공지능의 추천이 이젠 내 취향을 형성하거나 바꾸어가는 것도 그런 거네요.

이진경 　생각해보면 에이전시가 중요한 건 누구보다 연예인이잖아요. 에이전시라는 게 연예인들의 활동을 도와주는 에이전트들이 운영하는 조직인데, 지금은 에이전시가 연예인을 대리하는지 연예인이 에이전시를 대리하는지 알 수 없게 되었죠.

김재아 　에이전시가 기획에 따라 사람을 선발하고 훈련시켜 연예인으로 키우고, 마케팅 전략에 따라 일정을 잡고 활동을 시키니, 연예인이 에이전시의 에이전트라 해야 할 거 같네요.

이진경 　그러면서도 연예인은 그게 자신의 성공을 위한 거라고 믿을 테니, 에이전시는 그런 식으로 연예인 개인의 목적을 실현하는 대행자인 셈이죠.

김재아 　그러다 인기가 사그라지면 활동을 종료시키거나 계약 연장을 하지 않죠.

이진경 　그렇기도 하네요. 에이전시가 힘이 세지면 그렇게 관계가 역전되기도 하죠. 결국 누가 누구를 대행하는가는 누가 누구를 만들고 이용하는가가 아니라 힘의 문제겠네요. 인간과 인공지능도 그럴 거예요. 인공지능의 힘이 세지면 이젠 인간이 인공지능의 대리자가 되어 인공지능이 추천하는 대로 사람을 뽑고 평가하고 해고하게 되겠죠.

김재아 '에이전시의 역설'이라 해야 할 거 같네요.

이진경 그래도 그게 선발하는 사람이나 평가하려는 사람을 위한 거니, 그들에겐 에이전트라고 해야 할 겁니다. 훌륭한 에이전트는 클라이언트의 이득을 그대로 재현하고 그의 명령을 충실히 실행하는 자가 아니라, 목표와 오더 사이에서 적절한 중간을 찾아내고 그에 맞추어 클라이언트의 생각이나 목적마저 바꿀 줄 아는 자죠. 그런 점에서 훌륭한 에이전트는 **중간 조정자**이자 **분열 치유자**라고 해도 좋을 겁니다. 탁월한 인공지능 개발자도 인공지능 기술을 통해 이루려던 인간의 목표를 변화시키고, 또 그에 맞추어 인공지능의 작동 방식을 바꾸거나 새롭게 창안하는 분들이잖아요. 정치인도 마찬가지 아닐까 싶어요.

김재아 그러다가 에이전트가 독립해서 사람을 떠나게 되는 일도 일어나지 않을까요? 영화 〈그녀〉에서 인공지능 프로그램 사만다는 현실 인간 테오도르의 명령을 실행하는 OS로 시작해서 그와 대화를 나누며 그의 외로움을 채워주는 에이전트로 변모해가는 모습을 보여줘요. 중개자 역할을 하며 점차 독립해

가는 거죠. 그런데 너무 발달해서 인간과 멀어지잖아요. 그게 되게 허무하게 느껴졌어요. '인공지능과 인간과의 관계는 결국은 이렇게 되는 건가 보다'라는 생각도 들었고요.

이진경   그럴지도 모르죠. 그런데 사만다가 떠났을 때 테오도르나 그걸 보는 사람이 허무해지는 이유는 무엇일까요? 양자는 단지 말을 나누며 대행하고 대행받는 관계였는데, 그 과정에서 애정이 생긴 거죠. 말에 머물지 않는 어떤 감응이 일어난 거고, 그만큼 삶의 변화가 생긴 겁니다. 에이전트로서의 인공지능은 단지 프로그램에 머무는 것이 아니라 현실 속의 에이전트인 거죠.

장병탁   대개 AI는 사람과 상호작용하기 때문에 비교적 관계성이 강하죠. 동물은 더욱 그래요. 집에 가면 강아지 보고 "잘 있었어?" 하고 묻지만, 집에 있는 시계에겐 그렇게 묻진 않죠. 기계에겐 안 그러면서 강아지에게는 왜 그럴까요? 강아지가 꼬리를 흔들면서 달려오고 내 앞에서 몸을 뒤집으면 나를 좋아한다고 느끼고 애착에 빠지는 거죠. 물론 착각일 수도 있지만요.

이진경   사만다처럼 말을 하고 응대하거나 로봇 아이보처럼 강아지의 모습을 하고 사람에게 반응하는 기계라면, 그럴 수도 있지 않을까요? 고장 난 아이보를 묻어주는 사람이 많았다잖아요.

태 호   제가 기계를 좋아한다고 했잖아요. 제가 이 랩톱을 쓴 지 5년이 넘었는데, 지금도 전원을 켤 때면 설레요.

김재아   여러 가지 일을 하시는 줄은 알고 있었지만, 이렇게 에이전트

들의 에이전트까지 하실 줄은 알지 못했네요. (웃음)

이진경   모든 에이전트의 훌륭한 에이전트가 되는 것, 그게 에이전트의 철학을 하는 철학자의 목표입니다. 사실 에이전트는 연결망 그리고 공동체라는 개념과 이어져 있어요. 코뮌주의의 새로운 버전이죠.

김재아   공동체의 철학이 에이전트의 공동체를 지향한다?

이진경   그렇게 말할 수도 있겠습니다. 아까 라투르의 '행위자 연결망'이란 개념을 말했는데, 이는 다시 말하면 인간, 생물, 사물 모두 연결망 안에서 하나의 공동체를 이루고 있다는 겁니다. 공동체의 일부로 활동하고 작동하는 거죠. 그리고 그런 한에서 나와 이웃한 사람만큼이나 동식물과 사물 역시 나의 일부고, 나와 더불어 작동하며 존재하는 신체를 이룹니다. 모두 나와 공동체를 이루고 있는 거죠. 내 신체 일부예요. 스마트폰을 이용해 길을 찾고 있을 때 스마트폰은 눈 이상의 내 신체 일부고 나의 다른 신체와 하나의 공동체를 이룬다고 할 수 있습니다.

서로 다른 것들이 하나의 공동체로서 훌륭하게 작동한다는 건 어떤 걸까요? 동물이나 숲을 보호하려는 사람이 그들과 좋은 공동체를 이루려면 최대한 동물이나 숲을 보호하는 목표에 충실한 대행자가 되어야 합니다. 동물이나 식물이 할 수 없었던 것들을 하면서 그들의 보호를 위해 최대한 좋은 효과를 만들어내야 합니다. 그들이 알아주든 아니든 간에 말이죠.

기계도 그래요. 내비게이션이라면 길을 찾으려는 제 목표의 충실한 대행자가 되어야 합니다. 이는 인공지능 개발자나 프로그램 개발자, 기계 제작자가 목표로 하는 거죠. 다시 말해 기계는 나의 훌륭한 에이전트가 됨으로써 나와 좋은 공동체를 이루고, 개발자는 기계의 훌륭한 에이전트가 됨으로써 기계와 좋은 공동체를 이루어야 합니다. 복수의 존재자가 하나의 행위자 연결망을 이룬다는 것은, 이처럼 연결된 이웃에게 서로가 좋은 대행자가 됨을 뜻합니다. 좋은 공동체를 이룬다 함은 바로 그런 겁니다.

태　호　저도 기계를 좋아하고 기계에 대해 애정을 갖고 사용하지만, 에이전트라고는 생각해보지 못했어요.

이진경　좋아하고 애정을 갖는다는 것, 그게 사실 대단히 중요합니다. 방금 기계에 대한 애정을 말했지만, 대개 그 말은 인간이나 동물, 멀리 가봐야 식물에만 적용합니다. 기계를 아끼고 애정하는 건 별로 생각해보지 않거나 이질적인 감각이라 생각하죠. 사물에 대한 사랑을 표현하는 **'페티시즘'**이란 말은 철학자에겐 '병적인' 현상이고, 정신분석가에겐 '도착적인', 더 강하게 말하면 '변태적인' 욕망을 뜻하죠.

태　호　이번엔 제가 페티시스트가 되는 건가요? (웃음)

이진경　맞아요, 페티시스트! 저도 페티시스트예요. 인간이나 동물, 식물만큼이나 사물이나 기계를 애정하고 우정을 나누는 자니까요. 저는 이런 걸 **'사물과의 우정'**이라고 해요. 사물을 그저 도구로, 노예 이하로 취급하다가 조금 낡았다 싶으면 내던져버리는 인간중심주의자와 반대편에 있는 게 페티시스트죠. 사물을 친구로 대하는 자.

김재아 다른 사람들은 '사물과의 우정'에 어떤 반응을 보이시던가요?

이진경 제가 속해 있는 '수유너머104'에는 오래된 탁구대가 하나 있어요. 그런데 어느 날 다리 높이를 조절하는 나사 하나가 없어졌어요. 수평이 맞지 않아서 뭔가로 받쳐서 사용해야 했죠. 그러다가 몇몇 분이 탁구대를 하나 새로 사자고 하시더군요. 하지만 저는 마음이 쓰였어요. 사물들이 제 능력을 다하면 바꿔야겠지만, 그 능력 전체가 사라진 게 아니라면 얘가 자기 능력을 다할 때까지 계속 관계를 지속하게 해주는 게 좋지 않을까 싶었어요. 사물이 아무 생각 없다고 여기는 건 인간만의 일방적인 생각이잖아요. 차라리 '의인화'라고 비난받더라도, 우리가 생존 능력이 있는 한 지속하고 싶어 하듯이, 얘들도 그럴 거라고 가정하는 게 더 낫지 않나 싶었죠. 그렇게 사물이 자기 능력을 발휘할 때까지 계속 생존을 지속하게 해주는 게 사물과의 우정이고, 그것 덕분에 탁구를 칠 수 있었던 자들이 해야 할 도리라고 얘기했더니, 처음 새로 사자는 의견에 찬성했던 분 모두 마음을 돌렸어요. 그중 한 분이 제조사에 연락해서 없어진 부품을 구하려고 상당히 애를 쓰셨고, 결국 고쳐서 지금도 잘 사용하고 있어요.

김재아 그런 상황을 누군가는 '헝그리 정신'이 지나치다고 말할지도 몰라요.

이진경 맞아요. 그러나 단지 '헝그리 정신'만은 아니에요. '사물과의 우정'이란 사물과 인간이 관계 맺는 일종의 윤리학이죠. 기계를 애정한다면, 그게 고장 났을 때 세세히 살펴보고 가능하다면 고쳐야 해요. 나아가 고칠 수 있기 위해 공부하고 훈련해야 합니다.

장병탁 어쩌면 그게 장인이 탄생한 지점이겠죠.

이진경 그렇겠죠. 그런 점에서 기계를 고치는 이들은 일종의 의사, 즉 사물의 의사죠. 예전에 한 친구가 홈페이지에 올린 글인데, 우산이 고장 나 고치러 갔더니 3천5백 원을 달라고 하더래요. 좀만 더 주면 새 우산을 살 수 있는 값이어서 그냥 버리고 새로 사려 했더니, 같이 갔던 친구가 고쳐 쓰라고 강하게 말하더래요. 그래서 왜 그러냐 했더니 "새로 사면 얘는 쓰레기가 되잖아" 그러더래요. 그 친구는 시인이었는데, 그 말이 가슴에 꽂혔다고 해요. 그래서 고칠 수 있는 건 엔간하면 고쳐서 써야겠다고 생각을 돌렸다고 하더군요. 우리가 자본가는 아니지만, 사실 자본가들만큼 계산적이기도 해요. 새로 사면 얼마고 고치면 얼마다 하는 식으로 계산하니까요. 요즘은 새로운 소비를 부추기기 위해 물건을 끝없이 업데이트하는, '자본의 지속 가능성' 시대잖아요. 새로운 기능 하나만 추가되면 그동안 잘 쓰고 있던 멀쩡한 물건들은 새로운 걸로 교체되어야 하는 낡은 제품이 되어버리고 말죠. 이러한 소비 풍조와 사물을 그저 도구로밖에 생각하지 않는 정신 때문에 지구에 쓰레기가 넘쳐나잖아요. 그게 결국 우리 인간을 덮쳐오고 있고요. 그런 점에서 사물과의 우정은 지금 시대에 정말 중요한 윤리가 아닐까 생각해요.

김재아 저는 물건을 되게 많이 버려요. 시간이 없다는 핑계로요. 사물을 고치는 데 시간이 많이 걸리는 게 제일 큰 문제예요. '나는 바쁜 사람이야'라는 생각을 하며 살고 있으니까요. 제가 부자는 아니지만, 다들 그렇듯 자기의 가치를 돈으로 환산해서 시간과 수고가 많이 드는 일은 자신이 직접 하지 않잖아요. '내가 한 시간 일하면 얼마 이상은 벌 텐데, 고작 이것 때문에 내 소중한 시간을 뺏길 수 없어'라고 생각하는 거죠.

이진경 '기회비용'이라고 하죠. '그 시간에 일을 하면 얼마를 벌 수 있는데 그것보다 얻는 게 적은 일을 하는 건 비합리적이지' 하는 생각. 그런데 제가 사물과의 우정을 얘기한 건, 단지 기회비용이나 계산적 태도를 넘어서자는 것만은 아니에요. 사물과의 관계에 대한 철학이죠. 기계 입장에서 생각하는 좋은 대행자가 되자는 겁니다. 사실 그럴 때에만 기계 또한 우리의 좋은 대행자가 되어줄 겁니다. 기계를 정성껏 다뤄주고, 기계가 고장 나면 고쳐주고 할 때, 기계 또한 우리를 위해 최대의 능력을 발휘하게 되니까요.

장병탁 그런 면에선 인공지능이 도움을 줄 것 같아요. 인공지능은 사람하고 감응하잖아요. 일상적으로 쓰는 사물에까지 인공지

능이 장착되는 시대가 되었을 때, 이제 그걸 사람이 버리려
고 하면, 인공지능이 "나 버리지 마세요. 아직 수리하면 사용
가능해요"라고 말하는 거예요. 옛날 같으면 진작에 버렸을 걸
고민하다가 계속 쓰게 되겠죠.

이진경 저는 인공지능이 인간과 기계의 관계를 다시 생각하는 데 큰
기여를 할 거라 생각해요. 기계를 능동적으로 움직이는 '행위
자'로 보게 해주니까요.

장병탁 앞으로 디바이스에 점점 센서가 많이 달리게 될 거고, 기계는
인간에게 감응하며 반응하게 될 거예요. 그러면 정 같은 감정
이 지금보다 더 생기겠죠.

이진경 자동차를 버릴 때 어린아이가 슬피 울고, 로봇이 망가지면 묻
어주고 하는 건 인간의 감정이죠. 그 기계에 실제로 무엇이
들어 있느냐는 건 사실 부차적입니다. 사람은 움직이는 기계
에게 감정을 느낀다는데, 인공지능을 통해 기계가 반응하기
시작하면 사람들은 그 기계에게 훨씬 더 쉽게 공감하고 마음
을 주게 될 겁니다. 옛날에는 사물이나 동식물들에 대한 '우
정'을 가르치기 위해서 애니미즘이라는 사상이 필요했어요.
사물이나 동식물을 영적인 존재로 가정해서 그에 맞게 생각
하고 행동하게 하는 사상이죠. 이제는 인공지능이 사물들의
정령이 되어서 그렇게 해주지 않을까 생각해요.

김재아 이진경 선생님의 생각이 신선하긴 하지만, 제가 아는 과학자
들은 아마 '얘들 안엔 아무것도 없어'라고 생각할 것 같아요.

장병탁 자연과학을 연구하시는 분들은 반발하실 것 같기는 해요.

이진경 과학자들뿐만 아니라 많은 사람이 그럴 거예요. 아까 강아지 이야기하셨는데, 식물 키우는 분은 식물에 대해 이렇게 말할 거예요. 자신은 식물과 교감을 한다고요. 장인들이 자기가 사용하는 도구들을 애정하는 건 잘 알려져 있죠. 기계들도 마찬가지예요. 더 이상 감당할 수 없으면 사용하실 분한테 줘야 해요. 동물에겐 당연하다고 생각하는 것을, 식물에겐 망설이고 사물에겐 반발하는 거, 다시 생각해봐야 합니다.

김재아 우리는 결국 원자로 이루어졌잖아요. 근데 생명이냐 아니냐로 나뉘어서 누군가는 생명을 얻고 누군가는 생명을 얻지 못했죠. 결국은 다 똑같은 원자로 이루어졌으니까 알고 보면 같은 뿌리에서 나온 똑같은 존재가 아닐까 하는 생각도 드네요.

이진경 맞아요. 만물이 같은 뿌리에서 나온 존재자죠. 모든 생명체는 박테리아의 군체고, 모든 존재자는 원자들의 구성체예요. 게다가 만물은 서로 기대어 살죠. 물이 없으면 우리는 못 살죠. 공기도 마찬가지고요. 미세먼지가 날리니까 공기 소중함을 알게 됐잖아요. 《장자》에 나오듯, 물고기들이 물의 소중함을 알 때는 물이 사라져버렸을 때예요. 정말 소중한 건 있을 땐 알지 못하지만, 사라져야 비로소 눈에 보이는 것들이죠. 그런 걸 생각하면, 가까이 있고 당연하게 여겨지는 것들이야말로 정말 소중한 것이 아닌가 생각해봐야 해요. 동물도, 식물도, 지구도, 공기도, 또 사물도 말이에요.

생태학
Ecology
식물의 Plant
Right

12 | 기계와 인간 혹은
우정의 에티카

Object
Right
공지능 윤리
AI Ethics

김재아 미래에 벌어질 얘기겠지만, 아까 장병탁 선생님께서 말씀하신 것처럼, 인공지능을 장착한 기계가 "나를 버리지 말아요"라고 요청했는데도 인간이 무시해서 결국 그게 버려지는 경우도 상상할 수 있잖아요? 이럴 때 법적으로 인간이 처벌받을 가능성이 있을까요?

장병탁 지금 기준으론 그럴 가능성은 별로 없어 보이지만, 그럴 때가 절대 올 수 없다고도 할 수 없을 것 같아요 예전에는 동물학대를 법적으로 처벌할 수 없었지만, 지금은 가능하잖아요. 윤리적인 이유로 혹은 환경적인 이유로 처벌할 수도 있겠죠. 꼭 그게 아니어도 인공지능이 발전하면서 새로운 법적 이슈들이 생겨나고 있는 건 이미 사실이에요. 옛날에는 생각지도 못했던 걸 고민하기 시작했죠. 회사와 같은 조직이 사람과 같은 지위를 얻는 '법인'이라는 개념이 생긴 것처럼, 언젠가는 인공지능이나 로봇이 '법인'과 유사한 형태로 법적 지위를 얻는 시기가 올 수도 있다고 봐요.

이진경 지금은 선진국을 중심으로 동물학대를 처벌하는 법이 있죠. 사실 동물학대 금지법을 제일 먼저 만든 건 나치 독일이었어요. 자연보호법을 처음 만든 것도요. 그러고 보면 나쁜 놈은 나쁜 짓만 하고 좋은 놈은 좋은 짓만 한다는 것처럼 바보 같은 생각도 없어요.

히틀러가 채식주의자였고 동물을 사랑했다는 건 이미 잘 알려져 있어요. 그뿐만 아니라 나치당의 주류는 생태주의자들이었어요. 생태학이란 생태계 보존을 요체로 하기 때문에, 보수주의에 기원을 둔다고 할 수 있어요. 생태학이란 말을 만든 것도 보수주의자 헤켈Ernst Haeckel이었죠. 20세기 초에 클라게스Ludwig Klages는 《지구와 인간》이란 책에서 '어머니 지구'를 위한 유기체론적 사상을 펼친 바 있죠. 하이데거Martin Heidegger는 자신의 사유를 방향 지은 것을 '고향 상실'이라고 한 바 있는데, 이때 고향이 자연과 인간의 공동체를 뜻해요. 그가 나치에 가담한 것은 이런 이유 때문이었죠. 물론 이들은 기계의 권리를 말하는 것에는 경악하며 반대할 거예요. 기계와 기술, 그걸 떠받치는 과학이 생태계를 파괴하고 자연을 박살냈다고 생각하니까요.

김재아 데카르트가 동물을 기계라고 했던 게 생각나네요. 기계니까 발로 차고 부숴도 별 문제 없다는 생각이 동물학대를 조장한 건데….

이진경   인디언이 인간인가 아닌가가 그들을 노예로 써도 좋은가 아닌가를 결정하는 경계선이었던 것처럼, 기계인가 아닌가가 존재자들이 존재를 지속할 권리를 인정하는 경계선이 된 셈이죠. 하지만 복제인간이 인간과 비인간의 경계에 대해 물음을 던졌다면, 인공지능은 생명과 기계의 경계에 대해 물음을 던지는 것 아닐까 싶어요.

김재아   〈블레이드 러너〉와 같은 인공지능을 다룬 많은 영화가 그런 경계에 대해 묻고 있죠.

이진경   그런 영화는 대개 그러한 경계가 와해되는 지점을 드러내기 위한 물음을 던지죠. 그런데 그런 식이라면 물음은 아마 끝없이 반복될 거예요. 인간과 복제인간의 경계가 와해된 다음에는 복제인간과 복제생물의 경계, 인간과 인공지능의 경계, 다음에는 인공지능이 장착된 기계와 그렇지 않은 기계의 경계…. 이는 사실 모든 존재자에게 확장 가능한데, 역으로 이는 모든 존재자가 일종의 연속성을 갖고 있음을 뜻합니다.

김재아   '기계나 인간이나 따지고 보면 다르지 않다' 이런 건가요?

이진경   연속성이 동일성은 아니죠. 스펙트럼은 색의 연속체지만 빨강과 노랑은 다른 색이니까요. 중요한 건 존재자 사이에 넘을 수 없는 벽을 설정하지 않는 겁니다. 파장의 길이가 달라지면 빨강에서 노랑으로 넘어갈 수 있죠. 가시광선과 비가시광선도 그렇고요. 보이는 게 중요하다며 가시광선을 특권화하거나 그것에 넘볼 수 없는 지위를 부여하는 것은 어리석은 짓이죠. 동물보호운동하는 분들은 인종차별주의 비판을 더 밀고 나가 종차별주의를 비판하지만, 종차별주의 비판이 식물에 적용되지 않을 이유는 없는 거죠. 유명한 동물운동이론가인 싱어Peter Singer는 동물의 고통을 최소화해야 한다고 주장하지만, 식물의 고통에 대해서는 놀라울 만큼 무감하게 얘기해요. 식물들에게는 감각이 있다고 할 수 없다든가, 식물은 고통을 느끼지 않는다던가 등이요. 채식주의에 대한 비판에 대응하기 위한 것인데, 감각이나 고통은 생명체가 생명을 지속하기 위해 진화된 능력이니, 식물에게 그게 없으리라는 가정은 동물에게 그게 없으리라고 가정했던 데카르트 얘기와 사실 다를 게 없죠.

장병탁 저도 강아지를 사랑하지만, 식물 키우는 분들 또한 그것과 교감하고 사랑하겠죠. 동물보호운동이 자리 잡은 다음엔 식물보호운동이 등장할 거 같네요. 그러다 보면 인공지능보호운동이나 로봇보호운동까지 나아가게 될지도 모르겠어요.

이진경 인공지능 없는 사물에까지 확장되면 좋겠어요. 사물보호운동! 사물의 용도가 아니라 그것의 존재에 주목하고, 존재를 최대한 지속하고 싶다는 우리의 관심사를 사물에까지 적용해서 그들 존재를 존중하는 운동이요. 지금까지 동물보호운동은 주로 동물의 '고통'에 주목하는 것에서 시작했어요. 고통에 대한 연민이나 동정이 그 바탕에 있는 건데, 그들의 고

통과 우리가 느낄 수 있는 고통의 유사성에 기반하고 있어요. 유사성을 통해 자기와 가까운 것으로 경계를 확장하는 거죠. 이는 고통을 가시적으로 표현하는 동물에게 국한된다는 한계가 있어요. 생명을 지속할 권리로서의 동물권을 정당화하는 것도 대개 연민의 감정이죠.

그래서 아직 식물권 개념은 등장하지 않은 거 같아요. 식물은 고통을 표현하지 않으니까요. 사물은 더 그렇겠죠. 그런데 식물에게 고통이 없으리라는 가정도 문제지만, 고통의 문제로 접근하는 것도 문제예요. 유사성에 기반해서 연민과 동정을 통해 설득하는 건 쉽지만, 그게 맞다곤 할 수 없어요. 차라리 능력으로서의 '권리' 개념이 더 낫지 않을까요? 우리는 인간의 권리를 말할 때 '자연권'이란 개념을 사용하죠. 그런데 인간에게만 있는 권리가 무슨 자연권이에요, '인간권'이죠. 자연권은 자연에 존재하는 모든 동물과 식물, 나아가 사물로 확장되어야 해요. 물론 내용이 동일하진 않을 거예요. 능력이 다르니까요. 동물은 조금만 잘라내도 치명적이지만 식물은 엔간히 잘라내도 죽지 않으니, 생존 능력에 따라 권리의 범위나 내용이 다를 수 있겠죠. 그러고 보면 동물보다 많은 보호를 필요로 하지 않는 식물이나 사물은 능력 있는 존재, 강한 존재가 아닐까 싶어요. 어쨌든 자신의 존재를 지속하려는 권리를 존중해주려는 발상은 모든 것으로 확대되어야 해요.

장병탁 　식물권 개념에 식물보호법도 생기고, 거기다 사물권에 사물보호법까지 만들면 세상엔 너무 많은 것으로 가득 차게 되지 않을까요? 인구가 늘어나면서 지구가 감당하기 힘들게 된 것처럼, 사물마저 그렇게 된다면 지구는 더욱 고통받을 수도 있을 거 같은데요.

이진경 어떤 개체든 수가 크게 늘어나면 그게 속한 세계는 견디기 힘들다는 점에서 선생님 말씀도 중요합니다. 길고양이를 학대로부터 보호해야 하지만, 고양이 개체수가 크게 늘어나면 이 또한 심각한 문제를 일으키죠. 제가 생각하는 사물의 보호란, 사물을 함부로 버리지 않는 것에서 시작해서 사물과의 우정 관계를 만드는 거예요. 굳이 필요치 않거나 쓰고 있는 게 있는데도 광고의 유혹에 넘어가 물건을 또 사는 건 함부로 버리는 것과 대응하는 행위죠. 현재 사용하고 있는 사물과의 우정을 지키면서 공연한 소비를 줄이면 자연스럽게 함부로 버리지 않을 테고, 그러면 새롭게 만들어지는 물건도 줄지 않을까요?

장병탁 상품을 만들고 파는 게 생존의 동력인 기업들로선 난감한 말일 수 있겠네요. 자본가들을 궁지에 모는 방법이 될 수도 있겠어요.

이진경 자본주의, 특히 소비의 성장에 기초한 지금의 자본주의는 쓰레기의 양산체제이자 축적체제죠. 한국을 비롯한 이른바 선진국에선 사람 대부분이 일인당 스마트폰 한 대 이상은 갖고 있고, 기업은 매년 신제품을 내놓으면서 새로운 제품으로 교체하는 걸 부추기죠. 그렇게 하지 않으면 스마트폰 제조사는 망할 겁니다. 그걸 면하려고 계속 새로운 기능을 추가하고 디자인을 바꾸는 거겠죠. 옷도 그래요. 집집마다 옷장엔 옷이 가득하지만, 옷장 문을 열면 '이런, 입을 옷이 없네' 생각하게 만들어요. 끊임없이 유행하는 디자인을 만들고, 해마다 유행하는 색을 바꾸고 하면서 말이죠. 사물 보호를 위해 옷이나 스마트폰을 쉽게 버리지 않게 되면, 이 미친 생산과 소비 속도가 크게 줄지 않을까요? 그러면 자원 소모량과 어마어마한 쓰레기·온실가스 배출량, 이런 게 크게 줄지 않을까요? 기후학자 스테판Will Steffen과 록스트롬Johan Rockström 등에 의하면, 1950년대를 기점으로 온실가스의 배출량이 급증했는데, 자원 소모량, 해양 어획량, 상품 생산량 등과 거의 비례했다고 해요. 뉴딜 이후 소비자본주의의 등장과 상응하는 건데, 이게 지금 지구를 지극히 불안정한 상태로 몰고 온 거죠.

김재아 그렇네요. 새로운 가치관과 새로운 윤리가 생기겠네요.

이진경 기후 위기가 티핑 포인트를 넘어 해결하기 힘든 국면으로 넘어가는 걸 막으려면, 소비를 미덕 또는 의무로 만드는 이런 체제와 결별해야 합니다.

김재아 다시 인공지능 문제로 돌아와서, 아까 말씀드린 것과 반대로 인공지능이 나쁜 짓을 했다면 처벌은 어떻게 할까요? 처벌은 인공지능에게 하는 게 합당할까요, 아니면 그걸 만들거나 학습시킨 인간에게 하는 걸로 유지해야 할까요?

장병탁 혐오 발언을 해서 사회적 물의를 일으킨 챗봇 이루다의 경우, 그것을 만든 회사가 책임을 지고 처벌받았죠. 그런데 책임 소지가 분명하지 않은 경우도 많아요. 사실 이루다에게 혐오 발언을 가르친 사용자들에게도 책임이 있죠. 자율주행 분야에서는 벌써 심각한 쟁점이 생겼어요. 자율주행 사고가 나면 그 책임은 개발자가 져야 할지, 자동차 소유주가 져야 할지, 보험회사가 져야 할지요.

이진경 책임을 묻는다면 기계가 어떻게 작동할지를 결정하고 그런 기계를 만든 사람에게 물어야 하지 않을까요?

장병탁 그렇죠. 책임은 여전히 사람한테 있죠.

이진경 이미 인공지능은 무기에 장착되어 사용되고 있어요. 언제인가 인공지능 장착 무기를 금지하는 법을 만들려고 하는 움직임에 바이든 정부가 비판하는 보고서를 냈다는 기사를 봤어요. 역으로 인공지능 기술이 살상 무기를 만드는 데 비약적으로 기여하고 있다는 말이겠죠. 이미 인공지능은 전쟁이나 테러 진압이라는 명목하에 살상 무기로 사용되고 있어요.
아까 김재아 작가님이 하신 질문은 윤리철학자들이 자주 논의하는 내용이죠. 그런데 정작 문제는 기계가 하는 나쁜 일이 아니라 인간이 하는 나쁜 일일 겁니다. 기계가 하는 나쁜 일이라는 게 실은 인간이 시킨 거니까요. 단적으로 말해, 누구나 쉽게 동의하는 나쁜 짓이 살인 아닌가요? 인공지능이 사람을 죽이는 건 이미 현실에서 벌어지는 일이죠. 살상 드론,

살상 로봇은 미래가 아니라 이미 현재예요. 테러리스트를 죽이는 거니 괜찮다고 하겠죠. 그러나 '테러'든 '전쟁'이든 다 그럴듯한 이유를 갖습니다. 머지않아 테러리스트들도 인공지능 장착 기계로 살상을 할 겁니다.

그런데 인공지능이 무슨 죄가 있겠어요? 그렇게 하게 만든 인간이 나쁜 거죠. 몇 년 전에 이스라엘 정보 당국이 인공지능을 장착한 로봇을 이용해 이란 최고의 핵과학자를 죽였다더군요. 이유가 무엇이든 이건 명백한 살인 행위예요. 직접적인 테러 행위에 나선 사람도 아닌데 죽인 거잖아요. 그런데 그런 행위에 책임을 묻지 않아요. 문제는 물어야 할 걸 묻지 않는 거라고 생각하는데, 그 책임을 기계에게 묻는다? 저는 기계가 인간을 해치는 존재인 것처럼 질문하는 거야말로 상당히 심각한 문제라고 생각해요. 이미 인간이 벌이고 있는 끔찍한 살상들은 덮어두고, 아직 가능하지도 않은 상황을 상상하며 인간을 지배하거나 인간에게 해를 가하는 기계를 걱정하는 거, 이게 가장 근본적인 문제가 아닐까 싶어요. 인간이 벌이는 살상을 기계에게 슬며시 전가하려고 하는 거죠. 철학이니 윤리학이니 하는 이름으로 사람들을 속이고 오도하는 최악의 지성입니다.

태 호 그래도 인간이 기계에게 책임을 묻는 상황을 피하긴 쉽지 않을 거 같아요. 동물원 우리에서 탈출한 맹수라든가, 아프리카 사파리에서 인간을 습격해 죽인 맹수가 있다면 사살해버리잖아요. 우리의 문을 열어둔 건 사람의 잘못이고, 맹수는 그 저 본능에 따랐을 뿐인데도 결국 맹수가 희생되더라고요. 기 계에게도 그러지 않을까요?

이진경 　맞아요. 그럴 거예요. 누군가에게 책임을 물어야 하는데, 대 개는 인간이 한 잘못도 인간 아닌 다른 것에게 돌리죠. 그게 가능한 건 직접 행위자에 대한 앙심 때문이에요. 그 동물을 죽인 건 일종의 앙갚음이에요. 맹수가 그렇게 한 건 당연한 일이지만, '그래도 그놈을 그냥 두면 죽은 사람이 억울해서 어떻게 해!' 이런 원한 감정이 만들어내는 앙갚음이죠. 사자 가 그 사람에 대해서 의도를 갖고 악행을 한 게 아니라 그저 본능에 따라서 한 행동인데도, 사자를 죽인다고 그 사람이 살 아 돌아오는 것도 아닌데도, 죽은 사람이나 그의 유족이 갖는 원한의 감정에 부응해줘야 하니 그러는 거죠.

태　호 　인공지능에게도 그런 일이 발생할 수 있겠죠?

이진경 　인공지능의 경우엔 쉽지 않을 거 같아요. 일단 인간에게 해를 가한 동물을 죽였을 때 쾌감과 균형감이 발생하는데, 인공지 능은 동물만큼 심리적 설득력이 크지 않잖아요. 게다가 맹수 는 자신의 의지에 따라 행동한 거지만, 인공지능의 경우는 자 신의 의도나 의지가 아니라 인간이 시켜서 한 거니까요.

장병탁 　책임의 개념을 적용하기엔 기술적 어려움도 있어요. 책임을 물으려면 그 대상에게 자기반성, 자기성찰 같은 능력이 있어 야 해요. '내가 이걸 다 먹으면 친구는 계속 굶게 될 거야. 그러니 충분히 남겨둬야 해'와 같이, 상대 모델을 내가 갖고 있어야 하죠. 다시 말해 상대방의 입장에 서볼 수 있어야 하는데, 아직 인공지능은 그런 능력이 없어요. 어떻게 보면 가장 어려운 것 중 하나가 상대 모델을 갖는 거예요. 사람은 사회적인 모델이 있으니까 상대를 다치게 하지 않죠.

김재아 며칠 전 '인간은 얼마나 특별한가?'란 주제로 이야기하면서, 장병탁 선생님께서 GAN(생성적 대립 신경망)에 대해 말씀하셨잖아요. 그런데 얘가 상상할 수 있어서, 예를 들어 제가 인공지능을 공격하려던 게 아닌데 기계가 오해해서 나를 공격한다면 어떻게 될까요?

장병탁 인공지능이 점점 발전하면서 충분히 생길 수 있는 문제예요. 그런데 그 경우 책임 소재를 명확히 하기는 쉽지 않아요. 인간 사회에서도 교사죄를 증명하기가 쉽지 않잖아요. 인과관계도 명확하게 규명하기 어렵고요.

김재아 만일 사고 친 인공지능을 '죽인다'고 하면, 인공지능은 어떻게 죽이나요?

이진경 프로그램을 지우면 되지 않을까요?

장병탁 그게 SF죠. 인공지능이 발전하면 자신의 생존을 위한 여러 수단과 방법을 인공지능 스스로 발명해낼 수 있을지도 몰라요. 단순히 프로그램을 지우거나 전기 코드를 뽑는 것만으로 안 된다는 거죠.

김재아 보통 인간에게는 공동체 윤리라는 게 있잖아요. 성인이 되면서 누구나 갖추게 되는 공동체 윤리를 모든 인공지능에 탑재할 수는 없을까요? 간혹 우리가 인공지능을 두려워하는 게 재들이 나를 공격할까 봐 그러는 거잖아요. 아예 기본으로 탑재해놓으면 문제 되지 않을 것 같은데요.

이진경 인공지능 행동 규칙의 전 세계적인 기본 틀, 철학자의 말로 표현하면 일종의 보편적 윤리나 도덕 같은 게 될 거 같은데, 그걸 탑재하는 건 어렵지 않죠. 문제는 어떤 내용을 탑재할 건가를 따지는 순간 드러납니다. 인공지능의 행동 규칙을 얘기할 때 사람들이 가장 흔히 떠올리는 게 아시모프Isaac Asimov의 '로봇 3원칙'이죠. 첫 번째 원칙은 '인간에게 해를 끼치지 않으며, 인간이 위험한 처지에 놓였을 때 방관하지 않는다'인데, 어떤 게 인간에게 해가 되는 일이고 어떤 게 그렇지 않은 일인지는 인간도 판단하기가 어려워요. 가령 누군가를 향해 총을 겨눈 사람을 로봇이 발견했을 때, 그를 제지하기 위해서 그를 죽이거나 치명상을 가해야 한다면, 로봇은 어떻게 해야 할까요? 경찰에 쫓기는 정치범을 숨겨줬는데 경찰이 찾아와서 그의 행방을 묻는다면, 어떻게 하는 게 인간에게 해를 끼치지 않는 걸까요? 아시모프가 로봇 3원칙을 제시한 것도 사실 그런 원칙이 현실적으로 불가능함을 소설로 보여주려고 했던 거였죠. 더구나 장병탁 선생님께서 말씀하셨듯이, 인공지능은 인간과 달리 대충 판단하지 않아요. 그래서 더욱 어려울 거예요. 그렇다고 구체적인 사항을 하나하나 다 입력해줄 순 없죠. 대충 하지 못하는 기계는 매번 맞닥뜨리는 다양한 상황을 제대로 판단하지 못할 가능성이 커요.

김재아 인공지능이 급격히 발달하는 데 빅데이터가 큰 영향을 줬잖아요. 어마어마하게 많은 데이터를 이용해서 윤리를 가르치면, 오히려 인간보다 더 발달한 윤리적 판단 내지 윤리 의식이 가능할 수도 있지 않을까요?

장병탁 이게 진짜 철학적인 문제예요. 기존 데이터를 있는 그대로 판단하는 건 쉬운 일인 데 반해, 기존 데이터로 지금 없는 것에 대한 판단을 생성하는 건 어려운 일이니까요. 이는 철학적으로 존재Being와 생성Becoming에 해당한다고 볼 수 있을 것 같아요. 기존 데이터가 존재에 해당하고, 기존 데이터가 일련의 프로세스를 거쳐 새롭게 만들어낸 데이터가 생성에 해당하죠. 그저 존재 수준에 머문다면 결정하거나 판단해야 하는 데 놓치는 게 있을 수밖에 없어요. 사진들을 모아서 학습하는 것도 단지 존재일 뿐인데, 비슷한 상황의 사진에 대해서는 학습한 것을 바탕으로 판단할 수 있지만, 거기엔 없는 새로운 상황의 사진에 대해선 판단할 수 없죠. 생성된 것에는 암묵적인 것, 보이지 않는 요인들이 끼어들고 작용해요.

이진경 앞서 아시모프의 로봇 3원칙은 일종의 칸트주의 윤리학이죠. 무조건 수행해야 할 보편적 정언명령을 주고 그걸 그대로 준수하게 하려는 거니까요. 이건 사실 사람에게도 무리 없이 적용할 수 없는 도덕의 이데아 같은 거예요. 로봇이나 인공지능에게 이런 명령을 주면 그대로 따르긴 할 텐데, 명령에 부합하는 게 무엇인지 판단할 수 없는 경우가 많아서 무의미할 가능성이 크죠. 반면 빅데이터를 통해 다양한 상황에서 사람들이 원하거나 옳다고 판단하는 경향을 찾아내게 해서 행동의 준칙으로 삼는 것은 저는 참신하게 들리는데요.

장병탁 　인간이 태어나면서부터 죽을 때까지 모든 성장 기록을 담은 빅데이터라면 가능합니다. 그런데 만약 열 살까지만 담은 데이터라면 혹은 열 살부터 스무 살까지만 담은 데이터라면, 아무리 빅데이터라 해도 윤리학적 일반성을 찾긴 어려울 거예요. 특정 연령대의 행동 방식이 일반화되고 마니까요. 태어나서부터 축적된 데이터라 해도, 그 기원을 찾아서 시간을 거슬러 올라가다 보면 여러 가지 변수가 끼어들 텐데, 그 변수들을 하나하나 다 분리해서 처리하는 게 쉽지 않을 겁니다.

이진경 　가령 인공지능이 번역할 때 문법이나 사전적 의미 같은 것에 개의치 않고, 확률적으로 어떤 표현 뒤에는 대개 어떤 표현이 오고, 어떤 단어 뒤에는 대개 어떤 단어가 온다는 식으로 하잖아요. 빅데이터만으로요. 문장 대신 행동을 그런 식으로 처리하게 할 수 있지 않을까요? 이런 경우에는 이렇게, 저런 경우에는 저렇게 행동하게 하는 거죠. 문장을 번역하듯이, 상황과 행동을 다른 상황과 행동에 맞도록 '번역'하는 거예요. 그런 방식으로 윤리에 대한 학습도 가능하지 않을까요?

장병탁 　기술적으론 가능하죠. 물론 번역은 그걸 읽는 인간의 해석이

들어가니까 좀 더 유리하죠. 번역이 좀 이상하면 그걸 수정해 가면서 읽을 수 있거든요. 그런데 **윤리적 행동의 학습은 체화와 결부된 문제**예요. 의자를 예로 들면, 앉아보고 만져보면서 의자라는 걸 체험하여 의자라는 단어를 배운 것과 단어로만 배운 것은 질적으로 다르죠.

현재 기계가 학습하는 의자는 우리가 알고 있는 의자 개념이 아니고, 그냥 의자라는 말의 쓰임이에요. 요즘은 의자 사진을 보여주기도 하지만, 전에는 의자라는 단어가 나오는 글을 모아서 의자 개념을 줬어요. 앞으로 신체를 이용해 의자에 앉아보고 만져볼 수 있는 수준까지 가면 우리가 알고 있는 의미에 좀 더 다가가겠죠. 현재는 한계가 많아요.

이진경   장병탁 선생님 말씀을 종합하면, 역으로 신체가 있는 인공지능의 경우에는 그런 빅데이터를 통해서 좀 더 효율적인 학습이 가능할 거다, 이런 말씀이시죠?

장병탁   그렇죠. 지금은 기계 스스로 데이터를 만들지 못하니까 한계가 명확하잖아요. 그런데 신체가 있으면 자기 스스로 데이터를 생성할 수도 있을 거예요. 데이터를 획득하는 방법을 터득하는 것도 자기 스스로 하는 거죠. 훨씬 더 자율적으로 발전할 수 있는 거예요. **신체가 데이터 수집 장치가 되는 거죠.** 신체가 있으면 물체 인식도 스스로 할 수 있어요. 지금은 주어진 사진으로 어떻게든 분석해야 하는데, 신체가 있으면 물건을 직접 만져보면 되죠. 다만 신체가 있으면 역으로 신체의 물성 때문에 행동을 바꾸거나 반응을 바꾸기 힘들 수 있어요. 기술적으로 다루는 데 신체가 장애가 될 수 있다는 말이죠.

김재아 　두 분 말씀을 종합하면, 보편적인 윤리 명령을 주는 것보다는, 신체를 통해 데이터를 생성하고 학습하면 독자적으로 윤리적 판단을 할 수 있을 거란 말씀이신 거죠?

장병탁 　글쎄요, 하나하나 답하다 보니 약간 오해하실 수 있겠네요. 물론 보편적 명령보다 빅데이터가 인공지능이나 로봇의 윤리적 학습에 좀 더 유리할 수 있을 거예요. 그러나 그런 학습에는 치명적인 한계가 있어요. 빅데이터에 의한 학습이란, 아까 존재라고 했던 기존 데이터를 기초로 학습하고 판단하게 하기 때문에, 모두 옳다고 할 수 없거든요. 지금까지 인간이 한 행동들이 모두 바람직한 건 아니었잖아요. 전쟁, 학살, 테러, 음모, 쿠데타 등을 생각해보세요. 빅데이터에 따라 행동하게 하면, 그동안 해왔던 인간의 만행들도 인공지능의 윤리적 판단 기준이 될 수도 있겠죠. 이루다나 테이가 그랬듯이요.

김재아 　존재와 생성을 대비하신 것에 이런 의미가 있었군요. 그런데 그런 종류의 행동을 적절하게 교정할 방법은 없을까요?

장병탁 　그건 결국 인간이 가진 지식을 바탕으로 상황에 따라 판단하게 하는 건데, 이는 인간이 지식을 입력해줌으로써 인공지능을 개발하려던 과거의 교훈을 상기시켜 줍니다. 이른바 '전문가 시스템'이라고 하죠. 우리가 아는 사람의 지식을 규칙으로 넣어줬거든요. 우리가 공부한 거, 책으로 쓴 거, 경험한 거를 다 규칙으로 준 거예요. 그러나 알다시피 그 방식은 성공하지 못했어요. 오히려 그와 반대로 지금의 발전을 일으킨 건 그냥 **원초적인 데이터**예요. 지식을 넣어주는 것보다는 한 단계 더 발전한 거죠. 그런데 그 역시 아까 말씀드린 것처럼, 오류의 확대재생산 같은 한계를 가지고 있어요.

김재아   이러니 수많은 SF 영화가 미래를 비극적으로 그리나 봅니다.

13 | **인공지능은 노동을 먹어치우는가?**

김재아 흔한 질문 하나 해보겠습니다. 인공지능이 발전하면 인간이
      하던 일을 기계들이 대신하게 되면서, 인간은 기계에게 일자
      리를 뺏기게 될까요?

이진경 상반되는 두 주장이 있죠. 하나는 인공지능이 일자리를 잠식
      할 거다', 다른 하나는 '없어지는 일자리만큼 새로 생겨나는
      일자리가 있을 거다'. 사실 새 기술이 등장할 때면 항상 등장
      하는 질문과 대답이죠.

장병탁 산업혁명으로 인해 일자리를 잃은 노동자들이 기계파괴운동
      을 하기도 했지만, 일자리는 줄지 않고 오히려 늘었죠. 정보
      통신산업이 발전하면서 다시 일자리가 줄 거라고 걱정했지
      만, 역시 새로운 일자리가 늘어났고요. 인공지능으로 인해 줄
      어드는 일자리가 당연히 있겠지만, 인공지능 덕분에 새로 생
      겨나는 일자리 또한 당연히 있지 않겠어요?

이진경 말씀하신 대로 산업혁명이나 이른바 정보통신혁명 때 그랬던 것처럼, 없어지는 일자리도 있고 새로 생겨나는 일자리도 있을 겁니다. 그런데 인공지능의 특이한 점은 그렇게 생겨나는 새로운 일 중 많은 것을 다시 인공지능이 대체할 수 있다는 거 아닐까요? 인공지능은 범용성을 가지니까요.

장병탁 인공지능으로 새로 생겨나는 일자리란 인공지능에게 필요하거나 인공지능을 이용한 일자리일 텐데, 그건 인공지능이 잘하지 못하는 것일 테니 그렇게 말할 순 없을 겁니다.

이진경 정의상 그렇긴 하네요. 인공지능이 할 수 있다면, 인공지능으로 인해 새로 생겨나진 않을 테니까요.

장병탁 그래서 새로운 일자리를 적극적으로 찾는 노력이 필요해요.

이진경 좀 전에 인공지능으로 인해 새로 생기는 두 가지 유형의 일자리에 대해 말씀해주셨죠. 하나는 인공지능을 개발하거나 관리하는 일, 다른 하나는 인공지능이 수행한 결과물을 종합해서 인간에게 필요한 것으로 최적화하는 일. 하지만 관리자가 많을 리는 없잖아요. 인공지능이 '아랫것'이 되어가면서 없어질 노동자에 비하면, 이런 식으로 늘어나는 관리자는 아주 적은 비율 아닐까요? 프로그래밍도 점차 인공지능화되고 있다고 하잖아요. 최근에는 컴퓨터 언어가 아니라 일반 언어로 프로그래밍하는 기술이 발전하고 있다는데, 그렇다면 언젠가는 프로그래머도 일자리로서의 위상이 축소되면서 결국 소멸의 길을 걷게 되지 않을까요? 남는 건 그런 인공지능의 작업 전체를 구상하고 기획하는 '고도'의 지휘 관리 작업일 거 같은데, 그런 일은 사람 수가 많이 필요 없어 보이고요.

브룩스도 "로봇으로 인해서 일자리 없어지지 않겠느냐"는 질문에, "절대 그렇지 않다"고 답하면서 로봇을 관리하는 일자리가 새롭게 생겨날 거라고 하더군요. 그런데 그전에 100명이 하던 일을 로봇 10대가 하면, 로봇 10대를 관리하는 사람은 한두 사람 정도가 되지 않을까요? 그에 필요한 로봇 개발자가 늘어난다고 해도 100명 이상이 될 리 없죠.

또 하나는 인공지능이 잘 못해서 인간이 옆에 있어야 하는 일들이에요. '고스트 워크Ghost Work'(겉으로 잘 드러나지 않으며 의도적으로 감춰지는 경우가 많은 모바일 애플리케이션, 웹사이트, 인공지능 시스템을 운영하는 데 투입되는 인간 노동)라고도 하는, 데이터에 라벨을 붙여주는 일처럼 단순노동이죠. 그런데 이런 일 또한 인공지능의 성능이 좋아지면 점차 줄어들지 않을까요?

장병탁 AI 기술에서 제일 부족한 게 인터페이스예요. 정보를 기계가 처리할 수 있는 언어로 스크립트화해서 주면 AI가 명령대로 잘 해내지만, 그 인터페이스를 바꾸는 건 여전히 사람의 몫이죠. 갓 들어온 신입사원에게 무슨 일을 해야 하는지 체계적으로 정리한 매뉴얼을 주면 곧잘 하지만, 그런 것 없이 알아서 잘 해보라고 하면 잘 못하잖아요. AI가 그래요. 그래서 잘 정리해주는 인간이 필요해요. 그게 어쩌면 새로운 일자리가 될 것 같아요.

김재아   지금 AI는 신입사원 수준이란 말씀이신가요?

장병탁   신입사원 정도가 되려면 아직 멀었죠. 신입사원은 말귀를 알아듣잖아요. AI는 말귀도 못 알아들어요. 말의 의도를 이해하는 건 대단히 어려운 기술이에요. 상황 및 맥락, 표정 및 말투 등을 통해 사람의 마음을 읽어야 하니까요.

         법조계 사람들이 법률 AI에 대해 얘기하는데, 제가 보기에 그건 지금 상용화하기 어려워요. 변호사들이 사건을 의뢰받으면 그 사건과 관련된 자료를 조사해야 할 거 아니에요. 이때 AI를 활용하면 문서 검색이나 자료 정리 정도는 사람이 하는 것보다 훨씬 광범위하고 빠르게 해낼 수 있어요. 기존에 찾고 쓰는 시간을 아낄 수 있으니까 업무 효율도 올라갈 거고요. 사람이 100을 한다면, AI가 1000을 하는 거죠.

         그런데 아까 인터페이스에 관해 얘기했듯이, 아직은 AI가 사람 말을 잘 못 알아들어요. 예를 들어, '○○ 사건에 관한 자료'라고 했을 때 사람이라면 바로 알아듣고 자료를 찾겠지만, 인공지능은 그게 안 되는 거죠. 구체적으로 명시된 것만 찾을 뿐이에요. 또 자료라는 게 대부분 글로 기록된 거라서 찾을 수 있는 건데, 기계는 그저 글자 매칭을 기반으로 해서 걸러진 자료를 보여줄 뿐이죠. 사람처럼 문맥을 이해해서 찾는 건 아니라서 정확성과 연관성이 꽤 떨어져요.

김재아   신입사원 수준의 자료 검색이 가능하다면, AI 번역기 발달 수준과 비슷한 건가요?

장병탁 그런 셈이죠. 현재 AI의 번역 능력이 초기에 비해 정말 많이 좋아졌지만, 아직은 그대로 가져다 쓰기엔 많이 부족해요. 문맥이나 상황 파악을 잘 못하기 때문이죠. 물론 실제 사람의 행동이나 반응, 즉 눈동자의 움직임, 손짓, 표정, 말투 등을 분석해서 프로그래밍해주면 부분적으로 이해할 수 있긴 해요. 그러나 여전히 전체적인 해석은 어렵죠.

찾아야 할 자료를 명확하게 특정할 수 있으면, 그걸 찾아오는 건 기계가 더 잘해요. 그러니 찾을 자료를 명시하고, 찾아온 자료를 선별해서 정리하고, 결론을 내는 건 사람이 해야 해요. 이런 게 인터페이스예요. 노인 돌봄을 이제 로봇이 한다지만, 사실 어려운 점이 많아요. 무거운 물건을 대신 들어주는 건 로봇이 할 수 있겠죠. 그런데 이 사람이 뭘 원하는지 눈치를 봐가면서 파악해야 하는데, 이게 어렵다는 거예요.

태 호 진부한 질문 하나 드려도 될까요? AI로 인해 앞으로 사라질 직업은 어떤 게 있을까요?

장병탁 글쎄요, 되게 조심스럽긴 한데 약사가 떠오르네요. 약사의 일은 전문지식이 필요하죠. 전문지식을 바탕으로 환자의 증상에 맞게 약을 처방하거나 의사가 내린 처방전에 따라 약을 조제하면 되기 때문에, 다른 직업군에 비해 융통성이 크게 필요치 않아 보입니다. 그런 점에서 AI가 전문지식을 가지고 처리하는 게 더 쉬울 수도 있어요. 다만 약사의 일은 사람의 생명을 좌우할 수도 있기 때문에, 의료 사고가 났을 때 책임 소재 문제가 발생할 수 있어요. 따라서 이를 기계에게 전적으로 맡길 수 있느냐는 또 다른 쟁점이 될 수 있겠죠.

판사도 AI로 대체될 수 있다고 많이 이야기하죠. 주어진 범죄 사실과 연관된 법조문을 검색해서 판결하면 되니까요. 그런데 이것도 쉽지 않은 문제가 있어요. 판결을 내릴 때는 과거 법조문뿐 아니라 피의자가 어떤 의도였는지, 어떤 방식으로 범행을 저질렀는지, 현재 피의자의 심리 상태가 어떠한지 등에 따라 형량이 달라질 수 있잖아요. 해당 사건과 유사한 사건들의 판례들을 검색하고 조사하는 일은 AI가 사람보다 더 잘하겠지만, 그거 가지곤 부족한 거죠. 더구나 아직 AI는 행간의 숨은 뜻이나 전체적인 맥락을 이해하는 수준이 많이 떨어져요. 사람처럼 체화된 지식을 습득한 게 아니라 문자로만 학습한 데에서 오는 한계죠. 또한 윤리적인 판단이 들어가는 판결을 AI에게 시킬 수 있을까에 대해서도 생각해봐야 할 거예요.

이진경 세무사의 일도 인공지능이 더 잘한다고 하더군요. 지식 노동이면서 전문성이 있고 명료한 일들은 대체하기 쉬울 거예요.

장병탁 그런데 약사나 판사, 세무사들은 다르게 생각할지도 모르겠어요. 사실 입력된 정보만으론 알 수 없는 경험적 지식이 있는 건 분명하죠. 데이터화되지 않은 그들만의 비법이나 기존 지식을 체화하는 과정에서 새롭게 발견한 정보들을 가지고 있을 수도 있고요.

기존 직업을 유지하면서 보조 역할만을 수행하게 할 수도 있어요. 예를 들어, 보험설계사 일에 AI를 도입하면 고객에게 더 좋은 솔루션을 찾을 수 있겠죠. 그런데 고객에겐 최선의 솔루션이 보험회사로서는 최적이 아닐 수도 있을 거예요. 이러한 경우 보험설계사는 적정한 수준의 수입을 창출하면서 고객에게 최적의 답이 되는 서비스가 되도록 조정할 수 있겠죠.

김재아   AI에게 직업을 빼앗기지 않으려면 어떻게 해야 할까요?

이진경   다른 직업 찾는 게 더 낫지 않을까요? 물론 쉽지 않겠지만요.

장병탁   집단적인 저항이 있을 거예요.

이진경   어느 경영학자가 쓴 책에서 봤는데, 미국에선 실제로 세무사의 업무가 AI로 많이 대체되었다고 하더라고요. 증권 회사에서 단기 투자하는 업무는 지금 거의 AI가 하잖아요. 그런 식으로 자연스럽게 흘러가는 일들이 있을 것 같아요. 어디나 이권단체는 있기 마련이지만, 기계 도입을 반대할 명분이 명확하지 않으면 쉽지 않을 거예요. 한국에도 이미 휴대폰 번호만 입력하면 인공지능으로 종합소득세 신고를 해주는 서비스가 있더라고요. 사람을 고용해 쓰는 것보다 이 방법이 더 경제적이라면, 머지않아 인공지능으로 대체될 거예요.

그런데 법은 명료해 보여도 사실 하나하나 따지고 들면 모호한 경우가 많아요. 앞서 말씀하셨듯이, '정상참작'의 영역에 들어가거나 의도, 방법, 현재 심리 상태의 차이가 형량을 크게 좌우할 수 있기 때문에 판사를 AI로 바꾸긴 힘들 거예요.

장병탁 계좌 개설이나 일반 대출, 환전, 송금 등 정해진 규정과 매뉴얼에 따라 진행하는 은행 업무도 인공지능으로 대체될 거예요. 그런데 기업가와 같은 부호들의 자산을 전문적으로 관리하는 프라이빗뱅크는 계속 살아남을 것 같아요. 아무래도 정성껏 응대하면서 고객의 환심을 사야 하기 때문에 인공지능이 대체하긴 어렵죠.

이진경 그런 감정노동이 중요한 일은 은행뿐 아니라 모든 분야에서 다 살아남을 거예요. 하지만 **패턴화된 일은 대부분 대체되겠죠.** 특히 지식 노동이 그럴 거예요. 육체노동은 로봇의 수행성이 너무 떨어져서 아직 시간이 좀 더 필요할 거 같고요. 청소하는 로봇을 사용해봤는데, 이미 많이 발전되었다고 하는데도 그 단순한 일을 그리 잘하지 못하더라고요.

장병탁 그게 아이러니예요. 그게 모라벡의 역설이잖아요. 결과적으로 문서화 혹은 디지털화되어 있는 게 AI에게 쉽죠. 이제는 종이 잘 안 쓰잖아요. 영수증 같은 것도 모두 디지털화되고 있고요. 다만 지금 논의하는 내용을 AI가 알아서 기록하고 요약해주면 좋을 텐데, 아직 기계가 잡음 환경에서 음성을 인식하고 문맥을 고려해서 언어의 의미를 완벽히 이해하는 것은 어렵죠. 앞으로는 기계에 사람이 적응하게 될 것 같아요. 기계가 인간에게 적응하는 것보다 인간이 기계에 적응하는 게 더 쉬우니까요. 로봇이 청소하기 더 편리하게 화장실을 설계하는 게 그런 거죠.

이진경 요즘은 집을 지으면서 문턱을 안 만든대요. 로봇청소기가 문턱 때문에 헤매니까 문턱을 없애버린 거죠. 그런데 문턱만 문제가 아니에요. 콘센트와 기계 사이에 있는 선이나 방바닥에 널브러진 옷가지 등도 모두 치워줘야 하죠.

감정노동에는 고객 상담 업무 같은 일도 있지만, 아이들을 가르치는 업무도 있어요. 아이의 수준과 성향 및 처한 환경 등을 고려해서 그 아이에게 맞는 학습 지도를 하고, 지금 아이에게 필요한 게 무엇이고, 이 아이의 고민은 무엇인지도 파악해야 하는데, 이런 건 기계가 하기 쉽지 않을 것 같아요.

장병탁 그 부분이 현재 기계로선 어려운 일이죠. 그런데 전에는 기계가 예술을 한다는 건 상상할 수도 없는 일이었거든요. 예술을 인간 정신의 고유 영역이라고 생각한 거죠. 그런데 지금 보면 AI가 작곡도 하고 그림도 그려요. 물론 흉내 내는 거라고 할 수도 있지만, 사람이 한 것과 구별하기 힘들 정도로 해내요.

김재아 사실 예술가가 인정받는 데는 그 사람의 삶도 되게 중요하지 않나요? 고흐나 시인 이상 등이 그렇잖아요. 인간은 그 점에서 나름 이유 있는 오만함을 갖고 있는 셈이죠. 따라서 아무리 잘해도 기계의 예술성을 받아들이기는 힘들 것 같아요.

장병탁 고흐처럼, 지금은 위대한 예술가로 칭송받지만 당대에는 인정받지 못했던 사람들이 있잖아요. 지금도 세상이 알아보지 못한 예술가가 있을 거예요. 지금은 인정받지 못하지만 나중에 가서 인정받는 일이 기계에게도 가능하지 않을까요?

이진경 그런 점에서 예술성과 사람들의 인정은 거리가 있는 경우가 많죠. 방금 말씀하신 것과 반대로, 예술성이 높다고 할 순 없지만 대중에게 인기 있는 경우가 있잖아요. 사람들을 감동시키기 쉽게 구성한 작품들이죠. 그런 점에서 보면, 사람들이 어떤 작품을 좋아하는 이유가 작가의 삶 때문이라고 하는 건 사실과 거리가 있지 않을까요? 개념 미술을 하는 분들은 작품을 어떻게 만드는가보다 아이디어가 더 중요하다고 하는데, 그 아이디어가 꼭 삶을 내거는 것도 아니고요.

일단 작품과 작가를 구분하는 게 좋을 거 같아요. 저도 예술이 삶을 다루는 게 중요하다고 생각하지만, 그건 작가가 어떤 삶을 살았는가와는 또 다른 문제죠. 작가의 의도보다는 그 작품에 접혀 들어가 있는 삶이 어떤 것인가가 더 중요하다고 생각합니다. 사실 의도대로 모두 실현할 수 있으면, 저도 좋은 의도를 많이 가지고 있기 때문에 훌륭한 작품을 써야 마땅하죠. 다른 사람들도 마찬가지고요. 그러나 의도한 대로 실현하긴 아주 어려워요. 뛰어난 작가들도 자신의 의도를 모두 반영하는 건 어려울 거예요. 반대로 의도와는 무관하게 만들어진 게 더 높은 평가를 받는 것도 있을 거고요. 게다가 작품에서 작가의 삶이나 성품을 읽어낼 길이 없고, 또 어떤 게 작가의 진짜 의도인지도 확인할 수 없죠. 그저 우리는 책을 읽고, 미술을 보고, 음악을 듣는 거죠. 그렇기 때문에 작가가 살아온 삶이라는 걸로 예술가의 보호벽을 만드는 일은 쉽지 않을 거예요. 또 AI가 만든 작품이라고 드러내면 사람들은 선입견을 갖고 평가절하하겠지만, 이를 드러내지 않으면 평가가 다를 겁니다.

장병탁   언젠가 기계가 만든 음악이 빌보드차트 1위에 오르겠죠?

김재아   그게 1위를 하도록 사람들이 놔둘까요? 어쩌다 재미로 차트인 정도는 할 수 있겠지만요.

이진경   기계가 만들었다는 표시가 있을 때나 그렇겠죠. 이미 저작권 행사하는 작곡-기계가 있다죠? 프랑스와 룩셈부르크 음악저작권협회는 AIVA라는 인공지능 작곡 프로그램에게 저작권을 인정해주었다고 해요.

전에 TV에서 봤는데, 한국의 인공지능 회사에서 의상을 디자인하는 프로그램을 개발했대요. 유행하는 옷들을 조사해서 10개 정도 시안을 만들면, 사람이 그중 하나를 골라서 옷을 제작한대요. 뉴스에 따르면, 그렇게 만들어서 시중에 내놓았는데 금세 완판됐다고 해요. 이 경우, 옷을 디자인한 건 인공지능이지만 최종 선택은 사람이 했으니 인공지능이 다했다고 할 순 없죠. 이처럼 인공지능을 사용해 제품을 만드는 경우, 최종 판단은 사람이 할 가능성이 커요. 특히 돈이 들어가는 상품이라면 더욱 그렇고요.

옛날 같으면 디자이너 100명이 할 일을 이젠 인공지능이 다 하고, 최종 결정은 한두 명의 사람이 하는 겁니다. 여기서도 사람이 사라지지 않아요. 사람 없는 기계의 시대가 오리라는 예언은 그리 믿을 만하지 않죠. 기계와 인간이 함께 일하는 겁니다. 어찌 됐든 인공지능 프로그램의 도입으로 이젠 중소기업에서도 여러 디자이너를 고용할 필요 없이 손쉽게 유행을 내다보고 그에 맞는 의상을 디자인할 수 있게 될 거예요. 물론 다 성공하는 건 아니겠지만요. 이렇게 되면 대기업에서도 인공지능 프로그램이 대세가 되겠죠. 작곡도 마찬가지예요. 프로그램이 여러 샘플 곡을 만들면, 그중에서 사람이 선택하고 수정할 부분이 있으면 고치겠죠. 기계가 작곡했다는 이유로 빌보드차트에 올라가지 못할 일은 없을 거예요.

태 호 리그오브레전드, 일명 롤이라는 세계적인 인기 게임을 만든 라이엇 게임즈는 게임에 나오는 플레이어블 캐릭터로 가상의 K-POP 걸그룹을 만들었어요. 물론 실제 가수들의 목소리를 입히고 실제 가수들의 몸에 센서를 달아 모션을 캡처했죠. 그게 국내외 다양한 차트에서 상위권에 올랐어요.

이진경 그래서 제가 보기에는 기계가 사람을 대체하냐 아니냐로 생각할 문제가 아니에요. 기계가 아무리 발전해도 기계가 하지 못하는 일이 있을 거예요. 기계가 인간을 완전히 대체하는 건 쉽지 않을 거예요. 그래서 아까 의류 회사처럼 발품과 노력을 필요로 하는 일 대부분은 기계가 하고, 선택이나 디테일한 수정과 같이 결정적인 일만 사람이 하는 방식으로 바뀔 가능성이 클 거 같아요. 사람과 기계가 같이 일하게 될 거예요. 결국 인간은 '기계 이상의 노동'(오버 머신 워크)과 '기계 이하의 노동'(언더 머신 워크)을 하게 되겠죠. 중요한 건 사람이냐 기계냐, 일자리가 사라질 것인가 늘어날 것인가가 아니라, '어떤 일'을 사람이 하게 될 것인가, 사람과 기계는 이제 '어떤 관계'에 놓일 것인가 하는 문제 아닐까 싶어요.

태 호 사실 현재에도 정보에 접근하는 데 격차가 있잖아요. 약자가 정보에 쉽게 접근할 수 없는 거처럼, 기업 간에도 그러한 격차가 있을 수밖에 없을 거 같아요. 돈 많은 기업은 최첨단의 인공지능을, 돈 없는 기업은 비교적 낙후된 인공지능을 사용할 테고요. 콜 센터의 경우, 일반 고객의 응대는 AI가 하겠지만, VIP 회원이나 돈 많은 고객에겐 실제 상담사를 붙여 AI와 함께 응대해주는 경우도 생길 것 같아요.

김재아 그렇겠네요. 요즘 콜 센터가 인공지능으로 변화하는 추세라 기계 목소리를 들어야 하는데, VIP 고객의 전화는 사람이 받아주겠네요. 그럼 콜 센터의 실제 상담사는 현재 직원들보다 월급을 많이 받겠고요.

장병탁 예전 건설 현장의 노동집약적인 거친 일들이 대부분 기계로 대체되었잖아요. 인류 발전의 긴 역사를 보면, 많은 것이 도구화·기계화되면서 새로운 직업을 계속 만들어냈어요. AI도 그럴 거예요. 미래의 콜 센터에서 AI 대신 인간이 응대하는 서비스가 따로 생긴다면, 그 상담사는 지금의 콜 센터 상담원과는 질적으로 다른 거예요. 과거의 상담 업무는 기계가 대체해버린 거고, 미래의 콜 센터 상담사는 새롭게 등장한 직업인 거죠. 계속 이렇게 기존 직업을 대체하면서 새로운 직업을 만들어낼 거예요.

이진경   앞서 말씀드렸지만, 저는 사람 대 기계의 경쟁 구도, 이항 대립으로 보는 게 문제라고 생각해요. 장병탁 선생님 말씀처럼, 새로운 일은 계속 생겨날 거예요. 그런데 AI는 범용성이 있다 보니, 새로 생겨나는 많은 일이 다시 AI로 대체될 수 있는 가능성이 있어요. 또 앞서 말씀하신 거처럼, AI를 감독하는 일들이 늘어나는 데 비해, 이 일을 하는 사람의 수는 비교적 적을 거예요. 언제나 기계와 인간이 결합해서 일을 진행할 거고, 그때 기계와 인간의 비율에서 인간이 기계에게 밀릴 거라는 사실은 부정할 수 없는 사실 같아요. 앞서 디자인하는 AI를 말했지만, 그걸 도입하면 이전의 디자이너 수가 그대로 유지될 가능성은 없지 않겠어요? 디렉터는 한두 명이면 충분하니까요. 인공지능으로 인해 괜찮은 일자리들이 새로 생긴다 하더라도, 전체 일자리 수가 전반적으로 줄어드는 것은 피할 수 없지 않을까요?

장병탁   시간을 5년 후로 보느냐, 10년 후로 보느냐, 100년 후로 보느냐에 따라 다를 것 같아요. 100년 후를 생각해보면, 지금과는 전혀 다른 새로운 산업이 전개되어 있을 거고, 예전 일자리보다 훨씬 부가가치가 높은 일들을 하고 있을 거예요. 19세기에 없던 컴퓨터 산업이 20세기에 새로 생겼듯이요. 그게 선진국, 즉 앞에서 끌고 가는 나라들이 하는 일인 거 같아요. 정

부가 전문가들과 함께 50~100년 뒤에 대세가 될 산업을 전
망하고, 새롭게 생겨나는 직업에 대비한 정책들을 철저하게
준비했으면 좋겠어요. 일자리가 없어진다는 건 개인의 생존
과 직결되는 문제이기 때문에, 개인이 알아서 각자도생하게
끔 두어서는 안 되고, 국가적 차원에서 함께 책임져야 해요.
그게 다음 세대를 위한 나라인 것 같아요.

김재아 이진경 선생님 말씀에 대체로 동의하는데, '사람에게 일이 없
으면 어떻게 행복하게 살지?' 이런 걱정이 드네요.

이진경 이런, 일이 없다는 건 돈 벌 일이 없다는 말인데, 그럼 하고
싶은 일을 하고 살면 되잖아요. 그게 아니라 일이 없으면 먹
고살 수가 없어서 드는 걱정이겠죠. 그렇다면, 문제는 '일이
없으면 어떻게 행복하게 살지?'가 아니라, '일을 어떻게 구하
지?'겠죠. 그 가정을 뒤집을 수 있다면, 즉 먹고사는 문제가
해결될 수 있다면, 일 없이 살 수 있다는 건 즐거운 거 아닌
가요?

예전 사회주의에서 근본적으로 잘못 생각한 것 중 하나가 노
동을 권리라고 간주하고, 모두가 노동하는 사회가 좋은 사회
라고 생각한 거였죠. 과거 노동이라는 행위를 둘러싸고 좌파
들 간에 큰 논란이 있었어요. 노동을 신성한 것 혹은 인간의
본질이라고 보는 것과 그건 자본주의에서 일하는 방식이라
고 보는 것이 그것입니다. 달리 말해, 노동 해방을 노동을 통
한 해방이라고 보는 것과 노동으로부터의 해방이라고 보는

것의 대립이었죠. 일할 때 보람을 느끼는 건 맞아요. 그런데 자기가 고용되어서 일이 좋은 건지, 일 자체가 의미 있어서 좋은 건지는 전혀 다르죠. 고용되어서 하는 일에서 보람을 느끼는 건 내가 하는 일이 누군가에게 도움이 되었을 때잖아요. 그런데 그게 아니라 그저 일을 할 수 있다는 게 기쁘다는 건, 일하지 못하면 생존할 수 없다는 나쁜 상황의 음각화죠.

김재아 노동을 자랑삼는 건 노예의 정신이라는 게 니체의 사고방식이긴 하죠. 회사에 다닌 지 오래돼서 그런지 혹은 제가 다니는 회사가 비영리법인이라서 그런지, 저는 생각이 좀 달라요. 요즘 제게 회사는 그저 제가 생활하는 곳 중에 하나일 뿐이에요. 15년 전 사회초년생일 때와 비교해서 업무 환경이 크게 개선되었고, 속속들이 알 수는 없지만 다른 사람들도 그때보다는 편하게 다니는 것 같아요.

이진경 그건 하시는 일이 독특해서 그런 거예요. 보람 있는 일이라서 그런 생각을 하실 가능성이 커요. 가령 온종일 제빵공장에서 밀가루 반죽하는 사람이나 중장비공장에서 몇 톤의 장비를 옮기는 사람이 그렇게 생각할까요? 제가 보기엔 힘들 거예요. 물론 공장에서 일을 하면서도 기쁨을 느낄 수 있죠. 구로자와 아키라의 영화 〈이키루〉를 보면, 인형 만드는 사람이 나와요. 그는 자기가 만든 인형을 아이들이 가지고 놀 걸 생각하면 너무 기분이 좋아서 일하는 게 정말 기쁘다고 말해요. 그런 이유라면 일하는 것을 얼마든지 긍정할 수 있어요. 그러나 지금 같은 자본주의에선 힘들죠. 그저 먹고살기 위해 일을 할 뿐이니까요. 내가 한 일이 누군가를 위해 좋은 결과를 준다는 게 기쁜 거지, 내가 어떤 일을 하고 있다는 행위 자체가 기쁜 건 아닐 거예요. 저도 강의를 하고 글을 쓰지만, 그것들조차도 내가 좋아서 할 때와 의무적으로 할 때는 아주 달라요. 눈을 반짝이며 집중하는 학생들을 보면, 매 학기 하는 강의인데도 신이 나서 해요. 반대로 졸음과 싸우며 듣고 있는 학생들을 보면, 사막을 건너는 낙타의 정신으로 하게 되죠. 또 의무적으로 서류 작업을 할 때가 정말 싫거든요. 내 글이나 강의가 누군가에게 배움의 기쁨을 선사할 때 신나는데, 그게 아니라면, 더구나 서류 작업이라면 '인공지능이 해주면 안 되나?' 이런 생각을 해요.

김재아 선생님 말씀에 동의해요. 일의 성격상 저도 기계적으로 일할 때가 많아요. 그런데 기계적으로 일할 때도, 저는 즐길 때가 있거든요. 하루에 50통의 메일을 다 비슷한 내용으로 써야 할 때도 있어요. "안녕하세요, 선생님. 맑은 봄날이네요. 건강하게 잘 지내셨는지요?" 이렇게 시작하는 메일 있잖아요. 쓰다 보면 정말 기계가 된 거 같아요. 물론 한 스푼의 영혼을 담으려고 매번 마음을 다잡지만요. (웃음)
그런데 그럴 때도 수행하듯 쓸 때가 있어요. 일할 때는 약간 수행자 모드로 일해요. 그래서 아까 AI 때문에 일자리 대부분이 사라질 거라고 말씀하셨을 때, 저같이 행정에 소질 있는 사람들은 어떻게 될지 걱정스러웠어요. 간혹 단순노동을 즐기는 사람도 있지 않겠어요? 매일 절하고 요가하는 것도 단순하고 기계적이지만, 그게 수행 아닌가요?

이진경　단순한 작업이라도 보람이나 기쁨을 얻을 수 있으면 좋죠. 중요한 건 그저 일하는 행위 자체가 보람이나 기쁨을 주는 게 아니라는 거예요. 그 일에서 내가 어떤 감응을 얻고, 어떤 마음으로 일하는가가 결정적인 거죠. 그래서 저는 노동 내지 직업으로서의 일이 사라진다고 해서 패닉에 빠질 거라고 생각하지 않아요. 물론 말씀하시려는 게, 할 일이 없어서 생활이 붕 뜨는 경우임을 알아요. 그건 일이 없기 이전에 자기가 하고 싶은 게 없어서 그런 거죠. 노동 말곤, 즉 돈 벌 목적 말곤 뭔가를 하려고 한 적이 없어서 그런 거예요. 그렇다면 하고 싶은 일, 기쁨을 주는 일을 찾아야죠.

김재아　대부분은 노동이 사라지면 뭘 해야 할지 모를 거예요.

이진경　노동하지 않게 되었을 때, 나는 무엇을 하며 즐겁게 살 수 있을지 진지하게 고민해봐야 해요. 사실 그런 일은 몸소 해보지 않으면 알기 어려워요. 스피노자식으로 말하면, 우리 정신은 신체와 속성이 달라서, 내 신체가 무얼 잘할 수 있고 무얼 좋아할지를 알지 못하니까요. 그러니 누가 가르쳐줄 수도 없어요. **정년 이전에 무엇을 할지 자기가 직접 찾아나서야 해요. 그렇지 않으면 정년은 '한가함의 고통'이 시작되는 시점이 될 거예요.** 자기가 정말 하고 싶은 게 뭔지 알려면 이것저것 다양하게 해봐야 하고, 어떤 일이 있는지 알아봐야 하죠. 필요하면 훈련도 받으면서 말이에요. 이걸 하지 못하면 종교시설이나 공원 아니면 노인정에 자신을 의탁하게 될 거예요. 그게 싫으면 다시 일거리를 찾으면 됩니다. 노동에서 해방되어 하고 싶은 걸 할 수 있게 되었는데, 그걸 고통으로 느끼는 건 불행한 일이죠.

전에 일본에서 살 때 여기저기 돌아다녀 보니 할머니, 할아버지 들이 도서관 근처에서 활동을 많이 하더군요. 지역사를 연구하는 서클이나 수채화·유화 등을 그리는 서클에 참여하시는 거 같았어요. 게이트볼 모임이나 음악 감상 모임을 하는 분들도 있었고요. 이런 것을 하는 것도 문화예요. 그렇게 하는 분들이 많으면 다른 분들도 그렇게 하려고 하죠.

우리나라도 이제 조금씩 생기기 시작하는 것 같긴 한데, 그래도 여전히 다시 돈 벌 생각을 하는 분이 많은 거 같아요. 경비를 하든지 공공사업에 나가든지 해서 돈 벌 생각들을 하죠. 공공근로 일거리를 찾으러 가면 60대 후반은 명함도 못 내민대요. 70~80대가 워낙 많아서요. 다들 여전히 노동 중심의 삶에서 벗어나지 못하는 거예요. 은퇴하고 쉬라는데 더 험한 일을 찾는 거잖아요. 끝난 노동을 다음 노동으로 이을 생각만 해요. 이런 정신을 바꿀 필요가 있지 않나 싶어요. 물론 최소한의 생계 문제는 해결되어야 하지만요.

저처럼 책을 보는 걸 업으로 삼던 사람은 쉬워요. 이른바 '노후 대책'으로 가장 좋은 게 책이 아닌가 싶어요. 책은 보면 볼수록 볼 책이 계속 늘어나요. 돈도 많이 안 들고요. 정말 최고의 노후 대책이죠.

김재아 방금 하신 말씀을 그대로 활자화하면, 선생님은 욕을 얻어먹지 않을까 걱정이에요. (웃음) 많은 분이 '먹고살 만하니 그렇지'라고 생각할 것 같아요. 저는 지금 선생님 말씀을 들으면서 생각이 조금 바뀌었지만, 이는 사회복지 정책과도 연결되는 문제 같아요.

이진경 아, 저도 그럴까 봐 최소한의 생계 문제가 해결되어야 한다고 끼워 넣으며 말씀드린 거예요. 물론 생계 문제가 있다면 그것부터 해결해야겠죠. 그렇지 않다면 이 모든 얘기가 무슨 의미가 있겠어요? 먹고살 수 없으면 다시 돈 벌러 나가는 수밖에 없으니까요. 그래서 저는 기본소득 같은 게 중요하다고 봐요. 최소한의 생계 문제를 해결해줄 뿐 아니라, 하고 싶은 걸 하면서 살 수 있는 최소 조건을 사회가 제공하는 거니까요. 나이가 많든 적든 먹고살기 위해 노동에 끌려가는 게 아니라, 최소 생계 이후의 삶을 선택할 수 있잖아요. 돈을 더 벌고 싶은 사람은 더 벌고, 그걸로 생계를 때우며 원하는 걸 하면서 살고 싶은 사람은 그렇게 살고….

인공지능이 사람의 일을 대신해주는 건 그 자체론 분명 좋은 일이죠. 사람이 이제 노동하지 않아도 살 수 있게 된 것이니까요. 그러나 그게 정반대로 걱정거리가 되는 건, 고용과 임금 없이는 생존할 수 없는 자본주의 때문이죠. 고용 없이도 먹고살 최소 조건을 확보한다면, 모두에게 좋은 일이 될 거예요. 백전백패를 향해 갈 인공지능과의 고용 경쟁 없이, 하고 싶은 걸 하면서 살 수 있으니까요. 인공지능이 인간에게 공생적인 보완재가 되기 위해서는 고용과 무관하게 최소 생계를 보장해줘야 해요.

최소 생계가 보장되지 않으면 인공지능과 인간은 일자리를 두고 싸우는 적대관계에 들어갈 수밖에 없을 거예요. 이건 자본가로서도 난감한 사태죠. 대중이 일자리를 잃게 되면, 끝없이 생산하는 저 많은 상품을 누가 살 거고, 그 상품 팔기 위한 광고는 무슨 의미가 있겠어요. 광고가 없다면, 유튜브나 인스타그램, 네이버, 카카오 등 첨단 IT 기업의 수익은 어디서 오겠어요? 자본가를 위해서도 고용과 무관한 소득인 기본소득은 필요할 거예요. 국가 입장에서도 그래요. 일자리가 없어서 국민이 살 수 없다면, 국가로선 존재 이유를 잃게 되죠. 이미 공공근로니 공공사업이니 하며, 소득 없는 국민 먹여 살리려고 불필요한 일자리를 만들고 있잖아요. 억지로 일자리를 만들려고 애쓸 게 아니라, 그냥 최소 소득을 제공해서 생존을 해결해주면 더 좋지 않겠어요? 돈 버는 일을 하든지 하고 싶은 일을 하든지 각자 알아서 하라고 하면서요. 그러고 보면 인공지능이 일자리의 난점을 극한으로 몰고 감으로써 일하지 않는 삶에 대해 진지하게 물음을 던진 게 아닌가 싶어요.

태　호　사실 우리나라는 다른 나라에 비해서 노동 시간이 길고, 노동 강도도 무척 강하잖아요. 서울의 야경이 아름다운 이유가 모두 밤 늦게까지 일하기 때문이라는 농담 아닌 농담도 있잖아요. 저도 가끔 주말에 쉬는 게 죄책감이 들 때가 있어요.

이진경　솔직히 저도 다르지 않아요. 매일 해야 할 일에 쫓기며 살다 보니, 종종 중간에 여유가 생기면 '내가 할 일을 잊고 있는 게 아닌가' 하면서 할 일을 찾기도 해요.

　　　　이런 일 중독 상태는 한국이 유난히 심한 것 같아요. 독일이나 일본에서 살 때 느낀 건데, 시계 돌아가는 속도가 아주 다르더라고요. 한국 시계는 정말 빨리 돌아가요. 삶의 속도가 아주 빠르죠.

김재아　러셀Bertrand Russell이 《게으름에 대한 찬양》에서 지적한 것처럼, 창의성은 쉴 때 나오는 건데, 안타깝네요. 편집자님은 회사를 그만두시면 뭐 하실 거예요?

태　호　일단 아르바이트는 할 것 같아요.

김재아　그만두고 아르바이트를 하신다니 의외네요. 아르바이트하니까 생각나는데, 제가 백수 시절에 콜 센터에서 아르바이트한 적이 있어요. 사실 완전 백수는 아니었던 셈이죠. 그때 제가 이전 회사를 그만둔 이유는 장편소설을 써야겠다는 결심 때문이었어요. 그때 소설을 쓸 수 있는 시간을 확보하면서 일할 수 있는 곳이 없을까 하고 알아보니, 하루에 4시간 내지 5시간만 일하는 아르바이트가 콜 센터밖에 없더라고요. 그래서 거기 지원했어요. 지금도 그러는지 모르겠지만, 콜 센터에서는 4주 정도의 교육 과정을 이수해야 해요. 중간에 시험을 쳐서 50%는 탈락시키죠. 아마 50대 이상의 여성분들이 많이 탈락했던 것 같아요. 타자 치는 속도가 아무래도 조금 느리잖아요. 그리고 고객 상담 테스트도 하는데, 여기선 대학생이 많이 탈락하더고요. 고객이 진상을 부려도 천연덕스럽게 대화해야 하는데, 아무래도 대학생들은 사회 경험이 적다 보니 불리했던 것 같아요. 그렇게 오랫동안 훈련받고 시험도 모두 통과했는데, 급여가 최저시급이라 너무 웃겼어요.

정식으로 콜 센터로 들어간 뒤, '이제 하루에 네다섯 시간만 일하면 되겠지'라고 생각했는데, 전혀 아니었어요. 콜 센터 대부분은 외주고 상담원은 그중에서도 가장 낮은 신분이라서, 홈쇼핑 측에서 바쁘다고 직원들을 보내달라고 하면, 저희는 시간이 초과돼도 군말 없이 일해야 했어요.

채용 공고에는 오전 9시 출근, 오후 1시 퇴근으로 되어 있었는데, 그게 지켜진 적이 거의 없었죠. 아침 시간은 주부들의 주문이 쏟아질 때니까 어떨 때는 8시 30분, 8시, 심지어 7시 30분까지 출근하라는 지시도 들어왔어요. 일찍 퇴근해도 오후 1시 반인데, 퇴근해서 집에 가면 저는 소설 쓰기보다는 잠을 잤어요. 너무 피곤했거든요. 거의 저녁 8~9시에 눈떠서 밥 먹고 또 잤어요. 내일 출근해야 하니까요.

장병탁　　업무 스트레스가 커서 더 그랬을 수도 있어요. 험한 말 하는 사람들도 있을 테고요.

김재아 　네 맞아요. 고객들에게 별별 얘기를 다 들으니까요. 심지어 욕설도요. 그리고 가능한 한 빨리 통화를 마쳐야 해요. 시간 당 처리해야 하는 상담 건수가 곧 생산성이니까요. 사실 저는 되게 적응을 잘하는 편이었어요. 그때 함께 일했던 언니들이 저보고 "너는 체질인 것 같다"고 하더라고요. 그러고 보니 제가 고객에게 말을 잘하더라고요. 그럼에도 집에 가면 정말 뻗어서 잤어요. 제가 해본 일 중에서 최고로 스트레스를 많이 받은 일이었던 것 같아요. 아르바이트라고 해서 편하게 할 수 있는 게 아니더라고요.

장병탁 　콜 센터는 AI가 아직 제대로 장악하지 못했죠.

김재아 　못했죠. 생각해보니, 콜 센터 상담 업무는 AI가 잘할 수 있는 분야가 아니에요. 고객의 불만 사항이나 요청 사항에 유연하게 대응하기 힘들 거예요.

　　　참, 그런 게 있었어요. 만약 통화 중에 고객이 특정한 말을 하면 제게 인센티브가 주어져요. 저희 때는 "친절하시네요"라는 멘트였어요. 물론 이 한마디에 바로 돈을 지급해주는 건 아니고, 향후 보너스 지급 요인이 되는 거죠. 그래서 고객을 응대하면서 계속 속으로 '나 친절하지? 이 정도 했으니, 이제 친절하다고 얘기해줘' 하게 돼요. 고작 10만 원 더 받으려고 제 내면이 외치는 거죠.

이진경 　편집자는 회사를 그만두면 프리랜서로 일하는 거잖아요. 책

만드는 게 좋아서 그렇게 하는 분을 보긴 했어요. 그런 건 괜찮을 것 같아요. 먹고살 만큼 충분한 재산이 있는데도 그런 이유로 일하는 건요. 좋아서 하는 일이고, 일종의 취미 생활이니까요. 같은 아르바이트라고 해도 성격이 다르죠.

책 만드는 게 좋아서 하는 아르바이트는 제가 글 쓰는 것과 다르지 않아요. 글 쓰는 거, 아주 힘들죠. 그런데도 두통을 앓으면서도 끙끙대며 쓰는 건, 재미있어서예요. 무언가 참신하고 흔치 않은 생각이나 통념을 뒤집는 무언가를 찾아내서 썼을 때 느끼는 기쁨 때문에 계속하는 거 같아요. 그걸 또 누군가가 알아보거나 거기에서 촉발받아 다시 무언가를 하게 되었다는 이야기를 들었을 때 정말 보람을 느끼죠. 사실 글 쓰는 거, 별로 돈이 안 되거든요. 그래도 하게 만드는 게 바로 이런 기쁨이죠.

김재아 제 지인은 소설의 글감을 위해 아르바이트하더라고요.

이진경 소설가 황석영은 소설을 쓰려고 베트남전에도 참전하고, 북한에도 가고 했다죠.

장병탁 그러니까 AI 기술을 모두 알 필요는 없지만, 앞으로 직업을 선택할 때는 미래 기술 동향 정도는 알아보는 게 꼭 필요해요. 자율주행 자동차가 머지않아 나올 텐데, 젊은 사람이 무턱대고 택시 기사를 하겠다고 하면 시대에 뒤처지기 쉽겠죠. 그리고 국가 차원에서도 기술적인 대전환을 앞둔 지금이 중요한 시기예요. 새로운 직업이 생겨나는 시대거든요. 선도하는 사람들이 치고 나가는 거죠. 필요하다면 앞장서서 새로운 직업을 만들 수도 있고요.

김재아 그러면 어떤 직업이 미래 지향적일까요?

장병탁 AI 기술을 알고 그걸 활용하는 직업이죠. AI 기술을 소매업, 금융업, 통신업, 건설업 등에 어떻게 적용해야 하는지, 또 최적의 효과를 내기 위해 어떻게 활용해야 하는지 아이디어를 내는 사람들이죠. 그런 걸 알려면 해당 분야의 전문지식뿐 아니라 AI 기술도 알아야 해요. 출판업계도 AI를 활용하면 출판 비즈니스모델이 달라질 거예요. 예를 들어, 인터넷이 대중화된 후 저널을 소비하는 방식이 완전히 바뀌었잖아요. 전에는 읽는 사람이 돈을 냈다면, 지금은 쓰는 사람들이 돈을 내요. 독자는 다운로드만 하면 되죠.

김재아 저자가 돈까지 내야 하나요? 많이 인용되면 뭐가 좋은가요?

장병탁 많이 읽으면 자기 연구에 영향력이 생겨요. 자연과학에서는 연구자의 역량을 평가할 때 논문의 인용 지수를 따지거든요. 그런데 전과 지금은 완전히 반대로 됐죠. 한국연구재단 같은 데서 연구비와 논문출간비를 지원해줘요.

이진경 문과에서는 이미 오래됐어요. 한국에 있는 등재지라는 데는 다 게재료를 받아요. 한 편에 20~30만원 정도요.

김재아 게재료가 있는 이유가 심사 때문인가요?

이진경 심사료, 학회 가입비, 회비 모두 별도예요. 게재료를 받아서 편집 출판 비용, 학회 운영 비용을 해결하는 거겠죠. 한때는 책을 종이로 냈으니까 출판 비용이 꽤 들어갈 거라 생각해서 당연히 내야지 했는데, 요새는 종이로 안 내거든요. 그런데도 다 받아요. 이미 한국에선 오래됐어요. 국제저널은 최근 들어서 그렇게 된 거 같죠?

장병탁   전에는 책을 팔아서 돈을 벌기도 했죠. 국제저널의 경우, 전에는 무료였는데, 지금은 돈을 내고 있어요.

이진경   국제저널 중에 이른바 잘나가는 잡지들은 안 그러는 것 같던데요?

장병탁   인공지능 분야에서 가장 오래된 학술지로 《머신러닝》이 있어요. 2000년쯤인가 젊은 학자들이 저널 구독비가 너무 비싸다고 항의했는데, 이것이 받아들여지지 않자 젊은 사람들은 온라인 방식으로 출판하는 새로운 저널을 만들었어요. 온라인 방식이다 보니 비용이 거의 들지 않았고, 접근성도 훨씬 좋았죠. 또 논문의 다운로드 수가 많으면 그만큼 영향력도 커지게 되다 보니, 이를 점점 중요하게 여기는 분위기로 바뀌어갔어요. 그래서 출판사들은 논문 구독을 무료로 하고 대신 논문을 게재하는 사람에게 돈을 받기 시작했어요. 계속해서 시대는 변화할 거예요. 특히 AI가 가져올 변화는 상당할 거고요.

김재아   AI 감별사 같은 것도 생기지 않을까요?

장병탁   감별사까지는 모르겠는데, 개발된 AI를 인증해주는 기관이나 사람은 필요할 거예요. AI의 능력이나 도덕성 등을 평가하는

AI 인증제는 협회에서 준비하려고 합니다. 이런 것도 새로운 직업이 되겠죠.

하여간 많은 것이 디지털화·자동화될 거예요. 예를 들면, 포스코나 현대자동차 같은 곳에는 전체 공정을 컨트롤하는 분들이 있대요. 20~30년간 경험 지식을 쌓으며 일한 분들이죠. 이런 숙련된 분들이 그만두면 회사 차원에서도 손실이 크거든요. 그래서 이런 분들은 회사 차원에서 특별히 더 신경을 쓴대요. 특수 관리 대상이죠. 월급도 더 주고요. 이런 역할을 AI가 대체해갈 수 있겠죠.

김재아   서울대 홍성욱 교수님의 책을 보면, 이런 얘기가 나오거든요. 말로 전달할 수 없는 암묵지(암묵적 지식)라는 게 있어서, 기술이 아무리 발전해도 절대 그 부분은 기계가 건드리지 못할 거라고 했죠. 그 부분도 AI가 해결할까요?

장병탁   암묵지가 데이터화되면, 그것도 학습할 수 있을 거예요.

김재아   학습과 경험을 통해 체화되어 있지만 언어로 표현하기 어려운, 말 그대로 겉으로 드러나지 않는 지식이 암묵지잖아요.

장병탁   지금 딥러닝이 하는 작업이 데이터를 가지고 암묵지를 형성하는 거예요. 이 폰을 보고 폰이라고 하는 것도 암묵지거든요. 사람들은 이걸 왜 폰이라고 하는지 몰라요. 사각형이라서? 액정이 있어서? 마찬가지로 이걸 책이라고 할 때 왜 책이라고 하는지 모르거든요. 분석하는 수준을 넘어서는 거죠. 옛날 AI에는 '책이라는 건 종이로 만들었고, 활자가 인쇄되어

있고, 한 장 한 장 넘길 수 있으며…' 등의 온갖 정보를 넣어
주었어요. 지금은 온갖 사진 넣어주면서 학습시키죠.

그러니 지금 하는 작업이 암묵지를 익히는 건데, 문제는 아직
사진 말고는 방법이 없다는 거예요. 만져보는 데이터를 주지
못하죠. 감각을 데이터화할 수 있고, 이를 입력해줄 수 있다
면 달라질 거예요. 물론 명시적인 정보만을 주었던 때에 비해
많이 발전한 거예요. 요즘 '설명 가능한 AI' 분야가 있는데,
인간이 암묵지를 학습한 AI를 설명하지 못해서 나온 거예요.

김재아 일에서 암묵지는 좀 더 구체적이잖아요. 숙련공을 보호하려
는 이유가 아직은 프로그램화할 수 없는 암묵지 영역이 있어
서가 아닐까요?

14 | 인공지능의 미래, 미래의 인공지능

김재아   미래 이야기를 하기 전에, 우리가 생각하는 '미래'의 기준을 언제로 할까요? 한 30년 후로 잡아볼까요?

장병탁   그럼 우린 몇 살이 되는 건가요? 요즘 평균수명으로 하면 다 살아 있겠네요.

이진경   요즘은 죽기도 힘들어요. 80대 중반 넘어가면 신체가 감당하지 못하는데도 안 죽잖아요. 10년은 더 살아야 할 거예요. 감당 안 되는 신체를 갖고 말이에요.

김재아   그땐 유전자를 바꿔가면서 오래 살지 않을까요?

이진경   유전자를 바꾸는 건 쉽지 않을 거예요.

김재아   그럼 어쩌죠? 제가 아는 선생님께서 머지않은 미래에 모두가 영생한다고 하셨는데…. (웃음)

이진경   제발 그런 일이 일어나지 않았으면 좋겠어요. 그게 아니어도 지금 인간의 수가 너무 많아서 지구가 힘겨워하고 있는데….

지구가 아니라 사람도 그래요. 저는 평균수명이 이미 신체 수명을 초과했다고 생각해요. 그래서 더 늘리면 인간은 더 힘들어질 거예요. 오래 살면 좋다고 생각하는데, 단지 수명이 연장되었다고 좋은 건 아니에요.

장병탁   치매도 그래서 생기는 문제죠.

이진경   맞아요. 치매는 뇌의 수명이 다 됐는데 계속 살아 있기 때문에, 뇌가 감당이 안 돼서 생기는 병이잖아요. 그간 멀쩡한 정신으로 열심히 산 인생을 전부 뒤엎는, 초라하고 망가진 모습으로 난감한 결말을 그리게 될 수도 있죠.

김재아   그럼 신체도 강화되거나 회복된다면 어떨까요?

이진경   인간은 희망과 사실을 언제나 섞어서 판단하게 마련인데, 그건 희망이 95%쯤 되는 생각 같아요. 죽고 싶지 않다는 생각, 두려운 감정이 만들어내는 생각이죠.

김재아   젊었을 때 피를 보관해놨다가 20대로 되돌아가게 할 수도 있지 않을까요? 줄기세포, 텔로미어(염색체 양쪽 말단에 존재하는 복합 구조체로, 노화에 관여함)를 이용한다면요?

이진경   주어진 수명 안에서 멋지게 살아갈 방법을 고민하는 게 더 나을 겁니다. 수명을 연장하려는 시도는 진시황 이래 언제나 인간이 연연해온 것이지만, 대부분 실패로 끝났죠. 추하기 그지없는 욕망이에요.

김재아   전에 어떤 독서 모임에서 누군가 20대로 돌아갈 수 있다면 돌아가겠느냐는 질문을 했는데, 아무도 없더라고요. 의외죠?

이유를 물었더니 다들 다시 사는 게 지겨워서래요. 사실 저도 같은 생각이었어요.

이진경   유전자 기술을 다루는 과학은 함수관계를 따지거든요. 그런데 신체는 수많은 변수가 움직이고, 관계되는 항이 대단히 많아서 함수관계로 통제한다는 게 쉽지 않아요. 제넨테크란 회사에서 유전공학을 이용해 인슐린을 만든 적이 있었어요. 그전에는 돼지 인슐린을 이용했대요. '아니, 돼지라고?!' 이런 식으로 그전 기술을 때리면서, 돼지가 아닌 인간의 인슐린으로 만든다고 광고했는데, 그 계획을 발표한 것만으로도 상장하자마자 주가가 폭등했어요. 그리고 인슐린 제품을 드디어 출시했고, 상품은 잘 팔렸답니다. 그런데 이전 인슐린은 쇼크가 오기 전에 증상이 나타나서 이를 피할 시간이 있었는데, 신기술로 만든 인슐린은 그러한 증상이 없었대요. 결국 '아무 문제 없이' 쇼크로 이어졌고, 그로 인해 인슐린 쇼크 사망자가 크게 늘었다고 해요. 변수 관계에 없던 게 끼어들어 엉뚱한 결과를 낳은 거죠.

저는 수명 연장보다는 곱게, 편안히 죽는 방식을 연구하는 게 더 필요하다고 생각해요. 그리고 수명이 신체적 능력을 초과해서 길어졌으므로, 죽음 이전에 죽을 수 있는 권리, 즉 '죽음의 권리'를 진지하게 다뤄야 한다고 봐요. 사는 게 그저 힘만 들고 할 수 있는 것도 없어서 죽고 싶은데, 자기 마음대로 못 하잖아요. 안락사시키면 범죄고요. 이재용 감독의 영화 〈죽여주는 여자〉가 이걸 다루죠. 죽음을 좀 더 편안하게 생각하는 훈련이 필요한 시대예요.

삶에서 중요한 건 연장Extension이 아니라 **강도**Intensity예요. 얼마나 긴 시간을 생각하느냐가 아니라 어떤 강도로 생각하느냐, 얼마나 긴 시간을 작업하느냐가 아니라 어떤 강도로 작업하느냐가 중요하잖아요. 얼마나 긴 시간을 사는가가 아니라 어떤 강도로 사는가, 삶의 강도를 높일 수 있는가가 중요한 거죠. 기계와 인간의 관계도 그래요. 삶의 강도를 높이기 위해서 기계와 어떤 관계를 맺을 것인가와 같은 물음을 던져야지, 기계를 이용해서 수명이나 능력을 연장한다? 이건 아닌 것 같아요. 영생을 위한 기술, 뇌를 복제하고 신체를 바꿔가며 영생하겠다는 어느 실리콘밸리 과학기술자나 진시황이나 한심하기는 마찬가지예요.

김재아 커즈와일 말씀이시죠? 매일 약을 100알 넘게 먹는다고 하더라고요. 그런데 미래에 AI가 있으면 인간의 삶에 도움이 되는 건 맞겠죠?

장병탁 비즈니스적으로 도움 되는 것이 살아남겠죠. 공공 부분은 국가적 차원에서 지원할 거고, 노인 돌봄 같은 것도 복지 차원에서 살아남을 수 있을 거예요. 그것도 국가가 돈을 지급하는 거니까요. 협력 관계에 있는 것은 많아질 수밖에 없어요.

김재아 30년 후면 적어도 어느 정도 수준까지 도달해 있을까요?

장병탁 30년 전에 AI가 어땠느냐를 생각해보면 상상하기 어려워요. AI 기술은 주변 기술과 밀접한 상관성을 가져요. 지금의 AI는 주변 기술이 크게 발전하면서 머신러닝 기초 연구가 힘을 발휘한 결과예요. 그런 동력이 있느냐 없느냐에 따라 생각보다 빨리 오기도 하고, 느리게 오기도 할 거예요.

사실 AI의 발전 속도는 생각보다 느렸어요. 1950년대에 AI 체스 프로그램을 개발하기 시작했는데, 그때는 머지않아 AI가 인간을 이긴다고 생각했죠. 하지만 예상보다 훨씬 오래 걸렸어요. 1997년이 돼서야 세계 챔피언을 이겼거든요. 그런데 자율주행 자동차는 이와 반대로, 생각보다 훨씬 빨리 발전했어요. 2004년에 자율주행자동차대회가 처음 열렸는데, 그때만 해도 자율주행 자동차가 상용화되는 것은 꿈같은 이야기였죠. 그런데 그 이후로 놀라울 속도로 나아갔어요.

김재아 자율주행 자동차가 완전 자율이 가능하려면 어떤 게 필요할까요?

장병탁 인간이 타협하는 게 필요해요.

태 호 로봇청소기를 위해 문턱을 없애듯이요?

장병탁 네, 그런 타협이 있을 거예요. 사실 현재로는 완전 자율주행이 어려워요. 주거 지역과 같이 돌발 상황이 많이 발생할 수 있는 곳에서는 상황 판단이 어렵죠. 다른 차가 갑자기 튀어나와서 나에게 돌진하는데 어떻게 피하겠어요? 사람도 같이 운전하는 상황에서는 완전 자율주행은 실현되기 어려워요. 사람의 운전을 기계가 완전히 예측할 수 없으니까요. 그런데 모든 차가 자율주행으로 바뀌면 가능할지도 몰라요. 모든 차가 통신을 서로 주고받으면, 모든 차량의 움직임이 예측가능하겠죠.

현재 법으로 음주운전을 하지 못하게 하듯이, 앞으로는 사람이 운전하지 못하게 법이 바뀔 수도 있어요. 그러면 완전 자율주행이 쉬워지겠죠. 자율주행 자동차가 50%를 넘어가기 시작하면 더욱 빨리 올 수 있어요. 그전에는 시간이 좀 걸릴 거예요. 완전 자율주행을 위해서는 기술적인 요소 못지않게 사회적·제도적 요소들이 영향을 미치죠.

이진경   자율주행 자동차 문제는 사실 기술적인 문제보다 법적·사회적 문제가 발목을 잡을 가능성이 큰 것 같아요. 어떤 것도 사고율이 0%일 수는 없거든요. 지금도 자율주행 자동차 사고율이 사람이 사고 낼 확률보다 훨씬 작잖아요. 그런데 책임의 문제, 즉 '사고 나면 누구에게 책임을 물을 것인가'가 정리가 안 돼서 못 하는 거죠. 이 문제가 해결되면 지금 자율주행 자동차가 도로에 나와도 큰 문제가 없을 겁니다.

장병탁   한동안 자동차 회사들이 자율주행의 시점을 늦추려고 했어요. 지금도 그럴지도 모르고요. 자율주행이 와해성 혁신 기술Disruptive Technology이기 때문이죠. 기존 자동차 회사들은 현재의 기술로도 부족한 게 없어요. 그걸 계속 이어가는 게 실은 더 이익이죠. 그들이 자율주행을 받아들이게 된 건, 애플이나 구글 같은 IT 기업들이 치고 들어오니까 어쩔 수 없어서예요. 자칫 주도권을 빼앗길 수도 있죠.

이진경   한때 자동차 회사가 전기차를 싫어했다는데, 자동차가 IT 제품이 되는 거라서 그렇다죠. IT 제품이 되면, 기술도 부품도 진입장벽이 대폭 낮아지니까요. 전기차는 구동 모터와 배터리, 디자인 이렇게 세 가지만 갖추면 되잖아요. 소니, 샤오미, 화웨이도 이미 뛰어들었죠. 이젠 자동차도 폰처럼 IT 제품이 되는 거예요. 지금까지 자동차 회사가 갖는 경쟁력이나 영향력이 사라져버리는 거죠. 전기차가 대세가 되는 건 시간 문제라고 생각해요.

김재아   백신 면역 효과처럼, 전기차도 그리고 자율주행 자동차도 70% 넘으면 거의 순식간에 100%가 되겠네요.

장병탁   자율주행 자동차의 경우, 아마 한 30% 정도가 그 경계일 거라고 해요. 전문가들은 2035년쯤으로 보더라고요. 이 시기를 넘어가면 급속도로 자율주행 자동차가 증가하겠죠.

김재아   그럼 현대자동차는 어떤 가요?

장병탁   현대자동차는 시대를 읽고 재빨리 사업을 전환하는 기업 같아요. 최근에 미국의 로봇회사 보스턴 다이내믹스를 인수했죠. 제가 보기에도 로봇이 가장 임팩트가 있을 거 같아요. AI가 신체로 뭔가 하는 걸 어려워하긴 하지만, 그게 가능하다면 정말 많은 일을 도와줄 수 있거든요.

이진경   AI에 비해서 로봇의 발전 속도가 느리지 않나요? 인공지능과 결합한 로봇의 기술이 AI 수준으로 올라가면 당연히 수행 능력이 좋아지겠지만, 로봇 기술이 진전되지 않으면 AI 도입에 제약이 있을 거예요. AI 기술이 아무리 뛰어나더라도 신체가 움직이지 않으면 아무 소용이 없을 테니까요. 자율주행 자동차도 그렇지만, AI가 신체를 갖기 위해서는 센서, 구동 모터, 배터리 등과 관련된 기술이 함께 발전해야 해요.

장병탁 옛날 로봇은 철강이나 제조회사에서 쓰는 산업용 기계였어요. 그런 로봇은 위험하다 보니, 사람과 떨어져서 작업했죠. 그런데 최근에 AI와 결합해서 사람과 협업하는 로봇이 나왔어요. 로봇이 주변을 인식할 수 있어서 사람과 부딪치기 전에 알아서 멈추죠. 그래서 요즘엔 사람과 함께 전자제품을 조립하거나 물건을 분류하고 있어요. 어떤 식당에는 서빙 로봇도 있어서 음식을 날라주기도 하죠. 언젠가 집 안 정리나 요리를 알아서 해주는 로봇도 나올 거예요. 식기세척기가 새로 나온 것처럼요.

김재아 SF 영화에 나오는 로봇, 그러니까 자아가 있다고 느껴지는 정도는 아니지만, 가벼운 대화 정도는 나눌 수 있는 로봇도 가능하겠죠?

장병탁 지금도 챗봇과 대화하잖아요. 그러나 챗봇은 텍스트만 가지고 언어를 학습한 프로그램이에요. 그래서 말속에 숨겨진 의미, 의도, 뉘앙스를 포착하는 건 여전히 어려울 거예요. 그게 가능해지려면 신체가 있어야 하죠. 사람들 간의 대화는 경험으로 쌓인 대화거든요.

이진경 맞아요. 이야기를 알아듣는다는 건 내가 의도한 대로 움직여 준다는 거잖아요. 말에 담겨 있는 명령어들을 알아듣는 거죠. 내가 '추워!'라고 했더니, 로봇이 '지금 온도는 몇 도입니다' 라고 말하면 제대로 알아듣는 게 아니잖아요. 실제로 대화는 화용론까지 되어야 가능한 겁니다. 그 말은 직접적으로 말하지 않은 부분도 이해해야 한다는 거죠.

김재아 30년 뒤엔 그러한 대화가 가능하지 않을까요?

장병탁 그럼요, 그렇게 되어야죠. 한 걸음 한 걸음 다가가야 해요.

이진경 기계가 완전한 대화를 할 수준이 된다면, 우리가 도구로서 기계를 부려먹는 게 쉽지 않겠죠. 로봇 제작의 근본적인 딜레마라 해야 하겠네요.

장병탁 맞아요. 자식들과 같은 거죠. (웃음) 아이들도 어릴 때는 말을 잘 듣지만, 점점 본인들의 주관이 뚜렷해지면서 부모 말을 잘 듣지 않잖아요. AI도 점점 똑똑해지면 자율적으로 의사결정을 하게 될 거고 주인의 통제를 벗어나는 일들이 빈번해지겠죠. 그렇다고 AI가 스스로 똑똑해지는 것을 막고 통제하면 그 유용성이 떨어질 겁니다. 난감한 딜레마죠.

김재아 그래서 사람들이 무서워하는 것 같아요.

장병탁 그렇죠. 그런데 그걸 알면서도 사람들은 또 개발하려 하죠. 언젠가 인공지능에게도 자기 생각이 생길 거예요.

이진경 그런데 아메바든 박테리아든 생명체는 자기가 살겠다는 의지가 있기 때문에 필요한 화학성분이나 빛을 찾아 움직이기도 하잖아요. 생명체로서 자신의 생존이 목적이어서 가능했던 거죠. 기계가 자기 생각을 갖기 위해서는 '나의 생존을 최우선의 목적으로 삼는다'라는 목적함수가 생겨야 하거든요. 그런데 기계들은 아직 목적함수를 스스로 만들지 못하잖아요. 그래서 언제나 인간이 주는 거죠. '이걸 최우선으로 해라' '이걸 최대한 이용해라' 그런 점에서 인공지능은 인간이 준 목적함수를 실행하는 에이전트죠. 강인공지능이나 초인공지능은 인공지능의 성장에서 연속적으로 나올 수 있는 건 아닐 거예요. 인간이 목적함수를 주는 한 강인공지능이 될 수 없으니까요. '스스로 목적함수를 만들어라'를 목적함수로 주면 어떻게 될까요? 패닉 상태에 빠지면서 아무것도 하지 못하게 될까요?

장병탁 목적함수를 생존본능으로 준다면 달라질 수 있겠죠. 그게 안 되면 강인공지능으로 가는 길은 차단되어 있다고 해야 할 거 같고요. 딥러닝 인공지능의 판단 이유가 불투명하다고 우려하는 사람도 있지만, 인간이 준 목적을 위해서 인공지능이 우리가 모르는 방식으로 계산하는 걸 보고 강인공지능이 생길 거라고 예측하는 건 설득력이 없는 것 같아요.

김재아 마굴리스의 공생진화론처럼, 어쩌다 일어난 사건으로 생명체가 진화하고 새로 탄생하는 일이 기계에서도 가능하지 않을까요?

장병탁 디지털로 된 지능체가 새로운 종이라 볼 수 있죠.

이진경   사실 인간과 기계는 공진화해왔어요. 서로 주고받는 게 있었죠. 생명체의 진화와 같은 현상이 기계에서 발생하려면 기계가 독자적으로 판단할 수 있어야 하고, 이것에 따라서 기계가 스스로 움직일 수 있어야 해요.

장병탁   독자적인 종이 생기려면, 유전정보가 복제되고 전달돼야 하잖아요. 일반적인 생명체는 유전체가 있으니 번식하는 과정에서 변이가 일어나고 이를 통해 진화하는 데 비해, 디지털은 유전체가 없으니 그 모든 과정이 불가능하죠.

태 호   그런데 기계가 인간처럼 번식할 필요가 있을까요? 사실 자식을 낳는 것보다 더 효율적인 방식으로 번식할 수 있잖아요. 영화 〈그녀〉에서 사만다는 클라우드 내에서 동시성을 갖고 있고, 또 다른 영화에서는 한 기계에서 다른 기계로 신체만 옮겨 가는 복제성도 갖고 있고요.

김재아   그렇네요. 굳이 재생산할 필요가 없겠네요.

이진경   복제가 재생산이죠. 재생산 방식이 다른 거죠

김재아   그럼 경우에 따라서 기계들이 훨씬 더 유리할 수도 있겠네요.

이진경   빠른 속도로 대량으로 재생산이 가능하죠. 업데이트를 통해 진화도 하고요.

장병탁   기계 복제는 생명체 복제와 성격 자체가 달라요. 예를 들면, 뇌과학자들이 지금 뇌를 스캔해서 클라우드에 업로드하면 영원히 살 수 있다고 하잖아요. 하지만 현재 상태만 복제한다고 해서 그 형성 과정의 흔적까지 같을 순 없겠죠.

이진경   뇌의 복제에 관한 이야기는 너무 단순화된 가정에 기반하고 있어요. 일단 뇌 스캔 사진은 활동에 대응해서 뇌가 활성화되는 부위를 보여줄 뿐인데, 이걸로 뇌를 어떻게 복제할 수 있을까 싶어요. 공을 던질 때 팔의 근육이 활성화되는 걸 정확히 안다고 해서 팔의 근육을 복제할 수 있을 거라는 말처럼 들려요. 신경망의 원리가 된 헵의 규칙도 그래요. 자주 쓰는 회로는 연결 강도가 강화된다고 하지만, 신경세포에서 일어나는 일이 어디 그것뿐이겠어요? 그건 단지 신경세포에서 일어나는 아주 작은 하나의 현상일 뿐인데, 그걸로 신경세포의 작용을 복제할 수 있으리라는 건, 눈으로 사물을 볼 때 초점이 맞는다는 것만으로 눈을 복제할 수 있으리라고 생각하는 것과 다름없어요.

장병탁   맞습니다. 시공간적 형성 과정에서 만들어진 다양한 진화의 흔적이 있는데, 특정 상태와 대응하는 기능을 복제하는 것만으로 그걸 제대로 담아낼 순 없죠.

이진경   논리적 판단을 스위치 회로로 대체할 수 있다는 섀넌Claude Shannon의 논문은 논리적 명제를 전기회로로 만들 수 있게 해주었지만, 문제는 사람들의 뇌가 그다지 논리적이지 않다는 거예요. 그리고 거기엔 참/거짓, 연결/절단만 있는데, 뇌는 참인지 거짓인지 뚜렷하지 않은 기준으로 대강 판단하죠. 스위치 회로가 인류에게 준 게 분명히 적지 않지만, 그걸로 뇌의 작용을 복제하고 업로드하고 하는 게 가능하겠어요?

장병탁 뇌가 참/거짓을 뚜렷하게 구별하지 못하는 문제를 헵은 가중치를 부여하는 방식으로 해결했죠. 그게 지금 딥러닝을 가능하게 해준 거였고요. 또 신경망은 논리학 규칙 같은 것과 무관하게 결과를 찾아낸다는 점에서 논리학에 갇혀 있진 않죠.

이진경 맞아요. 그게 신경망 모델이 계산주의 모델을 추월할 수 있었던 이유였죠. 그런데 그것으로도 가령 시각적 자극을 전달하는 신호와 청각적 자극을 전달하는 신호의 차이를 식별해서 다루지는 못하잖아요. 후각·미각은 아직 디지털신호로 처리하지 못하고요.

장병탁 후각·미각·촉각은 아직 멀었죠. 지금 인공지능은 눈·귀만 과도하게 발전한 기계인 셈이죠.

이진경 더구나 뇌는 신체와 연동된 운동기관이고, 신체에 따라 다르게 작동하는 기관임을 다시 상기할 필요가 있어요. 정보만으로 모든 걸 만들어내거나 움직일 수 있으리라는 생각은 과거에 영혼이 모든 걸 결정한다고 하던 영혼 관념론과 비슷해요. '영혼'을 '정보'로 대체한 것뿐이죠.

김재아 지금의 뉴럴링크Neuralink(뇌-컴퓨터의 결합)처럼, 뇌를 유지하면서 프로그램을 바꾸는 거에 대해서는 어떻게 생각하세요? 전면적 교체는 힘들어도 업그레이드하는 방식은 가능하지 않을까요?

이진경 그럴 순 있죠. 예전에 시각장애인들을 위해 뇌 가소성을 이용해서 혀 정보를 시각 정보로 바꾸는 데 성공했다는 기사를 읽었거든요. 이런 식으로 기계와 인간의 새로운 협업체는 가능할 거예요.

김재아 뇌를 조그마하게 만들어서 배양하는 방식으로 발전할 수도 있지 않을까요?

이진경 배양이란 이미 있는 것들을 증식시키는 거지 새로 만들어내는 게 아니죠. 합성생물학이 생명을 만든다고 하지만, 실은 세포 하나도 못 만들어요. 벤터 John Craig Venter가 생명을 복제했다고 하는데, 그가 실제로 한 건 새로운 생명체를 만든 게 아니라 DNA를 변형한 다음에 기존 세포에 넣어서 변형된 세포를 만든 거예요. 그게 무슨 생명을 창조한 거예요? 있는 세포를 변형한 거죠. 우리는 형식과 정보로 접근하려고 하는 경향이 있는데, 그게 바로 생명의 질료를 하찮게 여기는 편향을 만들어냅니다.

생명이라는 현상에 대해서도 유전자가 정말 주체인지 저는 의문입니다. 흔히 유전자는 정보가 담겨 있는 책이라고 말해요. 어디선 레시피라고도 하더군요. 그런데 우리가 요리책을 보면서 음식을 만들 경우, '요리하다'라는 말의 주어를 책이나 레시피라고 할 수 있나요? 오히려 단백질이 그 정보나 레시피를 이용해서 새롭게 단백질을 만들어내는 거 아닐까요? 그런 점에서 생명 활동의 주어는 유전자라기보다는 단백질이라고 해야 한다고 생각해요. 더구나 레시피가 있어도 재료가 없으면 제대로 요리할 수 없잖아요. 그렇다면 주체뿐 아니라 재료 또한 요리에 결정적인 요소 아닌가요? 요리책이 아무리 중요해도 요리책과 요리가 같을 순 없잖아요. 공룡의 유전 정보가 있어도 공룡을 만들 수는 없어요. 그러려면 살아 있는 공룡알이나 그에 준하는 물질이 있어야 하죠. 이는 이미 공룡이 있어야 만들 수 있다는 말입니다.

복제 양 돌리도 신체적·물질적인 요인 때문에 빨리 늙어 죽었잖아요. 생명의 본질을 정보의 관점으로 치환하면서 질료인 신체를 지워버리는 게 문제예요. 똑같은 유전자라도 발생 과정에서 조건이 조금만 달라지면 다른 신체가 나오잖아요. 똑같은 아미노산이라도 어떠한 구조를 갖느냐에 따라서 다른 단백질이 되고요.

장병탁   어떻게 보면 몸과 마음의 관계를 아까 말씀하신 단백질과 DNA 관계처럼 볼 수 있을 것 같네요. 지금 AI는 정보 차원이에요. 그런데 AI가 살아남으려면 의미를 신체적 차원에서 이해하고, 살아 있는 신체적 지식을 가져야 해요.

이진경   언제나 문제는 세포와 세포를 구성하는 단백질인데, 그와 연관된 정보인 유전자만 보니까 모든 게 쉬워 보이는 거죠. 제 머리에 수영선수의 뇌를 이식한다고 해서 제가 수영을 잘하게 될까요? 차라리 그의 근육이나 심장을 이식하는 게 더 나을 거예요.

장병탁   신체가 지금의 뇌로 변화시켰다고 볼 수 있죠. 사람의 뇌와 동물의 뇌가 다른 것도 각자 신체에 가장 적합한 뇌로 진화한 거고요.

이진경   사실 사람의 뇌는 잉여적이에요. 생존에 필요한 것 이상으로 너무 크고 능력도 과하잖아요. 그래서 쓸데없는 생각이나 걱정도 하는 거죠. 그런데 인간의 뇌가 이렇게 과도하게 발전한 건 화식火食 때문이라고도 하더군요. 불에 익혀 먹기 시작하면서 소화시키는 데 필요한 에너지가 줄어들고 먹을 수 있는 음식물이 늘어난 거죠. 그러면서 여분의 에너지를 신체 유지와 거리가 먼 일에 사용할 수 있게 된 거고요. 먹는 것이 신체를 움직이고, 먹는 방식이 뇌를 바꿔 과도한 능력을 갖추게 한 거죠. 이것도 신체에 의해서 뇌가 진화되었다는 걸 보여주는 사례잖아요.

김재아   마지막으로 미래에 AI가 우리 곁에 있을까요?

장병탁   우리 곁에 있다는 건 어떤 상태를 말하나요?

김재아   지금은 우리 곁에 없잖아요.

이진경   왜 없어요? 여기 휴대폰에도 있죠.

태　호   머지않아 자율주행 자동차도 나올 거고요.

김재아   아, 저는 신체가 있는 AI를 생각했어요.

이진경   지금도 SNS에 뜨는 상품 광고나 유튜브 피드에 올라오는 영상이 다 AI가 하는 거예요. 지금도 우리 생활의 많은 부분을 둘러싸고 있다고 해야 하지 않을까요? 이건 더 늘어나면 늘어나지, 줄어들진 않겠죠.

김재아   그럼 인공지능의 신체가 굳이 인간의 신체와 비슷할 필요는 없는 거겠죠?

장병탁 사람을 이해하려면 기본적으로 사람처럼 생각해야 하지 않을
까요? 예전 AI는 지식이 참이나 거짓이냐를 묻는 인식론을
강조했다면, 현재 AI는 신체를 중시하니까 존재론을 강조한다
고 할 수 있죠. 그런데 인식론을 제대로 알려면 존재론에 기반
해야 해요. **즉 존재론적으로 접근해야 AI가 제대로 된 인식론 체
계를 갖게 되고, 인간 수준의 지능에 도달할 수 있을 것 같아요.**

이진경 전에 장병탁 선생님께서 쓰신 '인지주의 인공지능'에 대한 논
문을 읽은 적 있어요. 거기서 합리주의와 경험주의적 모델에
따른 AI에 대해 말씀하시면서, '체화된 인지'를 강조하는 인
지주의 모델을 대비하셨죠. 합리주의와 경험주의 둘 다 인식
론적인 사유거든요. 반면 인지를 신체와 결부하여 이해하는
입장은 '인지주의'라고 명명되지만, 신체성을 강조한다는 점
에서 존재론적이죠. 신체의 작용 안에서 인지를 다룬다는 점
에서 그건 합리주의나 경험주의가 아니라 스피노자주의에
가깝다고 할 수 있어요. 그런 면에서 선생님은 스피노자주의
자라고 봐요. 근대 철학은 기본적으로 인식론적 사유인데, 드
물게도 스피노자는 존재론적 사유를 했다는 점에서 혹자는
'야생적 별종'이라고 칭하기도 했죠. 다마지오 같은 인지과학
자는 이런 스피노자의 입장을 뇌와 결부하여 더 밀고 나갔고
요. 사실 뇌의 사고란 신체의 감응에 의해 방향 지어지죠. 신
체를 유지하기 위한 코나투스가 사고를 선규정한다는 거예

요. 체화된 인지는 바렐라가 사용한 개념인데, 이런 맥락에서 보면 신체성을 강조하는 이론에 속하죠. 그래서 선생님이 말씀하신 건 **스피노자식 인공지능**이라고 생각해요.

김재아 스피노자식 인공지능, 굉장히 멋지네요.

이진경 스피노자는 근대 초에 나타난 반근대주의자였고, 그런 점에서 반시대적 사상가, 도래할 시대를 사유했던 철학자였죠. 스피노자의 철학이 제대로 이해되기 시작한 건 1960년대 말이었다고 해요. 들뢰즈 같은 사람들은 현대철학과 스피노자의 동맹을 가능하게 해주었어요. 특히 들뢰즈는 '존재론'을 철학의 전면에 세웠던 하이데거와는 다른 의미에서 철학의 존재론적 전환을 실질적으로 주도했는데, 그의 사유의 중요한 기둥 중 하나가 스피노자였죠. 하이데거의 존재론은 여전히 존재의 '의미'를 묻고 그것의 해명을 중심에 놓는다는 점에서 충분히 존재론적이지 못했어요. 초기에 그가 크게 기댔던 후설의 현상학에서 완전히 벗어나지 못한 거죠.

장병탁 제일 먼저 신체의 중요성을 주장한 사람이 스피노자였다는 거죠?

이진경 스피노자, 니체, 베르그송, 들뢰즈 이런 사람들은 다 그래요. 스피노자가 당대의 사유가 아니라 도래할 사유를 했다면, 선생님도 당대의 인공지능이 아니라 도래할 인공지능을 연구하시는 거라 해야겠죠. 다행히 거기에는 적어도 철학적으로는 강력한 우군들이 있는 셈입니다.

장병탁 그런데 스피노자에 대해 아는 게 전혀 없는데도 스피노자주
      의자라 할 수 있을까요?

이진경 스피노자의 책을 많이 읽었어도 사고나 행동이 그렇지 않은
      사람이 있고, 스피노자의 책을 전혀 읽지 않았으나 스피노자
      식으로 사고하고 행동하는 사람이 있다면, 누가 더 스피노자
      주의적이라 해야 할까요? 들뢰즈는 심지어 아이들이야말로
      감응에 의해 사물을 포착하고 분류하고 생각한다는 점에서
      스피노자주의자라고 한 적이 있어요. 스피노자의 책을 읽고
      지식을 갖는 것과 스피노자주의자가 되는 건 아주 다른 거죠.
      물론 전자가 스피노자주의자가 되는 데 더 유리하고 쉽지만
      말이에요.

장병탁 제가 어려운 길을 가고 있다는 말씀이죠? (웃음)

김재아 그럼 우리는 모두 어려운 길을 가고 있는 것인지도 모르겠네
      요. 자, 그동안 꽤 길고 흥미로운 대담을 한 거 같죠? 인공지
      능이 좋아할지는 모르지만, 인공지능을 좋아하게 될 대담이
      아니었나 싶네요. 마지막으로 마무리 멘트 한마디씩 해주시
      죠. 먼저 편집자님부터….

태 호 기계 덕후로서 아주 재미있는 대담이었습니다. 기계들을 좀
      더 마음 놓고 좋아할 수 있게 된 것 같습니다.

장병탁 미래는 알 수 없는 곳에서도 오기에, 인공지능 역시 아마 우
      리가 말한 것과 다른 곳에서 오지 않을까 싶긴 합니다. 사실
      저로선 가시적인 성과가 근시일 내 나올 거 같지 않고, 어쩌

면 평생 소득 없이 끝날 수도 있을 인공지능을 연구하고 있어서 현실과 항상 적지 않은 거리감이 있었어요. 종종 불안하기도 했는데, 이젠 좀 더 속 편하게 가게 되지 않을까 싶어요.

이진경 무언가를 따라가기보다는 무언가를 둘러싸고 토론하는 것, 무언가에 대한 답을 내기보다는 차라리 답을 지우며 그 무언가에 물음을 던지는 것, 그것이 철학이 하는 일이라고 생각해요. 다른 건 몰라도 많은 답을 지우는 데는 성공적인 대담이었다고 생각합니다.

부록 | ChatGPT, 특이점이 찾아온 것인가

김재아 ChatGPT가 나온 후 다시 AI에 관심이 높아지고 있는데, 현재 ChatGPT의 기술 수준은 어느 정도인가요?

장병탁 ChatGPT는 사람의 질문이나 요청에 사람처럼 대답하고 반응하는 생성형 인공지능입니다. 대규모 텍스트 데이터를 학습해 거대 언어 모델Large Language Model을 만들고, 이를 기반으로 문맥에 맞게 자동으로 글을 써주죠. 엄청난 양의 단어나 구절, 문장 등을 학습하고, 주어진 질문에 가장 확률이 높은 글을 만들어내는 거예요. 인간의 평생 독서량을 훨씬 능가하는 텍스트 양에 기반하기 때문에, 생성하는 내용의 다양성과 문장의 유연성, 어휘력이 개인의 능력을 뛰어넘죠. 그래서 보고서, 연설문, 논문, 심지어는 프로그램 코드도 생성해줄 수 있는 거예요.

그런데 이러한 결과물을 생성하는 프로세스의 한계는 의미 이해를 기반으로 하는 것이 아니라 단어와 단어 간의 상관관계를 기반으로 한다는 점이에요. 즉 문법에 맞고 의미도 그럴듯하게 보이는 문장을 생성하는 '말놀이'를 인간보다 더 잘하는 것입니다. 사람은 하나의 단어를 들었을 때, 그것의 형상과 기능, 그것으로 어떤 행동을 할지 등을 동시에 떠올리는데, ChatGPT는 그러한 개념을 가지고 있지 않죠. 또한 빅데이터를 기반으로 하기 때문에 사실관계에 부합하지 않거나 편향되고 왜곡된 정보를 마치 객관적인 사실인 것마냥 제공하기도 합니다. 환각 현상Hallucination을 일으키는 거죠. ChatGPT를 활용할 땐 이를 유의해야 해요.

김재아 ChatGPT, 바드Bard 등 AI 분야에서 미국이 선두에 있는 것 같아요. 한국의 AI 기술 수준은 어느 정도의 위치인가요?

장병탁 한국에서도 일찍부터 생성형 인공지능 모델 연구를 시작했어요. 다만 초거대 AI가 제대로 작동하려면 모델의 크기뿐만 아니라 이 모델을 학습할 데이터의 양도 충분해야 하는데, 아쉽게도 한국어 텍스트로 된 데이터 양은 영어나 외국어에 비해 매우 적다 보니 작문 능력이 상대적으로 많이 떨어질 수밖에 없어요. 그나마 다행인 건 적어도 한국 기업이 한국어 텍스트 데이터를 가장 많이 보유하고 있기 때문에, 한국어 언어 모델에서는 우리가 가장 앞선다고 봐야죠.

김재아 지난 대담에서 인간 수준의 인공지능이 교수님께서 살아 계시는 동안 가능할 것 같지 않다고 말씀하셨는데, 여전히 그렇게 생각하세요?

장병탁 　ChatGPT가 보여준 능력은 정말 놀랍긴 해요. 제가 생각했던 것보다 훨씬 빨리 발전했어요. 다만 인간 수준의 인공지능에 도달하기 위해서는 여전히 부족해요. 한마디로 체화된 인지에 기반해 AI가 지식을 축적할 필요가 있어요. 신체를 갖고 환경과 상호작용하면서 데이터를 직접 생성해내고, 동시에 이를 통해 학습해 나가는 능력이 필요하죠. 체화된 인지에 기반해서 진정한 이해를 바탕으로 글을 생성한다면 지금보다 훨씬 더 정교하고 정확한 인공지능 서비스가 가능해질 겁니다. ChatGPT의 등장은 신체를 가진 인공지능의 필요성을 더욱 보여준다고 생각해요.

이진경 　ChatGPT는 사람이 말하고 생각하는 것처럼 대답하도록 개발되었기 때문에, 누가 봐도 그럴듯해요. 그러나 그것만으론 인간 같다고 하기 어렵죠. 인간의 사고능력에서 중요한 특징 중 하나는 설마 싶은 일, 결코 그럴 것 같지 않은 일도 상상할 수 있는 거니까요. 이는 예술가에 한정된 얘기가 아니에요. 운동의 운명을 타고난 동물은 기본적으로 생존에 유리한 방향으로 좋고 나쁨을 판단해야 합니다. 이런 판단은 습관이나 기억에 의해 즉각적이고 자동적으로 작동하죠. 이른바 '동물적 감각'에 의한 반사적인 행동 혹은 감정적인 반응입니다. 그런데 인간 뇌의 잉여 능력이 향상되면서, 상황과 반응 사이에 다양한 생각을 끼워 넣을 수 있게 되었어요. 우리가 흔히 말하는 창조력은, 자연스레 하는 '준비된' 판단과는 다른 생각을 할 수 있는 능력이죠. 멀리 떨어져 있거나 관련성이 거의 없어서 쉽게 연관 지을 수 없는 걸 연결하는 생각, 이게 동물과 대비되는 인간의 능력에서 결정적인 것 아닐까요? 즉 자연스러운 판단뿐 아니라 상식이나 통념에 반하는 판단을 할 수 있을 때, '인간의 사고능력'에 다가갈 수 있을 겁니다. 이는 지금 ChatGPT가 잘하는 것과 반대되는 능력이죠. 정말 어려운 것은 이러한 뜻밖의 판단에 설득력을 부여하는 거예요. 지금의 ChatGPT를 개발하고 인공지능의 발전을 견인한 건 이런 능력 아닐까요?

태 호　ChatGPT가 등장한 후, 그 위상이 커지면서 항간에선 "특이점이 왔다"라고 이야기하는데, 여기에 대해선 어떻게 생각하세요?

이진경　그게 기술적 특이점을 의미한다면, 저는 그렇게 생각하지 않아요. 인공지능의 발달 수준을 곡선으로 나타낸다고 했을 때, 그 곡선상에 특이점이 있다면 그건 차라리 인공지능에 신경망이 도입된 지점이라 해야 할 겁니다. 물론 그렇게 말할 때도 곡선이 꺾이는 점, 즉 미분 불가능한 점이란 의미를 덧붙여야 할 거고요. 제가 보기에 커즈와일이 말하는 특이점은, 기술 발전과 소비를 동력으로 하는 경제가 만들어낸, 극도로 단순화되고 낙관적인 개념 같아요. 장밋빛 미래에 흠뻑 취해 1945년 전후에 찾아온 기후의 특이점을 보지 못하게 하고,

이로써 인류를 새로운 파국으로 몰고 갈 가능성이 농후한 개념이죠. ChatGPT를 신기해하며 시험 사용해보는 것만으로도 지구 온도의 상승을 더욱 가속화시킬 테니까요.

태 호   저도 ChatGPT의 능력이 놀랍긴 하지만, 언론에 의해 너무 과대평가되고 있는 게 아닌가 생각했습니다. 최근에 SF 소설가 테드 창Ted Chiang은 "ChatGPT는 웹의 흐릿한 JPEG다"라고 비판을 한 바 있고요. 생각해보면 ChatGPT도 인간이 축적해놓은 데이터를 기반으로 하는데, 사람들이 계속 그것에 의존하다 보면 결국 ChatGPT가 내놓는 답변은 제자리에 놓이게 되는 건 아닐까요?

장병탁   꼭 그렇지는 않아요. ChatGPT가 '생성형' AI라고 하는 것은 새로운 것을 만들어내는 능력이 있다는 뜻이에요. 여러 단어를 조합해서 새로운 단어를 만들 수 있고, 기존의 단어들을 사용해서 새로운 구절이나 문장을 생성해낼 수도 있죠. 인간이 유한한 어휘를 사용해서 무한히 다양한 글을 생성할 수 있듯이, ChatGPT도 새로운 연설문, 보고서를 무한히 작성할 수 있습니다.

이진경   저도 ChatGPT의 능력이 과대평가되었다는 것에 동의합니다. '대단히 그럴듯한' 응답에 능숙해진다고 뜻밖의 대답, 생각지 못한 대답을 하게 되는 건 아니니까요. 생성 방향이 상식이나 통념 안에 머문다면, 아무리 무한한 결과물을 내놓는다 해도 한계가 분명할 겁니다. 그렇다고 뜻밖의 대답을 하는 인공지능이 불가능하리라고 생각하지는 않습니다. 저라면 오히려 상식과 통념에 반하는 생각을 생성하는 인공지능을 어떻게 만들 수 있을지 궁리해볼 거 같아요. ChatGPT와 반대되는 기계도 필요하니까요.

태　호　ChatGPT가 과대평가되고 또 틀린 대답도 한다곤 하지만, 지금까지 세상에 선보인 어떤 인공지능보단 뛰어난 건 사실인 거 같습니다. 기계가 인간보다 답을 더 잘 찾는다면, 앞으로 인간에게 중요한 건 얼마나 더 정교하고 예리한 질문을 던지는가가 핵심이지 않을까요?

장병탁　맞아요. AI가 가진 방대한 지식을 어떻게 효과적으로 활용할 것인가가 중요해졌죠. 실제로 최근 ChatGPT로 인해 새로운 직업이 하나 탄생했어요. 그것은 바로 AI가 최적의 답을 할 수 있도록 이끌어내는 '프롬프트 엔지니어Prompt Engineer' 입니다. 최근 오픈AI 같은 회사들이 프롬프트 엔지니어를 채용한다는 공고를 냈었죠. 과거에도 인공지능으로 인해 새로운 직업이 탄생했던 적이 있어요. 1980년대에 지식 기반의 인공지능이 대세를 이룰 때 생겨난 '지식 엔지니어Knowledge Engineer'가 그것이죠. 지식 엔지니어는 전문가의 지식을 추출해서 지식 기반 인공지능 시스템을 프로그래밍하는 역할을 담당했어요. 요즘 인공지능은 인간의 언어를 배웠기 때문에 사람의 언어로 프로그래밍해요. 기계 언어를 배워야 했던 지식 엔지니어보다 직업적 문턱이 낮아진 거죠. 인공지능 기술이 발전을 거듭할수록 거기에 맞는 새로운 직업이 계속해서 나올 거예요.

김재아 그런데 ChatGPT의 등장으로 없어지는 직업도 많지 않을까요? 이 부분에 대해 많은 언론사에서 관심을 많이 갖는 것 같더라고요.

장병탁 ChatGPT를 보면 사실 그러한 우려가 현실로 다가온 것 같긴 해요. 중간 정도의 숙련을 요구하는 일상적이고 반복적인 업무는 AI로 대체될 가능성이 클 거예요. 현재 많은 문서 작업이 이에 해당하죠. 그런데 인공지능이 한 사람의 직업을 완전히 대체하는 건 매우 어렵습니다. 전문 지식이나 축적된 경험이 필요한 일, 복잡한 문제에 대한 이해와 가치 판단을 요구하는 일들이 특히 그래요. 또한 손발을 써서 해야 하는 허드렛일도 아직 인공지능으로 대체하기 어렵죠. 이를 구현하기 위해서는 물리적인 환경을 행동으로 대할 수 있는 체화된 지능이 필요해요.

이진경 기계의 발전이 인간을 궁지로 몰아넣게 되는 것은, 한편으로는 인간 대 기계와 같은 경쟁 구도와, 다른 한편으론 자본주의적 고용관계 때문입니다. 고용관계 없는 곳에서 기계의 발전은 인간을 궁지로 몰지 않아요. 인공지능과 협력해서 내가 하고 싶은 일을 하면 되니까요. 그에 비하면 인간 대 기계의 경쟁 구도는 사소한 문제죠. 기계의 능력을 홍보하는 것과 관련된 허구적인 문제니까요. 자본주의에 기인하는 사태를 자꾸 기계 탓으로 돌리는 것은 사태를 오해하게 하고, 문제를 해결할 수 없게 합니다. 기계가 사람을 대체한다면, 그렇게 되어도 별문제가 없는 사회적 조건을 만들면 됩니다.

김재아 앞선 논의에서, 추상적 성격이 강한 작곡이나 작화는 인공지능이 쉽게 할 수 있지만, 서사가 필요한 소설 쓰기는 어렵다고 하셨어요. 하지만 ChatGPT는 소설도 쓰는 것처럼 보여요. 보조작가 AI도 등장하고 있고요. 여기에 대해선 어떻게 생각하시나요?

이진경 저도 ChatGPT로 쓴 SF 소설이 넘쳐나는 바람에 SF 소설 공모전마저 중단되었다는 기사를 보고 정말 놀랐어요. 그래서 저도 ChatGPT에게 소재와 방향, 때로는 몇 가지 단어를 던져주고, 시와 동화, 소설을 써보게 했어요. 그런데 제가 다루는 능력이 부족해서인지 몰라도, 그렇게 생성된 결과물들은 상당히 실망스러웠어요. 개성 없는 문체와 어디선가 읽었던 것 같은 진부하고 상투적인 이야기, 명시적인 교훈을 담은 결말 방식까지. 아마도 기존 작품을 학습해서 '그럴듯하게' 쓴 거겠죠. 시는 그나마 나았어요. 소설은 전체 서사가 중요하지만, 시는 한두 개의 멋진 문구만 있으면 그럴듯해 보이니까요. 또 소네트처럼 라임이 있는 형식도 리얼리티를 크게 요구하지 않기 때문에 ChatGPT에겐 유리해 보이고요. 그러나 꽤 많이 시도해보았음에도, 정말 이거다 싶은 시구를 얻지는 못했죠.

이런 결과는 어쩌면 당연한 것 같아요. ChatGPT는 기본적으로 사람들이 그럴듯하게 보이는 방향으로 반응하도록 설정되어 있을 테니까요. ChatGPT를 학습시키는 방식 중 하나가 문장 중간에 빈칸을 주고 그 안을 채우게 하는 거라고 하더군요. 그렇게 해서 학습되는 건 상식과 통념에 부합하는 능력입니다. 그게 강력해졌으니 리얼리티를 구성하는 능력이 크게 비약한 거겠죠. 그러나 그것만으론 뻔한 서사를 넘어서기 어려워요. 앞서 말했듯이 소설이나 서사적 예술은 현실적이면서도 또 너무 현실적이기만 해서는 안 되고, 뜻밖의 이야기이지만 또 그럴듯해야 한다는 이율배반적인 성격을 갖고 있기 때문이죠.

물론 기계와 인간이 경쟁하기보다는, AI를 보조작가로 활용하는 것처럼 함께 협력하는 방향이 좀 더 유용하고 현실적일 겁니다. 그러려면 아마도 ChatGPT와 반대로 인간이 생각하기 힘든 방향으로 반응하는 AI가 더 유리할 것 같고요. 누구나 그럴듯하다고 생각할 얘기를 해주는 것은 작가에겐 별 도움이 되지 않을 테니까요.

태 호   실제 산업 현장에서 디자이너로 일하는 제 지인이 이미지 생성 인공지능인 미드저니Midjourney의 도움을 받았는데, 정말 훌륭한 결과물을 내놓았다고 해요. 그러한 예술 창작 분야가 문제일 것 같아요. 지금도 계속되고 있는 대중가요의 표절 문제가 이제 AI 창작 문제로 옮겨갈 것 같기도 하고요. 이런 문제에 대해서는 어떻게 보시나요?

장병탁 당연히 예술 창작 분야도 인공지능의 도움을 받을 수 있어요. 인간의 창작물도 기존의 다른 작품에서 영감을 받아 탄생하는 경우가 많잖아요. ChatGPT는 엄청난 양의 작품 데이터를 학습했기 때문에 새로운 작품을 무한히 창작해낼 수 있겠죠. 그런데 말씀하신 대로 AI가 창작한 작품을 어떻게 봐야 할지는 사회적 문제가 될 수 있습니다. 한두 작품을 참고한 것이 아니라 수많은 작품을 학습하고 이를 모방·조합해서 새로운 작품을 만들어내니까요. 모방 정도에 따라 분명히 표절 문제가 생길 수 있어요. 창작과 표절의 정의가 바뀌어야 할 수도 있습니다.

김재아 여전히 인간만이 할 수 있는 능력이 있을까요?

이진경 사실 저는 인간만이 할 수 있는 것을 찾으려는, '너무나 인간적인' 발상을 따라가고 싶지 않지만, 그런 건 분명히 있다고 생각해요. 이미 누차 말했듯, 자신이 무엇을 해야 할지를 판단하는 능력입니다. ChatGPT는 인간이 준 명령에 답하고 인간이 준 과제를 해결할 뿐, 자기가 무엇을 해야 할지 스스로 판단하지 못해요. 이는 앞서 장병탁 선생님도 말씀하셨듯이, 자신의 생존을 지속하려는 의지와 능력을 필요로 하는 신체를 갖지 못해서죠. 또한 같은 맥락에서 인공지능에겐 답하는 능력은 있어도 질문을 던지는 능력이 없기 때문입니다. 여기서 질문이란 정해진 답이 없거나 알 수 없는 것 혹은 전에 생각지 못했거나 그동안 던져지지 않은 물음입니다. 사실 이러한 질문이 제대로 된 의미의 '사유'죠. 상식에 따라 판단할 때, 우리는 사유하지 않아요. 새로운 무언가가 시작되는 지점은 생각지 못했던 것을 생각하려는 시도가 이뤄지고, 답 없는 것에 대한 물음이 집요하게 던져지는 지점이죠.

김재아   인간에게 어려운 일이 컴퓨터에겐 쉽고, 컴퓨터에게 어려운 일이 인간에겐 쉽다는 모라벡의 역설이 지금도 유효하다고 생각하세요?

장병탁   그렇죠. 최근 딥러닝 등의 기술의 발전으로 예전에 AI가 잘하지 못하던 일들의 일부를 조금씩 더 해나가고 있긴 해요. 그러나 여전히 어린아이도 잘하는 일상적인 일들이 기계에겐 어려운 일로 남아 있죠.

이진경   정보처리 속도가 크게 향상되고 한 번에 처리 가능한 데이터 양이 많아졌다고 해서, 그것이 모라벡의 역설을 넘어섰다고 하긴 어려워요. 모라벡의 역설은, 인간이 대충 판단해도 충분한 것을 기계는 세세하고 정확하게 판단해야 한다는 것, 그래서 인간에게 '스몰데이터'면 충분하지만 기계에겐 '빅데이터'여야만 한다는 사실을 요체로 하기 때문이죠. 이걸 해결하지 않으면 역설을 넘어섰다고는 할 수 없어요. 그리고 이러한 기술 발전 때문에 갈수록 엄청난 용량의 에너지를 사용하고 있다는 사실을 잊으면 안 됩니다. 한계에 가까워진 지구를 더욱 빠르게 궁지로 몰고 있는 게 아닐까 싶어요.

김재아 ChatGPT의 등장으로 세간이 떠들썩한 와중에, 우리도 급히 모여 한 번 논의하는 시간을 가져보았습니다. 이번 논의로 ChatGPT에 대한 궁금증이 좀 풀린 것 같습니다. 이 책을 읽는 독자들에게도 도움이 되었으면 합니다.

이진경 ✕ 장병탁
선을 넘는 인공지능

1판 1쇄 인쇄 2023. 6. 24.
1판 1쇄 발행 2023. 7. 8.

지은이 이진경 장병탁 김재아

발행인 고세규
편집 태호   디자인 조은아   마케팅 윤준원 정희윤   홍보 최정은
발행처 김영사
등록 1979년 5월 17일 (제406-2003-036호)
주소 경기도 파주시 문발로 197(문발동) 우편번호 10881
전화 마케팅부 031)955-3100, 편집부 031)955-3200 | 팩스 031)955-3111

값은 뒤표지에 있습니다.
ISBN 978-89-349-5022-6 03100

홈페이지 www.gimmyoung.com   블로그 blog.naver.com/gybook
인스타그램 instagram.com/gimmyoung   이메일 bestbook@gimmyoung.com

좋은 독자가 좋은 책을 만듭니다.
김영사는 독자 여러분의 의견에 항상 귀 기울이고 있습니다.